基于核心素养的
德育教育思考

王 瑞 朱 烨 宋宝平 主编

JIYU HEXIN SUYANG DE
DEYU JIAOYU SIKAO

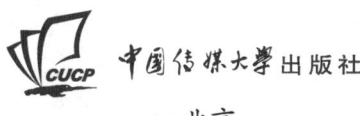

中国传媒大学出版社

·北京·

图书在版编目（CIP）数据

基于核心素养的德育教育思考/王瑞，朱烨，宋宝平主编. - - 北京：中国传媒大学出版社，2024.3

ISBN 978-7-5657-3631-5

Ⅰ.①基… Ⅱ.①王… ②朱… ③宋… Ⅲ.德育教学研究-高等学校 Ⅰ.①G641

中国国家版本馆 CIP 数据核字（2024）第 055147 号

基于核心素养的德育教育思考
JIYU HEXIN SUYANG DE DEYU JIAOYU SIKAO

主　　编	王　瑞　朱　烨　宋宝平
责任编辑	王　硕
责任印制	李志鹏
封面设计	李凤敏
出版发行	中国传媒大学出版社
社　　址	北京市朝阳区定福庄东街 1 号　邮　编　100024
电　　话	86-10-65450528　传　真　65779405
网　　址	http: //cucp.cuc.edu.cn
经　　销	全国新华书店
印　　刷	三河市九洲财鑫印刷有限公司
开　　本	710mm×1000mm　1/16
印　　张	18.75
字　　数	275 千字
版　　次	2024 年 3 月第 1 版
印　　次	2024 年 3 月第 1 次印刷
书　　号	ISBN 978-7-5657-3631-5　　定　价　68.00 元

本社法律顾问：北京嘉润律师事务所　郭建平

编委会

主　　编　王　瑞　山西科技学院
　　　　　朱　烨　郴州职业技术学院
　　　　　宋宝平　中国石油天然气股份有限公司长庆油田
　　　　　　　　　分公司纪律检查中心
副 主 编　戴昊奇　上海震旦职业学院
　　　　　刘　鸰　吉林水利电力职业学院
　　　　　张　胃　甘肃省兰州市第五中学
　　　　　张　琼　甘肃省兰州市第八中学
　　　　　李萍霞　陕西省神木市第二中学
编　　委　李　静　新疆昌吉市第七中学
　　　　　魏念江　新疆昌吉市第七中学
　　　　　周伟平　中化学冷链物流有限公司
　　　　　唐　磊　贵阳市民族中学

前　言

"才者，德之资也；德者，才之帅也。"人才培养是育人和育才相统一的过程，而育人是根本。人无德不立，育人的根本在于立德，这是人才培养的辩证法。青少年可塑性强，处于世界观、人生观、价值观还未定型的时期，扣好人生的第一粒扣子对于青少年价值观的养成至关重要。这就需要学校把德育放在更加重要的位置，真正做到以文化人、以德育人，努力做到每一堂课不仅传播知识，而且传授美德，不断提高学生思想水平、政治觉悟、道德品质和文化素养，让社会主义核心价值观的种子在学生的心中生根发芽，把立德树人的根本任务落到实处。

中华民族历来注重道德培养，比如"大学之道，在明明德，在亲民，在止于至善"的崇高境界，"富贵不能淫，贫贱不能移，威武不能屈"的价值理念等，为我们做好德育工作提供了丰富的思想资源。做好德育工作，首先要在厚植爱国主义情怀上下功夫，让爱国主义精神在学生心中牢牢扎根，培养学生立志扎根人民、奉献国家的情怀；其次要在加强品德修养上下功夫，教育引导学生培育和践行社会主义核心价值观，踏踏实实修好品德，成为有大爱大德大情怀的人；最后要在培养奋斗精神上下功夫，教育引导学生树立高远志向，崇尚敢于担当、不懈奋斗的精神及勇于奋斗的精神状态、乐观向上的人生态度，成为一个刚健有为、自强不息，有理想信念、有道德情操、有健全人格、有崇高精神的人。只有确立了正确的价值导向，青年的人生之路才能越走越宽广。

思想政治工作是革命精神的重要传承，是传承红色精神、激励努力奋斗的重要文化途径。我们要正确开展党建思想政治工作，深入领会习近平总书记讲话中的优秀内涵，在文化多元化的时代背景下，用红色文化来培养学生的审美情趣，有助于改善学生行为举止，发扬革命精神和优良作风。因此，在文化自信战略的指导下，指导学生学习习近平新时代中国特色社会主义思想、培养学生政治核心素养的意义更加重大，更能提高学生对国家、对民族前景的信心。

在新课改风向的引领下，社会各界不再仅仅关注学生的应试能力，而是更加重视学生的综合素质和道德修养。教育工作者除了着眼于提高课堂教学质量，还应该注重提高学生综合素质，在课堂教学中渗透思政教育，帮助学生全面发展。而政治意识与政治素养是综合素质教学的重要组成部分，我们应深刻落实"立德树人"的教育任务，改进德育教学结构，鼓励学生努力拼搏、树立理想，并教育学生不要被外界诱惑，对自身所热爱的事业保持专注，从而加强学生学习动力，从根本上提高学生综合素质。

本书共分为六章，第一章为高校德育教育，包括新时代高校德育教育、高校德育教育体系构建和高校德育教育的创新与发展；第二章为职业教育核心素养下的德育，包括职业教育核心素养培育和核心素养背景下德育实践探索；第三章为辅导员德育教育工作，包括辅导员德育能力建设、辅导员德育教育的方法及对策和专职辅导员思政教育工作；第四章为高校思想政治理论课教学，包括高校思想政治理论课建设、高校思想政治理论课教学方法和高校思想政治理论课改革创新；第五章为企业思想政治与德育教育，包括企业思想政治建设与创新、企业德育资源建设和企业德育模式创新；第六章为基于核心素养的德育理论创新与实践，包括德育思想与价值和基于核心素养的德育发展路径及突破。

本书由王瑞、朱烨、宋宝平担任主编，戴昊奇、刘鸽、张胄、张琼、李萍霞担任副主编，李静、魏念江、周伟平担任编委。其中，王瑞负责第一至第三章的编写，共计12万字；朱烨负责第四章的编写，共计5万字；宋宝平负责第五章的编写，共计4万字；戴昊奇负责第六章的编写，共计2万字。此外，刘鸽、张胄、张琼、李萍霞、李静、魏念江、周伟平、唐磊参编。限于作者水平，书中难免存在疏漏及不妥之处，敬请读者批评指正。

编　者
2022年11月

目 录

第一章　高校德育教育 ………………………………………………… 1
　第一节　新时代高校德育教育 ………………………………………… 1
　第二节　高校德育教育体系构建 ……………………………………… 22
　第三节　高校德育教育的创新与发展 ………………………………… 41

第二章　职业教育核心素养下的德育 ………………………………… 63
　第一节　职业教育核心素养培育 ……………………………………… 63
　第二节　核心素养背景下德育实践探索 ……………………………… 79

第三章　辅导员德育教育工作 ………………………………………… 92
　第一节　辅导员德育能力建设 ………………………………………… 92
　第二节　辅导员德育教育的方法及对策 ……………………………… 118
　第三节　专职辅导员思政教育工作 …………………………………… 137

第四章　高校思想政治理论课教学 …………………………………… 151
　第一节　高校思想政治理论课建设 …………………………………… 151
　第二节　高校思想政治理论课教学方法 ……………………………… 170
　第三节　高校思想政治理论课改革创新 ……………………………… 192

第五章　企业思想政治与德育教育 …………………………………… 211
　第一节　企业思想政治建设与创新 …………………………………… 211
　第二节　企业德育资源建设 …………………………………………… 232

第三节　企业德育模式创新……………………………………… 248
第六章　基于核心素养的德育理论创新与实践………………………… 260
　　第一节　德育思想与价值………………………………………… 260
　　第二节　基于核心素养的德育发展路径及突破………………… 275
参考文献……………………………………………………………………… 286

第一章　高校德育教育

第一节　新时代高校德育教育

一、新时代背景下高校德育的困境及其对策

德育需要根据具体应用的教学组织方式，结合德育的理论内容和实践要求进行合理调整和规划。只有那些能够改善现阶段高校德育现状、解决教育实际问题的教学方式，才具有科学性和适宜性，才能发挥德育的实际作用。

（一）德育的重要意义

1. 符合"立德树人"的总体教育要求

"立德树人"是现代社会教育工作的一项宏观目标。把握好总体目标是取得更好的教学效果的前提，而将德育作为高校教育内容体系中的独立内容并给予足够重视，全面开展相关教学工作，正是对"立德树人"这一宏观教学目标的实践。从"立德树人"这一宏观教学目标的侧重点上来讲，教学目标的确立主要是指在高校教育阶段将学生的思想道德教育和思想政治教育内容作为重点，在常规课程体系中融入部分德育的内容，并在教学的组织方式方法和教学中的课时安排上提升有效性和针对性，突出德育在宏观的高校教育内容体系中的地位。对学生而言，德育工作的开展也有利于提升其思想道德素质和认知，对学生未来的发展具有十分重要的意义。

2. 有助于实现"三全育人"的总体目标

"三全育人"是新时期高校思政教育工作的重点目标，思想政治教育与思想道德教育是有密切关系的教学内容，将德育作为独立的重点教学内容进行应用，是从宏观上实现"三全育人"目标的重要方法。从社会对现代高校专业人才的需求及具体人才培养目标的角度来看，在对学生的专业学习能力和素质提出要求的基础上，学生的思想道德素质、思想政治认知层次也成为衡量专业人才综合素质的重要指标。因此，当德育内容作为重点和独立的内容与高校教育的基础教学体系融合时，意味着高校育人工作显著提升了全面性，对实现"三全育人"的总体目标有十分显著的促进作用。

（二）新时代背景下高校德育中的困境

1. 德育方式与社会环境需求缺乏匹配性

从宏观来看，随着网络信息技术与平台的不断发展和完善，以及国家发展建设速度的不断加快，我国社会环境的包容性和开放性都有所提高。对大学生而言，这意味着其所处的社会环境在丰富性、先进性和复杂性上都较传统的社会环境有所提升。

从德育角度出发，进入高等教育阶段后，德育内容不仅要在理论知识方面提升其深刻性和广泛性，更要同步结合社会环境和专业人才的需求，重视德育中的实践教育环节，充分发挥实践教育工作的重要作用。但在现阶段高校德育工作中，仍然是以教授传统理论知识为主，教师采用的教学方式也通常局限于课堂教学。这虽然能在一定程度上保证学生科学有效地掌握德育的部分基础理论知识内容，但是由于它仅是在理论知识的基础上开展教学活动，其教学模式和教师主导形式的选择不能适应现阶段复杂的德育环境和更高层次的德育要求，因而会影响德育的实际效果。即使在高校教育中能实现将德育作为独立的课程教学内容融入常规的课程体系中，但在具体运用的教学方式方法上还存在较强的局限性，德育的积极作用并不能得到充分发挥。

2. 教学内容缺乏丰富性与延伸性

德育在知识体系和教学层次上都需要不断丰富教学内容，在实际教学工作的开展中，教师若局限于既定的课程教学大纲，会导致教学的实际内容在丰富性和延伸性上存在不足。此外，从德育对象的角度而言，对人的教育应充分考虑人的个性化需求和学习基础等因素，单纯依靠一种教学模式开展德育，存在一定的局限性。目前，高校面向大学生的德育工作存在教学内容缺乏丰富性与延伸性的问题，无法满足现阶段在社会层面上对高校专业人才培养的综合素质的实际要求。

3. 教师个人素质存在问题和不足

德育教师在高校不仅要承担常规教学任务，还需要通过与学生的沟通、交流，及时了解学生在接受德育的过程中遇到的问题和学生主观上对德育的需求，才能切实保障德育的实际效果。此外，德育工作在组织方式上需要不断地丰富和提升，教师需要从自身出发学习和应用多种教学组织方式，注重理论知识教育与实践教育结合。但目前高校从事德育的具体教师在上述几个方面的能力上存在一些问题和不足，从而影响了德育工作的实际效果。

（三）高校德育教育困境的应对策略

1. 创新教学的组织实施形式

为了适应现代社会对专业人才的需求，高校德育工作在开展过程中，首先应创新教学组织方式。高校德育即使在理论知识教育的环节，也需要充分尊重学生的主体地位，结合当前新社会环境下大学生的心理状态和思想认知状态，开展更有针对性的德育工作。当教师应用多样化的教学组织方式为学生奠定理论学习的基础后，再进一步将教学程序推进到实践教育环节，选取具有适宜性的课程教学组织方式，落实相关教学工作。

在高校教育阶段，德育作为理论知识教育的重要组成部分，可适当融入微课视频工具或利用合作探索的教学模式，帮助学生依托先进的教学工具和教学组织方式加深对理论知识的印象与理解。或者采用合作探索的教学模式在德育中进行实践应用，例如，教师可以在网络平台上选取一些发生在大学生中的典型案例（例如网络诈骗或网瘾少年等真实案例）作为德育中的实践教育素材，让学生在接触和分析实际案例的过程中感悟良好的德育，促进其更好地发展。此外，德育的教学组织方式创新还包括组织学生参观红色教育基地、学习传统文化等。

2. 丰富德育内容与拓展德育范围

大学生的德育工作之所以要实现内容上的丰富和范围上的拓展，主要是为了满足不同学习层次学生的学习需求。教师应按照既定的教育体系逐步开展相应的教学工作，再通过与学生的沟通、交流，及时了解和分析学生个人在德育方面的需求，并以此为切入点，灵活调整教学内容的范围和层次，力求最大化地满足不同学生的学习需求。此外，德育内容的丰富与范围的拓展，还可以通过专业教师之间的沟通与交流，在教学组织框架中起到相互补充、相互优化的作用；或者教师还可以借助网络平台，观察和采集适宜开展德育的素材，在实际教学落实环节，结合学生的宏观学习状态和自主学习需求，灵活把握教学内容的拓展力度和教学模式，确保在大学教育阶段开展的德育满足不同学习层次学生的学习需求，在切实解决德育工作实际问题的基础上达到更好的德育效果。

3. 加强对教师团队的培训

教师团队的培训工作是高校教育与管理工作中十分重要的组成部分，尤其是德育工作对教师整体教学素质和能力的要求相对更高。德育教师团队虽然在高校并没有发挥主导作用，但德育方向的明确性和教学规划的科学性方面的保障工作需要由其开展。从一定程度上而言，只有教师团队能够达到较高的思想道德认知水平，才能确保依托教师指导的德育工作取得更好的实际效果。基于此，高校应从实际出发，重视对德育教师团队的培训，分别从思想道德素质和专业教育能力方面去培养教师，具体的培训方式可以是提供进修机会、组织培训教育等。此外，高校还可以从学校入手，积极从思政教师、心理指导教师中选拔优秀教师进入德育教师团队，提升德育教师团队的整体水平。

当前，由于教师教学方法、教学素质和教学创新能力等方面的欠缺，阻碍了德育工作质量的提升。高校应从宏观观念入手，加强对大学生开展德育工作的重视程度，并不断完善德育的方法和路径，切实提出合理有效的德育工作优化方法。

二、新时代高校德育意识形态功能面临的挑战

新时代背景下，面对国内外纷繁复杂的形势，高校德育意识形态工作面临着重大挑战。高校立身之本在于"立德树人"，德育是高校的一项重要工作，必须牢牢抓住这一中心，带动高校的其他工作。因此，高校要充分发挥好德育的意识形态功能，应对新时代所带来的新挑战，夯实高校意识形态工作阵地的基石。

（一）高校德育意识形态功能的价值与意义

高校意识形态建设是一项战略工程、固本工程、铸魂工程。高校意识形态建设离不开高校德育，立德树人不仅为高校大学生德育工作指明方向，也为高校意识形态建设指明方向，必须把高校德育工作融入高校工作的方方面面，发挥德育意识形态功能的价值和意义。

1. 高校德育意识形态功能是道德教育的应有之义

德育的根本使命就是要引导人走上"成人之道"。意识形态教育是一定社会制度中占统治地位的阶级在其政党领导下，采用各种必要的手段，在全社会倡导和弘扬反映本阶级利益的思想政治观点，引导受教育者树立某种符合本阶级要求的立场、观点和方法的过程。高校不仅要培养具有一定专业知识、专业技能的青年，还需要对其进行意识形态方面的教育，使其树立坚定的社会主义信仰，对新时代中国特色社会主义充满自信。可见，德育本身就包含着意识形态教育。德育不是无的放矢，需要有明确的目标，而这一目标是社会所致力追求与打造的，这本来就是意识形态教育的基本任务。意识形态教育为德育提供了明确的方向和目标。

2. 高校德育意识形态功能是社会主义高等教育的鲜明标志

我国的高校是党领导下的高校，是中国特色社会主义的高校。因此，必须坚持社会主义大学的基本属性和办学方向，坚持马克思主义在高校意识形态中的指导地位，坚持正确的政治方向。这既是高校当前的中心工作，也是高校德育的具体内容。高校德育在维护高校意识形态安全教育中发挥了积极作用，通过思想政治理论课程以及德育的全员、全方位、全过程育人，我们可以培养出具有崇高的马克思主义信仰、坚定的社会主义意识形态，以及对新时代中国特色社会主义充满自信的青年，让他们从内心深处认可和维护我国的意识形态的安全稳定，从而真正做到促进我国社会主义繁荣昌盛，促进高等教育的发展，实现高等教育的目标。所以，高校德育意识形态功能是社会主义高等教育的鲜明标志。

3. 充分发挥高校德育意识形态功能是做好意识形态工作的关键

意识形态是关乎旗帜、关乎道路、关乎国家政治安全的重大问题。高校是党建工作的重要阵地，也是国内外社会思潮的聚集和交汇地，因为高校中知识分子和青年学生众多，思想意识也较为自由，这也决定了高校是意识形态领域斗争较为激烈的前沿阵地。所以，做好高校德育工作也就是做好高校意识形态工作，这不仅仅有利于青年大学生始终坚守对新时代中国特色社会主义的认同，也有利于增强党在高校知识分子中的影响力和凝聚力，更有利于坚定意识形态主阵地，维护社会主义意识形态的安全稳定。

（二）高校德育意识形态功能面临的挑战

充分发挥德育意识形态功能是高校德育的本质要求，其实质是对大学生进行主流意识形态教育，坚持马克思主义在我国意识形态领域的指导地位。新时代背景下，高校德育工作面临着多元社会思潮、新媒体快速发展、德育工作的分散性等问题，这些问题制约了高校德育意识形态功能的充分发挥。

1. 多元社会思潮对高校德育意识形态功能发挥的挑战

当前，意识形态工作面临的内外环境日趋复杂，社会思潮的多元、多样、多变成为明显趋势，各种社会思潮纷至沓来，新自由主义、历史虚无主义、激进主义、普世价值论、民主社会主义、文化保守主义等多种社会思潮竞相登场。这些社会思潮是西方发达国家对中国实施意识形态和文化入侵的工具，是西方发达国家实施"和平演变"的一种手段。

首先，高校是知识分子的聚集地，是意识形态领域斗争的主阵地。意识形态是有阶级性的社会意识，是有系统的思想观念，主要通过文化教育和知识影响对人产生作用。任何一种意识形态要占领人的头脑，必须通过掌握知识的群体来发挥作用。高校是社会教育的最高层次，汇集了一大批掌握系统知识的有为者，对社会大众产生着重要的教化作用。在一定意义上，谁掌握了高校课堂的话语权，谁就掌握了意识形态斗争的主动权。其次，大学生思想活跃、求知欲强，是西方意识形态极力拉拢的主要对象。青年人是早晨八九点钟的太阳，他们有朝气，有热情，未来有无限的可能，是国家和民族的宝贵财富。但是，他们的思想又处在尚不稳定的形成期，容易受到外界的影响和干扰。西方国家加紧对我国意识形态的渗透会瞄准这一群体，把青年大学生作为西方文化拉拢的主要对象。再次，高校处在中西方文化交流的前线，是西方传播其意识形态观念的主战场。当前各种思想文化交融交流交锋日益频繁，意识形态领域的斗争形势十分严峻。种种非马克思主义,甚至是反马克思主义的思潮往往披着"文化"的外衣，打着"普世价值"的幌子混淆视听。

高校不是封闭的象牙塔，西方正是以高校为支点，借着中外文化交流的契机，力图最大程度、最大范围地传播其思想价值观念，实现其"和平演变"的政治目的。"一种发生广泛社会影响的错误思潮，不同于个别性质、枝节性质的错误，如果不加批评控制，就可能像某种传染病一样，危害整个社会的精神健康和安定团结。"因此，多元社会思潮带来的冲击，成为当前高校德育意识形态功能发挥面临的重大挑战。

2. 新媒体快速发展对高校德育意识形态功能发挥路径的挑战

随着现代网络信息技术的快速发展，电脑、手机成为大学生的必需品，QQ、微信、微博等新媒体网络平台成为大学生日常生活交往的重要组成部分，互联网成为大学生获取知识、信息、思想、观念的重要载体。但是，互联网是一把双刃剑，一方面，它拉近了人们之间的距离，打破了交流的时间和空间限制，促进了大学生与世界的融合；另一方面，它也给高校德育意识形态功能发挥路径带来了挑战。网络信息沟通给人们带来了极大的便利，同时也为西方世界的"和平演变"打开了便利之门。一些网民通过微信、微博等新媒体网络平台大肆宣扬西方的思想价值观念，鼓吹西方政治制度的优越性，将我国社会进程中存在的贫富差距、道德失范等问题无限放大，肆意诋毁、丑化党的领袖和民族英雄。青年大学生正处于世界观、人生观、价值观成型的重要阶段，对网络不良信息的甄别能力不强，容易被不良意识形态信息所影响，从而影响他们对马克思主义意识形态的认同，影响高校德育意识形态功能的充分发挥。

新时代背景下，意识形态斗争的场域正在发生变化，网络已经成为当前意识形态斗争的最前沿。新媒体的发展速度是一些高校德育工作者始料未及的。对于网络德育工作，我们在认识上、具体工作路径和方式上都存在不足之处。高校德育在应对新媒体发展上也呈现出一定的仓促性和机械性。统筹线上线下的德育工作，把新媒体作为发挥高校德育意识形态功能的新路径是未来一段时间高校德育工作者需要着力思考的工作方向。

3. 德育工作的分散性特点对意识形态功能发挥效力的挑战

中共中央、国务院发出的《关于进一步加强和改进大学生思想政治教育的意见》中明确提出："要建立健全党委统一领导、党政群齐抓共管、有关部门各负其责、全社会大力支持的领导体制和工作机制，形成全党全社会共同关心支持大学生德育的强大合力。"为了提高德育的实效，高校应坚持"以人为本"，树立全员育人、全程育人、全方位育人的"三全育人"理念，强化教书育人、管理育人、服务育人的作用。然而，在教育实践中，部分专业课教师只将自己看作是知识的传授者，而不是思想的引导者。在他们看来，做好知识的传播，把知识传递下去就好了，而思想道德的启迪、政治方向的引领则是思想政治课教师的责任。更有甚者，在知识传授的过程中，还会夹杂一些对西方政治制度优越性的鼓吹，对中国现实社会中不良现象的夸大，误导学生，使其不能确立正确的政治立场。另外，思想政治理论课教学形式比较单一，理论灌输居多，教学效果不佳，使得青年学生未能真正理解和接受马克思主义及其中国化的理论体系，削弱了对我国主流意识形态的认同，导致高校德育意识形态功能的发挥效力不充分。

（三）高校德育意识形态功能实现的路径

习近平总书记在党的十九大报告中指出，要"牢牢掌握意识形态工作领导权。意识形态决定文化前进方向和发展道路。必须推进马克思主义中国化时代化大众化，建设具有强大凝聚力和引领力的社会主义意识形态，使全体人民在理想信念、价值理念、道德观念上紧紧团结在一起"。高校意识形态工作事关马克思主义在高校的指导地位，事关中国特色社会主义事业建设者和接班人的培养，事关党和国家事业长治久安和中华民族伟大复兴。因此，高校必须充分发挥德育的意识形态功能，努力探索德育意识形态功能实现的路径。

1. 课堂教学——德育意识形态功能发挥的主渠道

课堂是高校德育意识形态功能发挥的主渠道，课堂教学应体现社会主义意识形态的鲜明属性。一是所有任课教师在课堂上都要做好表率，弘扬主旋律，传播正能量，强化课堂教学纪律，在讲台上不得散布违背宪法和党的路线方针政策的错误观点与言论。杜绝在课堂上鼓吹西方政治体制的优越性，诋毁中国共产党和中国特色社会主义制度。杜绝歪曲事实夸大中国的不良现象以及抹黑中国的负面信息的传播，坚持"办好中国特色社会主义大学"的正确方向指导，为党和国家培养可靠的社会主义建设接班人。二是思政课教师要深入学习和研究马克思主义理论，不断加强自身理论修养，坚定马克思主义政治信仰，自觉运用马克思主义观点处理社会主义建设过程中的新情况、新问题，避免脱离现实、空洞说教。教师只有对不断发展和完善的马克思主义理论做到深入理解并灵活运用，才能更好地成为马克思主义理论的传播者。

另外，思政课教师还要在坚守教学目标的前提下，从学生需求出发，理论联系实际，结合时代特征，积极探索符合德育规律和学生学习特点的教学模式，不断改革与创新教学方法，增强思想政治理论课的亲和力、吸引力和感染力，让学生在课堂上有更多的获得感，让思政课堂成为大学生形成正确的世界观、人生观、价值观的主渠道。

2. 网络媒体——德育意识形态功能发挥的新阵地

网络媒体是高校发挥德育意识形态功能的新阵地，如果高校不能充分利用新媒体来开拓主流意识形态教育，势必给不良社会思潮留下渗透的空间。因此，高校要主动占领网络媒体这一新阵地，有效运用官方网站、官方微信、官方微博及其他各种网络平台传播社会主义主流意识形态，传递正能量。

高校要不断探索网络媒体宣传和报道的新途径、新方法，采用师生喜闻乐见的方式，发布学校的重要新闻和事件，以及师生关注的热点，主动把马克思主义思想教育渗透其中，使意识形态教育功能发挥"润物细无声"的作用，让学生在不知不觉中接受社会主义意识形态的教育。

高校要努力搭建师生网络互动平台，教师根据上课内容、时事政策、社会热点，通过微博、微信公众号等网络互动平台推送心得、感悟以及有关理论问题的看法，传播马克思主义思想观点。同时，学生可以通过网络跟帖、微信、微博表达自己的思想观点，教师也应积极主动加入学生的网络空间，发现不良问题时及时正面引导，全力占领网络媒体时代的意识形态教育新阵地，让德育工作在网络新媒体上焕发新的生命力。

3. 校园文化——德育意识形态功能发挥的大舞台

高校作为引领社会文化走向的领头羊，校园文化的发展对建设社会主义文化强国起着重要作用。高校校园文化建设需要社会主义意识形态理论的指导和充实，德育意识形态功能的发挥需要校园文化这个大舞台来实现。因此，高校要拓展德育意识形态功能发挥新路径，必须加强校园文化建设，用马克思主义中国化最新成果引领校园文化建设，将社会主义意识形态理论巧妙地融入校园文化活动中，以大学生喜闻乐见的形式开展各项活动，不能流于形式、盲目追求娱乐效果，要注意校园文化活动的思想性和教育性，积极探索活动的新形式和新方法，使活动富有趣味性和吸引力，调动大学生积极参与，使大学生在参与活动的过程中增强对马克思主义理想信念的认同。通过校园文化建设，以隐性教育的方式将意识形态教育"润物细无声"地渗透到大学生的思想深处，促进大学生形成正确的世界观、人生观、价值观，为建设社会主义现代化强国培养合格的建设者和可靠的接班人。

4. 队伍建设——德育意识形态功能发挥的主力军

一支强有力的队伍是高校德育意识形态功能发挥的主力军，是做好德育工作的组织保障，高校要加强德育工作队伍建设。首先，高校党委要充分发挥领导核心作用，强化政治意识和领导责任，牢牢掌握意识形态工作领导权，旗帜鲜明地站在意识形态工作第一线，确保高校社会主义办学方向。其次，要建立一支素质过硬的德育工作队伍。德育工作者是德育工作的具体设计者与实施者，主要包括党政干部、共青团干部、思想政治理论课教师、辅导员等。这些德育工作者必须是马克思主义信仰者，具有坚定的马克思主义理想信念，具有较高的马克思主义理论水平，能学以致用，能以马克思主义立场、观点、方法来观察和解决问题，扎扎实实地做好每一项工作，上好每一堂课。再次，所有高校教师都要树立阵地意识，坚持党性原则，拥护党的领导。高校要扎实推进师德建设，把政治品德作为师德建设的重要内容，对政治立场错误、意识形态能力不过关者实行师德一票否决制，予以辞退或不予录用。高校要组织全体教职员工加强马克思主义理论学习，提高意识形态工作战斗力，为培养社会主义合格的建设者和可靠的接班人而努力奋斗。

5. 制度建设——德育意识形态功能发挥的根本保障

制度对高校德育意识形态功能发挥起根本性的作用，高校要牢牢抓住制度建设这个根本，充分发挥德育意识形态功能，不断健全、完善制度体系，保障高校意识形态工作的领导权、管理权和话语权，为课堂教学主渠道建设、网络媒体新阵地建设、校园文化建设、队伍建设提供制度保障。首先，党委要坚持和完善理论学习中心组学习制度，深入学习研究马克思主义理论体系，确保高校社会主义办学方向。其次，加强课堂教学管理和创新制度建设，加强师德师风制度建设，保证课堂教学的纯洁性，课堂教学中教师的言行举止要符合教学规范，知识传授过程中要弘扬社会主义主旋律，与党中央路线方针政策保持一致。再次，加强网络安全监督制度和校园文化活动规范制度建设，保证网络媒体和校园文化活动对大学生的正向积极作用。最后，还要加强教师评聘与考核制度建设、学生工作队伍的培训与考核制度建设等，保证高校全体教职员工思想意识的正确性。上行下效，只有教师们给予学生正确的意识形态影响，才能保证高校德育意识形态功能的充分发挥。

三、新时代高校德育实施的路径

青年是实现中华民族伟大复兴中国梦的主要建设者和希望所在，是以第一个百年奋斗目标为基础，使全面建设社会主义现代化强国目标能够达成的主要参与者和关键力量。德育是高等学校教育工作的关键构成部分，新时代高校不断加强德育工作，也取得了一定的成绩，比如推进了高校德育制度改革，促进了德育方式不断创新，拓展了德育路径等，但我们应清醒地看到高校德育仍面临着严峻的挑战。

（一）新时代高校德育面临的挑战

1. 高校德育融入人才培养方案、人才培养目标等能力有待提升

在目前高校教育的过程中，专业课主要讲授专业知识，而思政课主要讲授德育知识，两者存在专业教育与德育分割的情况。虽然一些院校在探索思政课程，但教授专业课的教师往往只关注学生的成绩是否提高、学生是否能够理解专业知识并灵活运用，对思政课程的理念意识不够强烈，对思政课程的理论知识、德育的理念研究不够深入、理解不够充分。而思政课程大都是以思政课教师讲授为主，在课程设计上会安排更多时间在理论讲授和知识掌握测评上，这就使得学生对思政课程失去兴趣，有的学生甚至认为思政课学得好与坏与所学专业并不相干，对将来毕业就业也没有什么影响，只要不挂科即可，这就导致在人才培养的过程中成才与成人相分离，各自为营。

2. 高校未将社会服务、创新创业等活动纳入德育考核

学生的学业考核是教学的重要环节，而实践是检验真理的唯一标准。随着高校思想政治教育理念的不断更新和环境的改变，高校对大学生思政课成绩的考核也面临很多的新挑战。长期以来，思政课教师通常通过答题、论文、随堂表现、期中期末考试等方式来考核学生思政课的学习情况。但是这些方式只能检验出学生是否具有一定的道德判断能力。德育与专业教育不同，无法通过考试成绩的高低来检验一个学生道德品质的好坏。虽然目前团委、学生处等部门组织了一定数量的实践活动，但也是绝大部分由学生干部参与，这种活动并没有纳入高校德育的学生考核中。

3. 社会思潮、社会环境对高校产生的消极影响

随着全球一体化进程不断深化，基于多元文化主义的价值体系相互交织、融合，这不仅开阔了大学生的思维和视野，也对其原有的价值观产生了影响和冲击。拜金主义、享乐主义和自由主义等思潮对当代一些青年大学生的理想信念、心理健康产生了严重的负面影响。当前多种所有制经济共同发展，市场机制、竞争机制极易导致大学生重个人利益、轻集体利益，价值取向多元化。

4. 网络环境的复杂性对德育工作的挑战

随着信息技术的普及，当代大学生更乐于在网络这个虚拟的空间中参与国家、社会中重大问题的讨论，发表自己的观点，由于网络空间的虚拟性和相对无拘束性，国内外一些敌对势力利用网络空间制造谣言和假象，混淆视听，引发大学生产生对社会的消极情绪。互联网新媒体信息量大、互动性强，大学生在新传媒环境中可获得更多的资源、信息。同时，信息交互的方法也更为丰富，使得学生对互联网新媒体的依赖性强。良莠不齐的思想文化影响着大学生的世界观、人生观和价值观，对我国高校德育工作的改革提出了新的要求。

（二）新时代高校德育实施的路径

高校作为大学生学习、生活的主要场所，应充分发挥立德树人的重要作用，抓好思政课堂教学主渠道、守好共青团工作一段渠、发挥高校思政课程与课程思政育人功能，推进三全育人，培养出一批又一批中国特色社会主义事业建设者、接班人。

1. 强化高校德育的顶层设计

（1）强化人才培养方案设计

改革要增强德育的有效性，就要建立健全德育机制，保障德育能高效、平稳推进。各高校在顶层设计上，将德育系统融入人才培养方案中，扎实推进三全育人。高校应将思想政治工作融入人才培养方案的每一个教育教学过程中，要将立德树人这一基础与教育的每一个环节相统一，如思想道德、文化知识、社会实践等，使学生在学习专业课知识的同时，潜移默化地接受德育，其效果一定要比单一的道德理论灌输强。

（2）加强师资队伍建设

在教学过程当中，教师是主导者和组织者，不仅要指导学生学会和理解所学知识并正确运用，还要密切关注学生道德品质和意志的修养与磨炼，推进学生德智体美劳全面发展。"教师是人类灵魂的工程师，承担着神圣使命。传道者自己首先要明道、信道。高校教师要坚持教育者先受教育，努力成为先进思想文化的传播者、党执政的坚定支持者，更好担起学生健康成长指导者和引路人的责任。"高校要不断加强师资队伍建设，对于教师队伍的管理机制，比如竞争机制、激励机制、考核与评价机制等，要坚持以人为本的原则，不断进行改革与完善，科学建立长效机制，充分整合可利用资源为思想政治理论学科建设、教师进修和技能培训、社会实践以及学术交流等提供一系列支持性政策，营造有利于教师发展的环境氛围。同时，还应建立教师能上能下、能进能出的制度，优化教师队伍结构，全面提高教师队伍的综合素质，强化广大教师的政治意识、责任心。尤其是思政课教师，只有具有"良好的思想政治素质、职业道德素质、精湛的业务素质、仁爱之心与人文情怀等才能完成新时代赋予的神圣职责"。只有不断提升师资队伍的综合素质，才有利于促进高校德育工作的扎实推进。

（3）专业课与思政课同向同行

中华人民共和国教育部在2020年6月印发《高等学校课程思政建设指导纲要》（以下简称"纲要"），《纲要》明确了课程思政的建设目标以及内容重点，为高校课程思政工作指明了方向。课程内容不仅包含专业知识，还应包含具有时代意义的正能量、正确的价值观，让专业教育与德育融会贯通，让课堂发挥"主战场"作用。教师在完成授课任务的同时，充分调动学生的主动性与积极性，使学生在增强理论知识学习的同时，潜移默化地接受人生观、价值观的引导，进而达到高校德育的目的。

2. 注重高校德育实践

（1）精心策划并高效实施德育实践活动

校园文化环境对青年大学生的思想具有直观的影响，高校可以采用显性教育和隐性教育的方式，强化校园文化环境建设，在以高校为主导的实践活动当中，搭建大学生德育平台，比如建设创新创业孵化基地、实验实训基地、举办各项赛事，组织学生开展形式多样、内容充实并且主题鲜明、富有较强吸引力的学术研究、文体活动等，对德育进行宣传，让学生在主动参与的过程中自觉学习德育的相关知识，在思想情感上受到熏陶。这样学生对获得的知识印象会更加深刻，影响也更加深远。我们要通过历史教育不断培养大学生的爱国心，增强其民族自信心，使其真切体会到误解别人和被别人误解、帮助别人和被人帮助的感受，增强学生的自制能力、自控能力和辨别能力，提高大学生的思想道德素养，增强高校德育的活力，提升高校德育的效果。

（2）充分利用学生社团开展德育实践活动

青年大学生在校生活是由课堂生活和课余生活两个部分组成的，在课余时间，大学生还会自发组织和参与一些实践活动，比如学生社团组织。教师可将德育内容融入学生自发组织的一些实践活动当中，给予一定的支持和鼓励，比如专业的教师指导、必要的经费支持、场地及设施的配备等，鼓励举办一些积极阳光、传播正能量、弘扬优秀传统文化等的活动。同时，还可以成立习近平新时代中国特色社会主义思想研究社、学习社等，充分利用学生社团的自发性和多样性，提升学生的思想水平、文化素养和政治觉悟，让大学生自发学习德育理论并运用到实践当中，使其在加深理论知识学习的同时，能够加深理解、融会贯通，做到"知、情、意、行"合一。从而引导青年大学生朝着正确的方向成长成才，形成高尚的人生理念和良好的道德情操，为实现中华民族伟大复兴的中国梦贡献自己的力量。

（3）注重高校网络建设，充分利用互联网传播德育

当今社会是"互联网+"的社会，网络信息飞速传播。网络是一把双刃剑，有好的一面自然也有坏的一面，关键看如何运用。随着我国对网络媒体、平台的管控和整治的力度的不断增强，网络环境日益清朗，信息源也比较客观、可靠。高校注重新媒体的开发，增强高校网络媒介的引导作用，可以借助网络平台的传播资源，比如微博、微信公众号、抖音等短视频平台、网站、自主研发的App平台甚至是教师的朋友圈等载体，利用其快捷、主动、高效、广泛的特点，向青年大学生宣传德育的内涵、意义与价值，为新时代高校思想政治教育提供新颖而又辽阔的平台，也可以通过这些平台关注学生的生活需求与思想动向，及时调整教育内容和教育方法。一方面，高校青年在日常生活中加强理论知识学习的同时，能够提升自己对纷繁复杂的网络信息的甄别能力和判断能力，确立正确的三观。另一方面，监督学生文明、依法上网，引导学生在网络生活中践行社会公德和法律规范，引导青年一代勇于担负起自身的责任，为实现中华民族伟大复兴的中国梦添砖加瓦。

大学生的道德形成是一个漫长而潜移默化的过程，需要长期有效的方式推动其发展，需要理论教学、实践教育、网络建设三方搭配，营造良好的德育环境。我们应在传统课堂面授的基础上，一方面，推动在线教育的开展，提升教学效果；开展实践教育，提倡学生走出课堂，将德育与个人活动相结合，在实践教学中获得新的感知，真正做到"知、情、意、行"合一，在实践中检验真理；另一方面，利用网络新媒体方式教学，宣传网络正能量，使学生利用网络扩大自己的知识储备，引导学生正确使用网络资源。三方搭配，可以更好地引导当代青年树立坚定的理想信念，树立正确的世界观、人生观和价值观，做既有知识又

有文化,既有智慧又有智商,既有思维又有思想的新时代新青年。

四、新时代下高校德育与心理健康教育的融合

近年来,高校积极开展德育工作,落实立德树人根本任务。而在全面实施素质教育的过程中,最重要的措施就是加大力度开展大学生心理健康教育工作,并且这项工作也是德育工作中的一部分。现在很多高校虽然重视德育,却忽视了心理健康教育,这种现象致使高校时常有恶性事件发生。因此,高校应该多关注学生的心理层面,进一步加强德育工作。而高校德育要如何达到与心理健康教育相契合,使心理健康教育融入高校德育工作中就成为当前高校的一个重要研究课题,这对高校育人成效的提高具有重大影响。

(一)高校德育与心理健康教育的契合

1. 教育目标一致

解决学生的心理问题和困惑、提高其心理健康水平是高校开展心理健康教育最终所要达到的目标。帮助学生树立正确的三观,培育他们成为具有较高思想品德和道德修养的社会主义接班人是高校德育的主要任务。虽然教育目标有所不同,可是本质上两者的目的一致,都是培养高素质人才。所以,德育中包含了心理培养这部分,学生只有心理健康才可能更好地接受学校道德教育。

2. 教育内容相互交叉

在内容上,德育与心理健康教育是相互交叉的,具体体现在引导学生良好适应、正确认识以及健康发展等方面。总的来说,高校德育主要的内容是帮助学生树立正确的三观,培养学生的高尚理念以及创新意识,并且以道德、法律等严格规范学生的行为。对比而言,心理健康教育以培养学生健康的心理和增强自我认知为主要内容。因此,在学生高尚思想品德和健康心理培育方面,高校德育与学生心理健康教育之间有交叉性内容存在,因两者有交叉内容,所以就决定了在育人过程中两者能够将互补作用完全发挥出来。一般在德育过程中,如果学生心理健康状况得以保障,则将显著提高教学效果,同时也能显现出德

育的重要性；对于思想道德修养较好的学生来说，他们在接受德育时能更加积极地去调整自己的心理状态，并且能主动处理好日常事务，也具备较强的自我认知能力。由此可以证明，在内容交叉的前提下，德育与心理健康教育的优势完全可以互补，这对两者教育效果的提高起到了重要作用。

3. 有利于心理健康教育效果的提升

对比德育和心理健康教育可知，两者不仅内容有交叉，而且它们的目标也是一致的，它们都是德育工作中的重要部分，两者同样重要，根本任务都是将学生培育成高素质人才，从而满足新时代发展要求。结合当代大学生的特点、思想状况以及德育与心理健康教育工作情况进行分析可知，相互契合的德育和心理健康教育能有效提升心理健康教育水平。从高校大学生这个角度来看，良好心理素质的核心是思想道德水平较高，这是毋庸置疑的，人之所以能保持健康的心理，离不开坚定的信念、高尚的思想道德以及自强不息的精神。因此，要形成健康的心理素质，首先要拥有良好的思想品德。德育与心理健康教育无论是从内容层面上，还是目标层面上，它们的契合度都很高，德育工作的大力开展能够推动心理健康教育的进行，真正促使学生心理健康教育的成效得到提升。

（二）高校德育与心理健康教育融合中出现的问题

1. 目标侧重点不同

促进大学生提高品德修养，实现全面发展是德育与心理健康教育两者所共有的目标。然而，两者之间也有着不同的侧重点。道德教育、法制教育是德育目标的侧重点，心理健康教育目标则是以健康教育作为侧重点。由此可见，两者的侧重点明显不同，两者需要进一步融合，由此才能使学生全面发展，但是在实际教育实践过程中，两者出现了相互排斥的现象。

2. 心理健康教育重形式、轻实效

目前，一些高校德育在融合心理健康教育的过程中存在一个很大的问题——重形式、轻实效。虽然很多高校对心理健康教育有所重视，并建有心理

咨询室，但是当学生遇到心理问题时，他们却很少去心理咨询室咨询，而且高校对于心理不健康、有严重心理问题的学生也未给予足够的重视。一些高校还缺少畅通的沟通渠道，学生的真实情况也没有及时反馈给辅导员，这些因素导致学生的心理问题得不到及时解决。一些高校只关注那些有心理健康问题的学生，却忽视了其他学生的心理健康状况。

3. 教学方法的优势没有得到互补

心理健康教育融入德育中之后，高校内两边倒的情况就开始频繁发生：一种是只承认心理健康教育的重要性，并将学生的情感、思想、社交等方面的问题都认定为心理问题，认为这些问题只有心理教师才能解决；另一种是过分地夸大德育的重要性，认为解决好学生的思想及道德问题就必然能轻松解决心理问题。事实上，任何个体出现心理或道德问题都是有多方面原因的，需要德育工作者和心理教师相互协作，共同发挥作用，帮学生找到问题的症结。德育和心理健康教育同样重要，缺一不可。

4. 师资达不到要求

大部分高校的心理健康教育和德育工作都是由相关专业的毕业生完成的，而他们都是从学校进入学校，实践经验明显不足，更没有经过专门的技能方面的训练，又没有掌握足够的知识量，很难发挥各自领域的基本功能，也无法处理好两者之间的必然联系，满足不了大学生的根本需求。还有很多高校因为缺少心理健康教育专业教师，就由思政课教师为学生讲授心理健康知识，但是心理学这门学科本身就是独立学科，与其他学科的教学目的、内容、方法等都是不同的，因此，高校有必要对思政课教师开展培训，提高其综合素质。此外，一些高校的配套政策落后，也没有投入足够的资金，很难调动教师的工作积极性。

5. 两者的融合平台尚未建立

现在多数高校已经开设了德育和心理健康教育的相关课程，但是只限于课堂教学，只能发挥出临时的教学效果，并且其效果也十分有限。要想真正促进学生全面发展，搭建不同的平台是关键。

（三）新时代下高校德育与心理健康教育共融的路径

1. 及时转变教育理念，营造校园文化氛围

在融合德育和心理健康教育方面，最重要的对策就是转变教育理念以及营造校园文化氛围。校园文化是一种强大的精神力量，对大学生的态度、观念及行为都会产生直接影响。一是高校应打造促人上进且宽松的育人环境，不仅要弘扬中华民族的美德，还要践行社会主义核心价值观，为学生的全面发展提供助力。二是高校通过宣传教育，能让学生对德育和心理健康教育的重要性有新的认识，让学生在和谐的氛围中坦然面对自己的心理问题，并主动寻求帮助。

2. 完善高校德育内容，增强德育教育实效

一是给予学生人文关怀是对德育者的基本要求。德育工作者可以适当加入情感调适教育，在此基础上学生就能发现自己的情绪变化规律，并做出相应调整，由此就能提高心理健康素质。二是德育要结合实际问题以及思想问题的解决这两个方面。如此，不仅能达到教育人的目的，更能帮助人，缓解学生的压力，在一定程度上促进学生良好的心理素质的培育。三是要将人格教育、人际关系教育等相关内容列入德育范围中。教会学生如何建立良好的人际关系、营造和谐的环境。重视学生健全人格的培养，从而提升他们的道德修养。总之，通过对德育内容的加强完善来提高学生的心理健康水平并不是一蹴而就的，必须结合德育和心理健康教育两个方面，再经过一个循序渐进的过程，最终促使心理健康教育的实际效果得到较大提升。

3. 重视建立心理咨询室，加强沟通机制建设

建立心理咨询室对于各大院校来说都是非常必要的，为学生建立心理健康档案是心理咨询室的主要工作内容，有助于学校完全掌握学生的心理健康情况。此外，高校要密切关注所有新生的心理问题，并且对他们进行科学的调研，每学期都要做一次问卷调查，以找出学生的心理问题，之后要整理好调查结果，并进行分类，形成档案。因此，必须认真分析和研究学生的心理健康档案，采取有针对性的策略解决学生的不同心理问题，安排辅导员与学生进行面对面的

沟通。同时，也可以发挥思政课教师的作用，由他们在授课中对学生做出正确的引导，帮助学生解除实际的心理困惑，还可以采取网上咨询的方式去解决问题。高校为了推进德育以及心理健康教育工作，不仅要建立心理咨询室和心理健康档案，还要加强各部门之间的联系，管理者、德育课教师、辅导员、心理健康教育课教师紧密配合，社会、学校、家庭之间的合作也必不可少，如此才能确保德育和心理健康教育得到深入开展，取得更大的成效。

4. 特别关注特殊学生群体，强化心理健康教育

特殊学生群体身上体现出了他们独特的一面，他们与普通学生完全不同。因此，高校要重视这个群体，在心理健康教育和德育中应考虑到他们的实际心理需求，分析他们的特点，以保证所选用的教学方法是正确的。通常来说，贫困学生、残疾学生就是特殊学生群体。心理健康教育对残疾学生来说非常重要，所以教师和学校应该对此类学生的心理健康状况做系统的分析，以便对他们做心理疏导。为了更好地理解残疾学生的需求，应将残疾学生的生活环境作为入手点，通过与他们身边的朋友、同学交谈，引导其他学生多关心和帮助残疾学生，无论是在学习中还是生活中，都要尽可能营造一个和谐的环境，让残疾学生更好地成长。对于贫困学生，学校在大力开展心理健康教育工作的同时，应对这类学生的现实需求多一些关注，以健康、积极的方式为贫困学生提供多种帮助，为他们的生活学习创造有利条件，利用多种途径缓解他们的心理负担，让贫困学生不再回避贫困问题。

5. 充分利用网络平台，丰富第二课堂

高校德育和心理健康教育要想有更多灵活的时间以及更大的发展空间，首先要讲授好心理健康教育以及德育的课程，而第二课堂想要更丰富，可以利用好网络平台，始终保持线上线下、课堂上下相结合的模式，以促进长效育人机制的顺利形成。高校在德育和心理健康教育同步进行的过程中，可以利用的教育形式主要有官方网站、微博、微信、公众号、校园广播等，将更多德育和心理健康教育方面的知识传授给学生，让这些知识在高校内得到真正普及。另外，开展各种活动丰富学生的第二课堂，例如，开展与德育和心理健康教育有关的文化活动，邀请资深专家来校做德育和心理健康教育的专题讲座。丰富的网络活动和第二课堂，不仅会使学生得到智力上的发展，也能健全他们的人格，为他们以后成为全面发展的人才奠定基础。

6.融合师资队伍，培养复合型教师

高校应该从心理健康教育教师队伍和德育工作者队伍中筛选高素质的优秀教师重点培养，使他们能够成为复合型教师。通过定期开展培训，让这些教师更加全面地掌握德育与心理健康教育的专业知识，让他们有能力胜任一般性、支持性的心理辅导工作，这样才能取得良好的德育效果。总之，有效融合心理健康教育和德育的师资，对心理健康教育和德育教学工作的相互融合起到促进作用。

民族复兴的伟大重任要由当代大学生来承担，只有他们全面健康发展，才能为民族振兴打下坚实的基础。为此，高校必须对大学生的德育和心理健康教育高度重视，将"立德树人"作为工作中心，充分融合心理健康教育和德育这两大部分，使两者相互借鉴、相互促进。此外，我们还须及时转变教育理念，进一步完善德育内容，同时加强心理咨询室建设，丰富第二课堂，并推动师资队伍深度融合。以上这些都是实现德育和心理健康教育融合的有效路径，目的都是让学生得到全面发展。

第二节　高校德育教育体系构建

一、"大思政"格局下高校德育体系的构建

从我国高等教育的现状看，德育过程从德育目标、德育内容、德育实施到德育管理，已经初步形成了系统的、稳定的结构。但在实际操作层面，教育主体主要依赖于思政课专职教师，教育方式主要局限于课堂教学，内容上无法满足青年学生理论联系实际的多元需求，态势上缺乏贯穿学生整体生涯的长效机

制，德育过程总体上仍未形成完备的体系。这种徒有结构、未有填充的不健全的体系暴露出最明显的问题，即它无法依靠自身完成运转，必须依赖强制手段去推动实施。长此以往，德育目标不仅无法实现，教育者与受教育者之间的矛盾也会随之激化。因此，当前我国高等教育面临的一个艰巨的任务便是高校德育体系的构建。

德是人才素质的灵魂，德育应始终居于素质教育首位。德育的实施应在全社会形成完善的系统，而作为各方面条件相对占优势的高校，应率先形成完善的德育体系，为全社会德育体系的健全和完善提供模式参考和智力支持，从而促进全社会道德水平的提升。高校德育体系是一个庞大的有机整体，它的构建需要各类思想政治教育资源的相互配合、协同配置，基于此，"大思政"格局应运而生。所谓"大思政"，是指运用系统论观点，通过特定的活动或联系机制，将多种具有思想政治教育功能的因素进行有机整合，实现高校思想政治教育的最大合力。"大思政"格局致力于高校德育体系的构建，有助于明确谁来教、教什么、怎么教三个核心问题，是破解当前思想政治教育资源各自为政、信息孤岛等困境的根本途径。

（一）构建全员育人的主体体系

高校德育主体体系事关高校德育谁来教的问题，是高校德育现代化的基本问题。随着互联网技术的不断革新，从孤立走向协同、从传统走向现代，成为高校德育发展的未来趋势和必然要求。在"大思政"格局之下，构建全员育人的主体体系，根本上就是要将高校德育从个别专职教师承担向全体教职工共同参与转变，从学校单方面教学转变为学校、家庭、社会、学生"四位一体"共同教学，形成学校教育、家庭教育和社会教育相互配合、协同育人的工作合力。

首先，学校是德育的主导。"专兼结合"配合之下，每一位教职工都是德育主体体系的重要组成部分。而大学生思想政治教育队伍主要是由学校党政干部、共青团干部、思想政治理论课教师和哲学社会科学教师及辅导员组成。

党政干部和共青团干部依托党组织和团组织对学校工作实行全面领导和指导，把方向、管大局，在思想引领上有着独到的经验和独特的体会，他们是高校思想政治教育的总指挥，是保障高校德育工作开展的决定力量。

思想政治理论课教师和哲学社会科学教师有着深厚的专业素养，是高等教育社会科学领域的权威，他们教授的课程能让学生直接了解到我国意识形态工作的相关动态，并在学科背景下对世界观、人生观、价值观产生思考，他们是高校思想政治教育的主力军，是直接参与高校德育工作的主要力量。

辅导员是高校教师队伍中与学生关系最密切的群体，他们深入到学生学习和生活的方方面面，学生思想上的任何波动都将第一时间反映到他们那里，他们在高校思想政治教育中扮演着特殊且重要的角色。其他专业课教师和后勤服务人员等也是高校思想政治教育不可或缺的力量。高校德育与智育、体育、美育相互渗透，德育不能离开其他校园生活片段而独立存在。学校的其他专业课、各项服务工作，都有潜移默化的育人功能。而每一位教职工以身作则，也是高校德育工作中的重要一环。

其次，家庭是德育的基础。家庭的配合是高校德育主体体系中不能忽视的力量。在义务教育阶段，家庭教育在学生德育教育中占据重要分量，家庭与学校的互动也比较频繁。在高等教育阶段，受家庭与学校的地理距离、学生群体年龄特点等多重因素的影响，学校德育常常与家庭互相割裂。家庭德育的深刻性和权威性寓于父母和子女间受法律确认和保护的直接伦理和依赖关系中，其影响力是学校德育难以企及的，因此，家庭与学校在德育上的协调尤为重要。高校可以通过设立家长委员会，以优秀的家庭德育案例为表率，带动家庭德育与学校德育协同发展，于学生成长最常态的环境中，提升高校德育工作的有效性。

最后，社会是德育的补充。社会的加入是高校德育主体体系面向现实、面向未来的必然选择。校外知名人士、优秀校友都是社会给予高校的德育主体资源，借助这些优秀人士的力量，开展道德观念、道德理想、道德品质、道德情感等方面的实践活动，有利于学生提前了解社会，增强高校德育的开放性和互动性。除了学校、家庭、社会这三个重要力量,学生本身也是高校德育主体体系应当囊括的重点。学生会、社团等学生组织是学生进行自我教育的主要阵地,学生标兵、优秀学生干部等是学生进行自我教育的模范典型。在高校德育主体体系中给予学生一定的自主性,充分发挥学生的主观能动性,是实现高校德育可持续发展的根本途径。

(二)构建全方位育人的内容体系

高校德育内容体系事关高校德育教什么的问题,是高校本质属性和根本任务的体现。它既包含了处于应然地位的德育目标,又囊括了处于实然地位的具体内容,是一个指向鲜明、重点突出、内涵丰富、设置有序的全方位系统。"大思政"格局之下的高校德育首先要以社会总体目标为根据。党的十九大报告中明确提出,新时代中国特色社会主义的总任务是实现社会主义现代化和中华民族伟大复兴,在全面建成小康社会的基础上,分两步走:第一步是从2020年到2035年基本实现社会主义现代化;第二步是从2035年到本世纪中叶建成富强民主文明和谐美丽的社会主义现代化强国。让青年人有更好的未来,使高校毕业生更好地走向社会,是高等教育最基本的职责。基于此,高校德育的整体目标应当是为实现社会主义现代化和中华民族伟大复兴培养有理想、有本领、有担当的建设者和接班人。整体目标具体涉及思想水平、政治觉悟、道德品质、文化素养等多个方面。此外,"大思政"格局之下的高校德育也要充分考虑学生的个性发展目标,关注学生的心理健康和职业规划,培养学生成为德智体美劳全面发展的合格人才。

根据德育目标的内在要求,高校德育的具体内容包括六个方面:一是思想水平教育。以辩证唯物主义、历史唯物主义为指导思想,以整个自然界和人类社会发展的客观规律为基础,引导学生树立正确的世界观、人生观、价值观和科学的方法论。二是政治觉悟教育。如开展马克思列宁主义、毛泽东思想和包括邓小平理论、"三个代表"重要思想、科学发展观、习近平新时代中国特色社会主义思想在内的中国特色社会主义理论体系的理论教育;开展党的基本路线教育和国内外形势政策教育；开展有关法律和各项规章制度的民主法制教育，引导学生树立中国特色社会主义共同理想。三是道德品质教育，进行中华民族传统美德教育和社会主义核心价值观教育，引导学生自觉养成良好的社会公德、职业道德、家庭美德和个人品德，发扬以爱国主义为核心的民族精神和以改革创新为核心的时代精神。四是文化素养教育，开展专业课程教育和实践课程教育，丰富社会实践活动，加强校园文化建设，引导学生树立正确的学习态度，养成良好的学习习惯，实现科学素养和人文情怀的共同发展。五是心理健康教育，根据学生生理心理发展的规律和特点，运用心理学的教育方法和手段，引导学生培养健康的心理和健全的人格。六是职业规划教育，开展职业生涯教育和职业理想教育，引导学生树立正确的职业观念和职业理想，根据社会需要和自身特点进行职业生涯规划，并通过技能学习将规划转化为现实。

"大思政"格局之下高校德育内容体系的构建要特别注意阶段性。大学生群体的精神世界处在变化发展和不断完善的过程中，随着年龄的增长和学习任务的调整，不同年级学生的思想状态呈现出不同的特点，德育的内容必须依据这些特点循序渐进、逐级设置。在学生学习目标演变的过程中，德育内容应根据学习目的的变化，从文化素养教育逐渐过渡到职业规划教育；根据价值观念的变化，从心理健康教育逐渐拓宽到思想水平教育；根据理想境界的变化，从道德品质教育逐渐上升到政治觉悟教育。

（三）构建全过程育人的实施体系

高校德育实施体系事关高校德育怎么教的问题，是高校德育工作中最重要的环节。同时，德育实施也是德育主体落实德育内容的具体过程，是多种思想政治教育资源、渠道、力量协同发力、有机整合的最终呈现。"大思政"格局之下高校德育实施体系的构建，重在形成制度化、常态化的稳定系统，使高校德育实现不依靠外力的自我可持续运转，并将它贯穿于学生的整个大学生涯。这就要求德育的途径和方式必须符合德育的原则和要求，立足于大学生群体的身心特点和成长规律，顺应媒介、载体的变化趋势。具体来说，主要应做好以下工作。

1. 思想政治理论课程建设

思想政治理论课程作为第一课堂，应发挥主渠道作用。思想政治理论课程建设主要包括思想政治理论课教师队伍建设和课程质量建设两个方面，两者相辅相成。

第一，高度重视教师队伍建设。教师作为教学的引导者，一是要加强专业建设，提升理论素养，将马克思主义理论作为思想政治理论课教学的专业基础，遵循专业发展的内在要求展开研究和教学；二是要确立学科意识，坚定对马克思主义当代价值和实际意义的信心，创新思想政治理论课程教学理念，增强课程的现实感和时代感；三是要与时俱进，主动学习和研读党的最新思想理论成果，适应当前世界不断发展变化，充分考虑学生的认知能力和接受程度，适应当代学生思想变化和认知特点的新要求；四是要坚持育人为本，从教师的自我意识及主体素质两个方面生成亲和力，注重思想政治理论课内容讲解、教学话语使用和教学方法选择，提升学生对思想政治理论课教学的认同度和获得感。

第二，着力开展课程质量建设。根据当前大学生思想政治教育的新情况、新特点，有针对性地采取一系列措施进一步提升思想政治理论课教学的质量，增强教学实效性。一是构建与时俱进、贴近学生、便于学习的教材体系，教材要全面反映课程要求和学科内容，面向生活、面向社会、面向实践；二是创新顺应时代要求、生动活泼、适合学生的方法体系，并且，教师要充分了解自己的学生，有针对性地选择教学方法，合理安排教学内容；三是营造良好的课堂环境。课堂气氛的营造是教师和学生共同完成的，特别需要师生之间有良好的互动探索，由教师引发学生的求知探索欲。

2. 校园文化建设

校园文化建设是打造高校德育第二课堂的重要载体，校园文化能够潜移默化地对学生产生深远持久的影响，要充分利用好社会实践、文体活动、校园媒体等育人手段，发掘文化育人的潜在力量。高校德育工作应积极探索搭建红色文化教育平台并加强各平台间的配合，让红色文化不断融入课堂，深入到学生内心，让主流思想舆论阵地的"红色地带"越来越宽广。

社会实践是促进学校德育、家庭德育、社会德育协同发展的有效途径，是学生理论与实践相结合的重要活动。因此，我们要紧跟时代主旋律，在实践活动过程中有计划、有组织地开展思想政治教育；要主动与政府、企事业单位、部队、农村共建社会实践基地，保障学生长期性、多样化的实践开展；要合理利用家庭、社会的思想政治教育资源，学习和谐家庭、优秀校友、社会楷模的经历经验。

文体活动是校园文化建设的特色活动。校园文体活动要立足学校特点和学科特点，助力校风建设、学风建设；要多样并举、多元并重，形成包括德智体美劳在内的全方位活动架构；要鼓励科技创新，适当提升科技活动在校园活动中的比重，提升传统文艺、体育活动的科技含量。

校园媒体是高校德育最广泛的宣传阵地，是实现全过程德育的重要途径。要紧跟社会媒介发展的主流趋势，借助微博、微信、抖音等新媒体的力量开展德育工作；要依托校园媒体了解学生动态，鼓励学生发声，营造高校德育常态化的互动氛围；要利用好校园官方媒体，引导好学生自媒体，实现学校德育舆论阵地与学生德育自主学习的有机结合。

3. 日常辅导咨询机制建设

日常辅导咨询机制是全过程德育的重点工作，思想政治教育的落地，离不开日常辅导咨询机制建设。日常辅导咨询机制在密度上要贯穿学生的整个学业生涯，关注学生课堂外、寝室中、学业外等生活中的思想动态，推动德育实施的持续化、常态化、可触化；在广度上要覆盖全体学生群体，凝聚以辅导员、心理咨询教师、后勤服务人员为主的不同岗位教职工的教育智慧，从校园生活各个不同的角度、各个不同的场景切入，共同作用于日常思想政治教育；在深度上要吻合学生成长需求，适应学生身心特点，重点围绕学生心理健康教育和职业规划教育展开，解答学生关于职业定位、求职方法的各类疑问，帮助学生培养健康心理、健全人格。

4. 党团学生组织建设

党组织、团组织和学生组织是学生参与思想政治活动的主要场域，是高校德育建设的主要平台。随着高等教育体制的改革与深化，学生党员、团员数量占高校学生总数的比例稳步提高，学生组织类型日益丰富、数量持续增加，党组织、团组织和学生组织在德育上作用不可小觑。党组织要发挥好思想引领作用，通过举办各类思想理论学习会、政策方针研讨会、主题教育座谈会，贯彻落实会议精神、文件通知；团组织要重视团学活动顶层设计，发挥先锋模范带头作用，借助各类校园文化活动的举办，着力培养青年思想政治理论骨干；学生组织要响应学校德育的号召，在党组织的领导下和团组织的指导下，为学生的自我教育提供平台，在学生内部掀起自主德育的浪潮。

5. 德育管理评估制度建设

高校德育管理评估制度是监督德育过程、保证德育计划与德育具体活动相适应的重要环节。只有建设了健全、完备的德育管理评估制度，才能最终保证高校德育实施体系的自我运转和长效运转。德育管理评估制度建设一方面是对高校德育进行系统评估，调研德育实施在学生身上的实际效果，总结各院系、各部门在德育过程中的成效和出现的问题，并不断改进和完善；另一方面是对学生德育进行跟踪评估，对每个学生进行德育定期考核，将考核结果纳入学生奖助学金评定之中，可促使学生朝着德智体美劳全面发展的目标不断进步。此外，德育管理评估制度建设也要注意自我评估，在实际操作过程中要广泛听取部门意见、教师意见和学生意见，采取修正措施纠正德育评估的实际偏差。

二、基于道德需要的高校德育体系构建

高等教育阶段刚好是青年学生思想品德定型的关键期，也是青年学生思想价值观最容易受到不良影响的特殊期，这一时期的道德教育尤为重要，进行道德教育的难度也最大。当前，高校已然成为多元价值观碰撞、意识形态斗争、不良思想和负面信息侵袭的主要场所之一，在这种复杂环境下的道德教育，必须采取符合大学生特点并能有效消除负面影响的教育方法，才能保证道德教育

的良好成效。经过对当代大学生的道德需要与道德教育相关的课题进行深入研究发现，强烈的道德需要是大学生道德实践的内在动力，而且这一动力不容易衰减，不容易受外界干扰，能促使大学生长期坚持道德实践，并内化为个人坚守的道德品质，可以说，个体道德的需要是否得到满足是促进道德教育能否成功的内在关键。高校的道德教育如能抓住这一关键方面，沿着大学生道德需要发展的路径发力，激发大学生强烈的道德需要，高校的道德教育工作自然会事半功倍。

（一）道德需要是大学生道德实践的内在动力

1. 道德需要的基本概念

马斯洛需求层次理论将人的需求从低到高分为生理需求、安全需求、社交需求、尊重需求和自我实现需求等五个层次。其中生理需求、安全需求、社交需求属于低级需求，通过外部条件即可以满足；尊重需求和自我实现需求属于高级需求，通过内部因素才能满足。马斯洛需求层次理论从"需要"的视角解释了人的行为动力源泉，为我们了解和研究人类的需要提供了一个较完整、较合理的框架。道德需要具有以下几种特点：

（1）前提性

马斯洛需求层次理论认为，人的需要有一个从低级向高级发展的过程，某一层次的需要得到相对满足后，就会向高一层次发展，追求更高一层次的需要就成为驱使行为的动力。道德需要作为一种高级需求，一般是在低级需求得到满足的前提下出现的，同时还是在个体意识到道德对其生存和发展的价值、意义后而形成的。

（2）功利性

道德需要是建立在道德能对个人生存和发展提供保障的基础上的，个人遵守道德规范，在一定程度上是因为道德规范为群体制定了行为规则、稳定群体秩序，从而通过规则、秩序保护个人的生存权和发展权。从这一角度看，道德需要是具有功利性的，是为了道德回报而进行的道德付出。

（3）超物质性

道德需要是自主意识，是心理倾向。内心活动自由不受外部环境限制，也不会因为有心理活动而得到好处，或者因没有心理活动而受到损失。道德需要更多地体现在实现自我价值的需求，是通过满足需要来获得精神满足的追求，超出物欲满足的功利性思想。

2. 大学生道德需要的形成环境

无论是低级需求还是高级需求，一旦需求强烈，必然会通过行动去试图满足需求，这既是人的本能，也是人生存和发展的规律。道德实践也不例外，当个体有强烈的道德需求时，就会有相应的道德实践，通过道德实践以满足道德需要。对于大学生来讲，具备了道德需要形成的前提条件。一方面，在文明程度越高的群体中，相应的需求层次就越高，具备高文化素质的大学生，其低级需求基本都很容易达到。另一方面，大学生对道德价值和意义的认识和理解也都比普通群体要高得多，从知识层面、认识层面上达到道德需要形成的条件。同时，高校道德实践环境、大学生群体道德整体水平也为大学生道德需要的形成提供了更好的条件。大学生的道德需要形成后，会激发自身的道德动机，进而促进大学生的道德实践行为。

（二）制约大学生道德需要发展的因素

1. 道德教育误区制约大学生道德需要的唤醒

一方面，道德教育经常把道德实践当作一项单向义务，向学生过多地强调道德义务，却很少提及道德权利，甚至干脆避谈道德权利，同时还回避道德需要的功利性特点。但是，义务与权利是一个有机统一体，有义务必然有相应的权利，没有权利的义务就像一个没有受力对象的力，发挥不出任何作用。道德权利是道德主体在道德生活中所享有的权利，是大学生全面准确认识道德对其生存和发展的价值、意义的重要方面。尊重道德权利，也是对道德需要具有功利性特点的尊重。大学生道德教育没有重视道德权利，没有呼应道德需要，往往就会让道德教育成为老生常谈的说教。另一方面，道德教育常被认为是思政专业课教师、思政工作者的工作，与其他课程教师无关，以致某些高校曾出现教师在课堂发表不负责任的错误言论的情况，更有甚者还将这种行为当作是一种时髦或个性，以引起学生的关注，这对学生思想的影响极为消极，这些教育误区势必制约大学生道德需要的唤醒，甚至压抑大学生道德需要。

2. 道德价值标准的不确定性制约大学生道德需要的稳定

马克思主义将道德定义为一种社会意识形态，是人们共同生活及其行为的准则和规范。每个时代、每个阶级都有各自的道德观念，没有任何一种道德是永恒不变的，它们都具有鲜明的时代或阶级特征。因为道德在世界中的非统一性，特别是在不同文明之间、不同政治制度之间，道德价值标准的差异尤为显著，甚至存在激烈冲突。

网络技术、新媒体的发展，打破了地区间的道德保护屏障，各类道德观念随着人员、信息的流动而不断相互作用、相互影响。特别是当代西方社会思潮对肩负中华民族伟大复兴使命的大学生产生的影响更加突出，也使我国主流价值观遭受到一定程度的冲击。不仅如此，国外敌对势力对我国的政治、经济、文化等方面进行了全方位的渗透，其中包括意识形态和道德领域的渗透。而大学生群体刚好是面临网络负面影响最为广泛的群体，同时高校也是意识形态斗争的重要阵地。在正能量与负能量、社会主义意识形态与资本主义意识形态、正确价值观与错误价值观等之间的斗争较量中，个体的道德价值标准也会受到一定的冲击，甚至出现摇摆。这种不确定性必然制约学生道德需要的稳定，学生辨别不清哪些道德价值标准是正确的、是需要坚持的，哪些道德观念是错误的、是应该摒弃的。

3. 德育实践平台的不足制约大学生道德需要的催化提升

大学学习生活突出的特征是学生具有很强的自主性，这种特征是一把双刃剑，既可以让学生自立、自强、自我完善，也可以让学生失去动力、失去方向、迷失自我。大学教育要用好这把双刃剑去锻造学生，重点在于引导，将学生的自主性引向健康成长成才的正确方向，让学生在实践中领悟、纠偏、吸取力量，奋勇前行。引导的主要载体则是实践平台，良好的实践平台是教育与实践相结合的关键，是促成大学生做到知行合一的重要手段。学生实践平台建设是高校办学条件的硬指标，因此，各高校在实验室、技能培养实践基地等平台建设上都投入了大量资金和人力，相比之下，在道德教育实践平台上的投入相对较少。在德育实践平台建设上，大多只注重形式，无实际实践内容；有的高校建设德育实践平台数量严重不足，无法支撑学生的道德实践需要。而德育实践活动恰恰是德育工作的重要一环，德育实践活动能够激发学生的主体意识，发挥学生的积极性、主动性和创造性，培养道德情感，磨炼意志品质，促进学生自身品德的发展和素质的提高，促进实践主体积极自我教育、自我反思、自我提升、自我完善，实现学生道德品质的内化和思想认识的提升，实现实践主体的自主成长。

4. 道德考核奖惩体系的不完善制约大学生道德需要的强化发展

考核奖惩虽不是目的，却是一种行之有效的约束手段和引导手段。通过考核奖惩，能给学生划出底线、定好规范、提供参照，让学生知道跨越雷池就必须付出代价，自觉遵守道德才能得到认可。但实际情况是，道德考核奖惩体系的不完善在高校中较为普遍，道德考核体现一般主要是在学生的综合测评中对学生的思想道德做出评价，但这项评价往往较为主观和模糊，甚至过于随意，往往只是班干部或者辅导员凭印象给出的印象分，或者以是否积极参与集体活动等作为评价的主要内容，又或者将该项评价作为普惠性的送分项，无明显不良表现就都给满分。另外，在毕业时也会对学生的思想道德表现给出评价，但这个评价又只是基于促进学生就业的角度只谈优点不讲不足，甚至还有严重夸大学生品德表现的情况。在这样的评价体系下，学生很容易产生"无论好坏，结果一样"的认知，从而削弱了学生表现的积极性。

（三）强化大学生的道德需要，完善高校德育体系

高校德育工作的最终目的是要培养出思想品德符合社会主义道德要求的社会主义接班人和建设者，工作重点在于如何让学生将德育教育内化于心、外化于行，增强大学生的道德实践动力，这项工作的关键就是要强化大学生的道德

需要，具体可重点加强以下几方面的工作：

1. 尊重大学生的道德权利，激发大学生的道德需要

公民的道德权利与义务始终是相互依存、互为前提的。大学生在道德实践的过程中，拥有什么样的权利，就会有什么样的收获，这些问题在高校日常德育工作中不应回避。学生的道德权利包括道德实践受指导协助的权利、道德实践不受干涉影响的权利、道德实践获肯定认同的权利。学生的这些道德权利必须得到尊重和倡导，保障学生自信、坚定地进行道德实践。

一是加快"课程思政"建设，加大日常德育力度，让每一门专业课程、公共课程的课堂都加入思政内容，让每一名教师都能用专业的思政知识、正确的价值观点授课，将正能量传递给学生，真正做到立德树人，引导学生开展道德实践。二是建立道德实践辅助机制，发动辅导员、学生党员、学生干部的力量，实行网格化管理，划好"责任田"，畅通信息渠道，关注所负责的学生情况，及时向在道德实践中遇到困惑、难题的学生提供指导和帮助，同时发挥学生党员和学生干部的引领作用，带头开展道德实践。三是加强宣传和表彰先进，对好人好事加大宣传力度，对思想品德突出的学生进行表彰，树立榜样，营造良好的道德舆论环境和实践环境。明确和尊重学生的道德权利，让学生更有动力和意识主动履行道德义务，从而以更有力的道德实践来满足自身的道德需要。

2. 提高意识形态斗争意识，稳固大学生的正确道德需要

高校必须特别警惕和防范境外敌对势力的渗透，必须加强反渗透斗争、意识形态斗争，只有筑牢这一防线，守住思想政治安全阵地，我们的德育工作才能正常开展，道德内容的杂质才有可能被过滤掉。能否取得斗争的主动性，关键之一在于自信，即要有道路自信、理论自信、制度自信和文化自信，有了自信就有了斗争的底气。

社会主义核心价值观"回答了我们要建设什么样的国家、建设什么样的社会、培育什么样的公民的重大问题"，是我们党凝聚全党全社会价值共识做出的重要论断，是社会主义核心价值体系的高度凝练和集中表达，是值得我们自信和弘扬的重要内容，必须融入高校的日常宣传教育、校园文化建设和人才培养体系之中。中华传统美德是久经历史检验、闪耀人性光辉的道德精华，是注入中华民族灵魂的文化基因，我们有理由自豪、自信，更有理由予以继承和弘扬，而这恰恰也是高校德育的重要组成内容。当高校加大力度对学生进行社会主义核心价值观和中华传统美德的宣传教育和实践引导，同时引导学生坚决抵制西方错误思潮和不良思想的侵蚀，我们认同的道德内容形式自然能更为集中和统一，学生的正确道德需要会更为明确和稳固，开展道德实践也会更为坚定。

3. 建立开放、兼容的道德实践平台，满足大学生的道德实践渠道

大学生道德实践平台建设应纳入高校办学硬性指标，以此解决道德实践平台要不要建的问题，明确必须建设之后再重点关注如何建设的问题。高校可以将大学生道德实践平台的建设要求分解到二级学院和学生党团组织，并建立科学合理的考核评价体系，量化实践平台建设成效。鼓励各单位结合自身优势资源、学生专业特点等实际建立大学生道德实践平台。

如组织开展志愿服务活动，志愿服务活动在高校人才培养、社会主义核心价值观的培育、和谐社会的构建中，都有不可估量的重要作用。其中，按专业划分师范类的学生可参加义教服务，理工科类的学生可参加义修（修理家电）服务，医学类的学生可参加义诊服务，农林类的学生可参加支农服务，艺术类的学生可参加义演服务。我们也可以鼓励学生参加一些专题宣传、敬老、环保以及其他公益类活动，通过这些活动，让学生在给予的过程中体验道德实践所带来的快乐、满足、自我价值实现、被人尊重和称赞等感受。学生参与其中，以实践的"开悟"代替书本的"说教"，更易于理解和接受，进而养成自觉进行道德实践的优秀行为习惯。这种开悟实践的形式还有很多，比如举办德育相关专题演讲或辩论比赛，让学生参与其中并进行深入思考；组织学生对周边的好人好事进行采访，在亲眼看、亲耳听之中感悟学习雷锋精神；强化学生自我管理和服务能力，倡导学生自主制订班级文明公约、宿舍文明公约。

4. 改革大学生道德考核评价体系，以目标导向强化大学生的道德需要

在做好舆论宣传、教育引导、氛围营造、平台建设的同时，建立科学的考核评价体系至关重要。目前，高校亟须完善这方面的工作，着力改革大学生道德考核评价体系。考核评价的关键在于精准化，目的在于发挥导向作用。

首先，高校可以利用信息技术手段，设计道德实践报备系统，纳入智慧校园平台，让学生能随时随地在手机上通过系统申报自己的道德实践情况，也可以报告他人的道德实践情况（包括优劣两方面）作为道德考核评价的重要依据。其次，高校应建立学生征信制度，设计学生征信系统，将学生不诚信的行为记录在案，设置惩罚性限制并作为道德考核评价的依据之一，该项制度也可作为学生道德实践报备制度的补充，防止学生谎报，保障报备数据的真实性。再次，要加强文明行为的督导检查力度，建立专门督导机构进行专项督导，同时发动广大师生，开展"不文明行为随手拍"等活动，曝光不文明行为，并记录到行为人个人道德考核评价内容中。最后，还要建立容错机制，对一些非原则性的不道德行为，给予学生改正的机会，通过开展志愿服务活动，将功补过，抵消不良记录。这样就形成了一个实践、核验、督查、纠错的道德考核评价体系，之后再将考核结果与评优评先等挂钩，突出思想道德的地位，强化大学生开展道德实践的道德需要。

道德的力量根源于人内心的自觉，道德实践主动性对道德素养的提升作用远远大于道德实践的被动性，而道德需要则是道德实践主动性的核心，把握住这个核心，就牢牢抓住了道德实践的主动性规律。高校德育工作遵循这一规律，尊重并进一步激发了大学生的道德需要，为大学生自觉自发开展道德实践活动提供了强劲的动力，能够帮助学生在实践中不断完善道德素养和成长成才。

三、以人为本视域下高校德育评价体系构建

康德认为，教育的本质就是让人成为人。教育的价值所在就是把"自然人"转化为"社会人"，从而促进人的社会发展。教育在促进人社会化的过程中，最根本的意义是促进人的社会属性的形成，即道德属性的成长。德育是人类教育的本源。高校德育关系大学生的道德成长和未来发展，而高校德育评价体系则直接影响着高校德育的成效。

（一）德育评价的内涵

德育评价是开展学校德育工作的导向和举措。《教育大辞典》对德育评价的定义是"使用已经掌握的道德标准对个体的道德行为表现做出价值评判的过程"。学校道德评价内容广义的角度是考察个体的思想品质、道德品质、政治品质，狭义的角度是考察个体的道德品质，都侧重考察个体的道德认知和道德行为，尤其是更便于观察的道德行为。坚持"以人为本"，就是要维护人的尊严，尊重人的权利，发挥人的潜能，满足人的需求，促进人的全面发展。坚持以学生为中心，既要教育学生、引导学生、鼓舞学生、鞭策学生，又要尊重学生、理解学生、关心学生、帮助学生，使之拥有良好的思想道德品质和过硬的思想政治素质，从而达到德育教育的目的，实现立德树人的根本目标。

（二）高校德育评价存在的问题

长期以来，高校德育评价没有统一的评价体系，导致高校德育评价"有评无规，有评无价"，成效低下。具体来说，高校德育评价主要存在以下几个方面的问题。

一是评价主体单一性。高校德育评价主体单一，大学生德育成绩大多为教师评定，其中尤以辅导员评定居多。尽管高校德育常规管理实施过程中强调要"全员育人"，有的高校甚至明确表示所有任课教师都是德育教育者、管理者，甚至告诫后勤管理人员要"服务育人"。然而在高校德育工作具体落实过程中，德育评价难以企及智育评价模式。在智育评价中，所有授课者根据学生在课程教学过程中的表现和每门课的考核结果来判定该生的智育成绩，而德育评价往往取决于辅导员的"一面之词"。

二是评价依据片面性。德育评价是对个体的道德行为表现做出的价值评判。现实中，高校德育评价除了兼顾学生日常行为规范外，往往以思想品德课程考核成绩作为主要依据。一方面，这种评价使德育知识化、学科化，重视认知和知识传授，片面强调德育知识的获取，把道德认知和道德实践割裂开了，弱化了道德实践和道德行为的评价。另一方面，在道德行为评价中，教师往往会根据学生的一件事、一个行为、一种表现就草率地对该生做出德育定性评价。这种根据个案、个别事例及个别表现等片面依据做出的评价有失科学性，长此以往，德育评价就失去了应有的价值。

三是评价过程主观化。高校德育评价过程中，很多教师把德育评价和智育评价"一体化"，心理上自觉或不自觉地把智育成绩优秀的学生定性为思想品德良好或优秀，给予较高的德育评价，忽略其品德的瑕疵和缺陷；而对学业成绩差的学生主观上认定其思想品德低下，看不到其闪光点和思想品德高尚的一面。从小学到大学我国德育评价方式都是教师对学生进行评价，不同的教师心态、情绪、性格不一，导致对学生的德育评价客观上存在不确定性；加上每个教师的德育理念、教学素养存在客观差异，即使对同一个学生，不同教师的德育评价结论也不同。因此，教师对学生的德育评价结果不够客观和准确，存在一定的主观性。

四是评价结果功利化。高校德育评价结果对学生在校发展起着至关重要的作用，很多高校采用德育纪实量化办法，将政治学习、干部任职、活动比赛、报告讲座等量化为学生德育成绩。德育成绩是学生评奖评优和入党推优的重要依据，以德育表现为主要内容的素质拓展学分是高校奖学金评定中除了学业成绩之外的关键要素。为了取得德育评价高分，部分学生积极参加能够加分的活动，而对那些不计分的活动则避而远之。评价结果功利化使德育评价没有真正促进学生思想的"升华"和良好品德的养成，偏离了帮助学生成长的根本目标，也阻碍和制约了人的自由发展，有违高校德育评价的初衷。

（三）以人为本视域下的高校德育评价体系

开展德育活动和德育评价工作的根本目的是教育人，最终目的是让学生接受和内化各种道德规范，成为全面发展的个人。在德育评价内容方面必须全面了解和掌握能够反映学生道德品质的资料，保证德育评价的全面性和准确性；在德育评价方法上要能够客观公正地反映学生的道德水平；德育评价结果必须要有针对性、提高德育评价的实际效果。"德育是有意识、有目的地促进个体内化社会思想道德的过程。"以人为本的德育评价理念力求全面客观地反映学生道德品质，旨在帮助学生纠正道德失范行为，接受和内化道德规范，引领和激励学生成长成才。多元化的评价主体，多维度的德育评价，客观地评价学生道德品质，让具有不同道德表现的学生得到应有的评价，德育评价才能实现教育、引领学生成长的目标。

1. 评价主体多元化

全员育人理念同样适用于德育评价，全面、公正的评价学生需要教师、家长和学生本人的共同参与。教师对学生在校，尤其在课堂上的德育表现具有话语权；然而学生的课堂表现不能代表其整体表现，学生在家庭生活中的道德表现教师无法评价，课堂之外学生的道德表现更是无从"考核"，家长对学生在家的表现以及宿舍管理员对学生的宿舍行为评价同样具有参考价值，评价也会更加客观准确；而学生对自身道德行为的评估本身就是一种德育活动，其内省和评价过程往往会超越评价结果的意义。"以人为本"的德育评价理念首先要突出学生的主体地位。在德育评价中，学生自我评价本身就是一种道德教育方式，把学生自我评价、家长评价和教师评价相结合，全面呈现学生在学校、家庭乃至社会的品德表现，使德育评价由教师单一主体的评判变为教师、家长、学生多元参与，交流互动，既突出了学生主体地位，也体现了以人为本的教育理念，德育评价也更易被学生接受，从而引领其成长。

2. 评价依据多维度

根据《公民道德建设实施纲要》和高校思政工作实际，德育细分为十二项指标，这些评价指标基本客观反映了大学生在非智育方面的综合情况，覆盖面广、指标全面，具有较高的信度与效度。这十二项指标的考核记录分为两个类别：第一类包括政治表现、遵守纪律、文明诚信、团结协作、家庭美德、社会实践、心理素质、工作能力、职业素养，这九项指标可按四级考核制予以评价；第二类包括技能特长、公益事业、创新创业，可以按照实际情况进行质的描述性评价，据实记录学生的突出成就与特殊经历，纳入个人成长档案。除了"智、体"

之外的皆可纳入德育范畴或与德育紧密关联。

以人为本的德育评价的前提是全面真实地反映学生道德表现。大学生的德育评价依据远不止思想品德课的考试成绩，课堂纪律、学习态度、心理素质、团结协作、班级活动、寝室表现、基本礼仪、文明诚信、人际沟通等都是德育评价的依据。同样是学生"上课迟到"这一现象，如果学生是因为上学途中护送一位病人去医院救治而迟到，就应另当别论，如果罔顾事实就对该学生进行批评处罚，定会影响该学生救死扶伤、助人为乐的道德行为的积极性。因此，大学生德育评价要多维度进行综合评价，即使对同一件事、同一行为、同一结果也要从动机、过程等进行全面评价，深入了解学生的道德认知、道德情感、道德意志和道德行为等道德状态，综合考虑学生的内在动机和外在行为效果，给予恰当的道德评价。

3. 评价过程客观化

学生个体的道德品质是通过一件件具体事项来展现的，德育评价过程应客观公正。在我国的德育评价体系中，教师占据主导地位，教师个体的思想、情绪、情感等因素直接影响对学生德育的客观评价。对于同样的道德失范行为，智育成绩差的学生受到的批评往往更严厉，同样违纪违规，普通学生常常受罚要重于学生干部。以人为本的德育评价理念需要德育评价基于事实依据，要就事论事、客观公正。学校的德育评价方法以及评价机构和成员，都是基于对学生的道德品质和道德水平有客观、全面、准确的认识，而且评价结果应该反馈给学生，帮助学生对自身的道德水平有清晰的认识。评价不是终极目标，德育评价最终的落脚点是为了教育学生，促进学生全面发展。

4. 评价结果差异化

每个学生都是独特的个体，道德情感和道德意志不同，每个学生的德育评价也应该是独特的。现实中，很多学生的德育评价是相似的，缺乏针对性。众多学生的德育评价模板统一，德育评语大同小异；或者更多的是优、良、中、及格、不及格五级定性评价，缺乏对每个学生针对性的分析评价。以人为本理念需要我们针对每个个体从道德认知、道德行为、道德情感、道德意志等方面进行差异化和针对性的评价，而不是限于简单的定性评价。以人为本的德育评价应根据客观事实对不同学生个性化的道德行为予以归纳，对其行为动机深入分析，对其道德情感给予共情，对其道德意志予以激励。简单的等级评价无法体现学生个人道德差异化，德育评语是对学生道德表现差异化或针对性评价的有效办法。德育评语更要指出学生品德特点，引导或激励学生规范道德行为，帮助学生成长成才。

高校立身之本在于立德树人，思想政治教育应把以人为本作为最高的价值取向。在思想政治工作的每一个环节中真正做到尊重人、理解人、关心人，要把不断满足青年学生的全面需求、促进大学生的全面发展作为思想政治工作的根本出发点。以人为本的高校德育评价体系构建，就是要坚持以学生为中心，突出学生德育主体地位，围绕学生学习、生活多方面的表现，通过多元化、多维度、客观化、差异化的德育评价促进学生的道德发展和人格提升，为每个个体强化道德认知，指引道德规范，促进其成长成才。

第三节 高校德育教育的创新与发展

一、产教融合背景下高校德育教育创新

高校德育教育经过长期的发展，已经形成了一个成熟的体系，但是仍然存在社会实践与理论指导相脱节的现象。党的十九大报告中也提及：要深化产教融合、校企合作。校企合作的办学模式为高校育人提供了新的方式，高校将实训基地设置在企业中，让学生更清楚地认识到现代企业发展的方向，发挥自身的特长。经过深入研究和探索，国内外高校都在积极尝试和实施校企合作的办学模式。学者们普遍认为，高校要完成从学术型大学到应用型、职业化的转变，政府、学校和市场这三个要素起到决定性的作用。

（一）产教融合背景下高校德育教育的特点

1. 教育环境和主体复杂化

校企合作的办学模式下，学生得以将理论知识运用到企业实践中，这种合作模式使得教育环境变得复杂，德育教育的要素不单单是教师、学生、教学媒介，还有企业带队教师、企业环境等其他不确定的因素，教育主体更加多元化。企业追求利润和效率，关注的重点是如何提高生产力，而高校首先更加注重学生的德育，其次才是能力的培养，这就造成了企业经营理念与高校教育理念的冲突。

2. 教育理念和方法新型化

校企合作的办学模式，突破了传统课堂教学的空间限制，将教学延伸到了企业生产实践中。这类新型的教育模式对教师的教育理念和方法提出了新的要求。教师要树立更为科学的教学理念，教学内容紧跟时代的变化，与社会热点相结合，不断丰富教学内容成为德育教育改革的新方向。此外，要注重学生在企业实践期间的思想行为变化，并纳入学生管理的量化考核体系，增强德育教育的实效性。

3. 教育任务和要求严格化

校企合作为学生提供了学习、实践的机会。但是相对于学校，企业的人员组成更复杂，学生也容易被各类思想所诱导，灌输式的理论教学模式已经不能适应当下的高校德育教育的要求。这就要求高校在开展德育教育的过程中，结合时下社会热点，更新教育内容，培养学生专业技能的同时提升学生的思想道德素质，以应对纷杂社会思潮的挑战。

（二）产教融合背景下高校德育教育的困境

1. 高校培养目标不精准

高校是培养国家和社会发展所需人才的主要阵地，随着我国社会主义现代化建设的不断深入，改革进入了深水区，各行业对高素质人才也有了新的标准。

思想道德素质成为评价高素质人才的重要指标。但就目前而言，高校依旧侧重于理论技能知识的传授，大学生德育教育建设仍有欠缺。一方面，高校大学生的理论技能知识基本上能满足社会发展的要求，但是政治素养和公民道德方面还无法达到高素质人才的要求，在培养高素质人才的过程中，高校德育教育并没有很好地发挥作用，导致大学生政治素养、道德素质与社会需求不相适应。另一方面，社会各类思潮涌动，大学生进入社会极易受到不良价值观的侵害。

2. 教师职责意识不明确

教师作为教育的主体，承担着育人职责，而育人不仅仅是知识文化的传授，更重要的是德育方面的教育，培养学生良好的政治素养和道德品质。在产教融合的背景下，负责学生德育教育工作的教师群体主要分为三个部分：任课教师、辅导员、企业带队教师。任课教师承担着传授文化知识和德育教育的双重职责。但是目前部分专业课教师由于对德育理解得不够深入，培训落实得不到位，导致专业课教师在上课时无法将德育教育理论知识融入专业教学中去，也无法与辅导员在德育教育方面形成一个良性的教育协同机制。思想政治理论课教师仅是通过灌输式的课堂教学来进行德育教育，课下与学生缺乏交流，对学生的心理状况不够了解。辅导员虽承担着学生的管理工作，通过班会、谈心谈话等形式可以开展德育教育，但由于时间限制，收效甚微。相比于辅导员和任课教师，企业带队教师对于学生的专业技能和思想道德素质等情况了解的程度远远不够，对于学生在企业实践的过程中出现的问题也无法进行及时有效的指导。总而言之，在产教融合背景下，教师之间的责任分工划分不明确，最终导致德育教育的效果大打折扣。

3. 社会实践不深入

理论知识在实践中的运用最终是通过人来完成的，德育教育的目的就是让人们的实践活动与社会的发展相一致。但是，目前高校大多重视专业理论知识和技能的培养，对于德育教育方面的管理较为松懈。在实践教育的活动中也存在一些问题，例如，很多高校开展了重走长征路、参观革命根据地等一系列红色文化活动，但是由于前期高校对于历史、革命文化及其深层次的精神未开展针对性的教育活动，从而导致学生对于红色文化实践活动的认识仅仅停留在表面，未能进行深入的思考和调动探索的主动性。学生到合作的企业中参与实践生产活动，虽然是一个提前接触社会的机会，为日后走入社会积累经验，但是企业的最终目的是盈利，更重视技术的更新和应用，往往忽视了政治素养和道德素质等方面的教育。此外，大多数的高校在校企合作办学过程中并未制定有关德育教育的方案，也没纳入学生的考核体系，使得德育教育活动在大学生实习期间未能得到有效地开展。

4.管理机制不协调

目前，校企合作的人才培养模式仍处在探索阶段，还未形成有效的共同育人体制，产教融合效果欠佳。校企合作在管理机制方面的缺失是影响产教融合推进的一个很重要的原因，此外，高校、企业和政府之间沟通不畅，管理机构职能重叠、部分职能部门缺失，部门之间的联动机制尚未形成，工作效率低下，企业和高校之间的权利与义务划分也不明确。企业的最终目的是盈利，学生在企业实习的过程仅仅学到了专业技能知识，却忽视了德育，而且学校对学生的实践实习缺乏有效的管理机制，同时还存在"学校为完成教学任务寻求企业的实习场地，企业为谋求利润最大化大量吸纳在校生充当免费的劳动力"的功利性思想，使得高校"立德树人"的教育任务未能真正地贯彻落实。

（三）产教融合背景下高校德育教育的创新路径

1.加强产教融合与社会需求相适应的目标管理

在产教融合背景下，高校要将德育教育始终贯穿于专业技能培养的全过程，着眼于时代发展的大势。首先，要加强专业知识技能培养，中华民族的伟大复兴需要无数的技能型人才为之奋斗。在产教融合背景下，高校与企业需要多交流，根据企业的需求不断地更新教学内容，才能使得大学生的知识技能与企业的需求相适应。其次，依托产教融合开展大学生德育教育，加强高校德育建设，将立德放在人才培养的首要位置，确保青年大学生树立正确的政治立场和高尚的道德品质，为中华民族的伟大复兴而努力奋斗。最后，高校要始终坚持社会主义核心价值观教育，引导学生树立正确的世界观、人生观和价值观，始终将个人前途与国家命运紧密地联系在一起，为中国特色社会主义事业建设贡献自己的力量。

2. 加强产教双向导师职责，提升全员育人质量

在产教融合背景下开展德育教育能否达到教育效果，关键取决于教师，所以加强教师队伍建设不容忽视。首先，明确岗位职责。思想政治理论课教师的主要工作是将理论知识灌输到学生的头脑中，对德育教育的内容有清晰的认识。辅导员的主要工作是在日常的学生管理中，关注学生生理和心理的发展变化，了解学生的诉求，在发现和解决学生的问题中，引导学生形成正确的思想观念。企业带队教师在学生企业实习期间负责专业技术指导和思想引领，掌握学生的基本信息，关注学生的思想变化，建立相应的问题预警机制。其次，每个阶段的大学生思想动态都有其特定的规律，教师之间要不定期地进行交流学习，分享教育和管理经验，了解学生在每个阶段的心理变化情况。最后，推进双师型教师队伍建设。校企合作不仅为学生提供了实践的场地，同时也为教师提供了进修学习的地方，鼓励教师们走进企业，了解先进的管理经验和生产流程，有助于教师提升自身的工作能力，紧密地将社会发展的需求与德育教育相结合。

3. 加强实践教学环节，提升产教融合育人效果

高校德育教育要走出课堂，将德育教育贯穿教学实践全过程。例如，带领学生参观红色革命历史博物馆，感受红色革命文化。实习是大学生知识技能培养不可缺少的环节，需要高校精心设计实习教学的内容。但是，由于企业是以追求利益为目标，导致人才培养的过程与高校的培养目标产生分歧。对此高校要做好以下工作。第一，实习岗位要保证与专业相一致，学生在实习的过程中运用所学专业知识，既能提高专业技能，也有助于树立未来职业规划。第二，规范企业实习考核标准。将大学生思想道德品质的培养及其平时的表现纳入考核的范畴。

4. 加强体制机制改革，促进校企协同育人

合作企业和学校之间要建立长效的管理机制，特别是德育教育方面的管理工作，确保学生的德育与技能培训同步发展。首先，坚持把德育教育放在校企合作办学的重要位置。将德育教育贯穿企业实践教学的全过程，引导企业树立开展德育教育的观念。其次，在校企合作办学的过程，应建立中央到地方、高校到企业多层次的协调管理机制，细化分工，明确职责，做好人才培养中的德育教育。最后，简化校企合作教学的管理机构，精简工作流程，提高工作效率。根据不同的专业、不同的合作方式制定相应的思想政治教学方案，将德育教育纳入实习量化考核。

二、高校德育在大学生创新素质教育中的功能

新时期"培养什么人""培养怎样的人"仍然是教育的根本问题，大学生创新素质教育在当今教育改革的背景下就显得至关重要。随着时代的发展进步，大数据时代的兴起，人们可以更高效地获得各种知识以及技能。在德育教育的视域下，各高校可以充分地利用大数据的优势，具体情况具体分析，把大数据与大学生创新素质教育有机结合起来，实现大学生创新素质教育的创新转型。

（一）新时期高校德育工作的现状

据相关调查，多数的高校学生具备较高的道德素养，有正确的价值取向。但是有些学校流于形式，虽每月甚至每周都会举行德育主题活动，强制性地让学生参加，学生也只是敷衍了事，并不关心活动的主要目的及意义。学生在举办相关活动时也掺杂了作秀的成分，只关注活动举办的场面是否足够热烈，活动则千篇一律、毫无新意，这并不能吸引学生真正地参与其中。高等教育的大众化等原因给教师德育工作的开展带来了一系列的问题，同时德育工作也迎来了新的挑战。

1. 教师队伍结构不合理，德育工作理论素养欠缺

首先，在新时期，各高校的德育教师组成整体上呈现学历高走、年龄低走的趋势，教师的学历很高，自身专业能力很强，但是较缺乏生活经验。高校德育工作类型多样，涉及方面广。年轻教师学历高、专业知识较强，在德育工作

经验方面较年龄大资历老的教师还是较为欠缺，导致工作量大，职业压力较高。但现实情况中，教师要处理大量的事务性工作。每当教师想要开展德育相关工作时，需要向学校多个部门请示汇报，工作开展变得繁杂。在这种多头领导、多重工作的管理模式下，教师的大量工作时间被占据。除此之外，教师配备率低是目前另一个问题，该情况更是大大地加重了教师的负担，一个教师所带的学生已经超过了教育部所说的200人，教师需要关注学生的安全问题、学术研究，再加上德育工作，教师很难全部兼顾，把它们都完成好。

2. 高校普遍对大学生德育教育课不重视

当前大学生德育教育课无法得到创新的另一重要原因是高校的重视度不够。在近些年来的高校教育改革中，相关数据显示，各高校根据当地的就业发展情况以及经济发展特点等对相关教学进行了调整与补充，但大学生德育教育课不论是上课的方式还是教材内容几乎全国统一，毫无变化与新意。因此，如何使各高校的大学生德育教育课堂充分体现出各地方的发展特点，是当下需要我们去解决的问题。

3. 缺乏创新研究教育

由于互联网的快速发展，各学校的大学生创新素质教育也在向着大数据管理迈进，创新素质教育面对的培养竞争压力已经不能仅仅局限在本校的管理中了，如今的各类创新素质教育还是没有仔细探究其发展规律，开放大学生创新素质教育自身的格局，创新素质教育的管理部门以及相关部门不能及时洞察教育的发展方向，当创新素质教育面临问题时找不出对策解决。

4. 创新素质教育内部工作缺乏完善的研究体系

很多大学生创新素质教育者注重管理的过程，把钱也大都花费在过程中，过程是办得轰轰烈烈，但是不太重视研究评估以及管理的效果转化方面。创新素质教育工作缺乏较专业的组织管理人员，没有较为严密的审批研究流程，研究机制在创新上有所欠缺，且达不到相关标准。在管理形式的选择上，大学生创新素质教育者盲目跟风，追求所谓的时髦、潮流，为了管理而管理，缺少根据本学校素质教育发展战略而创新的正确激励理念。

（二）高校德育工作改革的创新路径

在高校的德育工作中应创新培养大学生的整体教育素质，其核心是提高人才培养的能力，即"立德树人"的根本是要去做人的工作。新时代大数据发展的背景要求教师提高专业能力，在思想上对学生起到引领作用，同时还要求要紧随大数据时代发展的潮流，不断更新自己的数据库，密切关注学生，创新教学实践方式，更好地培养大学生的创新素质。

1. 基于德育教育领域，密切联系学生，注重人文关怀

高校教师在提高自己的专业化水平、职业化水平的同时，还应密切联系学生。教师不断提高各方面的专业素养，可以更加有效地完成学生的创新素质教育工作。面对大量的学生群体，教师的创新素质教育工作应由外及里，密切关注学生的身心状态，发挥奖励机制的作用，有效掌握学生的学习情况，注重对学生的人文关怀，从而更好地推进大学生创新素质教育工作。还要顺应学生的身心发展，教师在教育时要提高自己的专业化水平和职业化水平，同时，还应掌握心理学的相关知识，注重对学生的奖励，学生如果能够在学习上得到奖励，体会到成功感，就会为自己的进步而喜悦，进而有利于学生的心理健康，促进学生全面发展。

每个学生都有自己的独特之处，教师在教育时要善于发现并及时地对学生给予肯定，保护学生的自尊心，激发学生的学习兴趣，增强其自信心，使其保持良好的心态。比如，当面对日常分析题时，学生提出自己独到的见解，教师在教育时要及时地进行激励讲解而不是先否定，这样有利于学生逐渐形成积极的自我教育、自我暗示，从而自信、乐观地面对生活。在传统的教育理念当中，教师为人师表，扮演着传道授业解惑的角色，注重知识的传授，一定程度上忽视了对学生能力的培养，这样的教学效果必定不尽如人意。但是在新时代下，教师的角色不应仅仅是学习的领导者，更应是学生心理健康的培育者。教师在教学过程中不应压制学生的个人意志，应在日常教育中转变角色，亲近、理解学生，采取各种创意教学法，让学生了解世界、走进大自然，开阔学生的视野，一步步地调整学生的心理状态，从而塑造健康的心理状态，这样也更有利于大学生创新素质的培养。

2. 改革大学生原有的素质教育课模式，提高参与，做好引导

大数据与大学生创新素质教育并不是相互排斥的，相反，应将两者有机结合起来，改变原有的大学生创新素质课模式，不能再一味地进行填鸭式教育。要让学生自己融入大学生创新素质课，教师应发挥好自己的职业特长，设计出多样化的课堂活动，丰富学生的课堂时间，努力调动课堂气氛，使学生们充分地融入课堂，达到"沉浸式"的学习效果，在创新素质教育中融入专业教育。全国教师会议的召开也会为教师的教育工作指明方向，为引导学生树立正确的价值观、践行社会主义核心价值观提供借鉴，还可以定期召开座谈会与学生进行一对一的思想交流，及时把握班级学生的思想动态，做好创新素质培养研究工作。

3. 基于德育教育领域，创新课堂设计，发挥网络课堂优势

如今是大数据时代，网络课堂是学生必不可少的一种选择，它使学习变得更方便、更简单，也让数据共享变得轻而易举。在大学生创新素质教育课程期间，教师可以充分发挥网络课堂的优势，开创网络课程，激发学生的学习乐趣。同时，可以给学生提供多种选择，便于学生找到适合自己的学习方法。教师则可以通过网络课堂的大数据，分析出学生喜欢的学习内容、学习方法、学习习惯等，同时也可以检测出学生在学习当中出现的问题与不足之处，以便于在之后教学时"对症下药"。

4. 在德育教育视域下，对相关特色创新实践教学因材施教

鱼游于水，鸟飞于天。夜明珠只有在黑暗的环境中才能大放光彩，若是放在光明环绕之处，便毫无魅力、黯然失色。教师面对性格迥异的学生，应当注重因材施教。在德育教育视域下，教师可以充分利用数据价值，进行相关特色创新实践教学，各高校应充分利用大数据分析，提高学生的实践能力，举办丰富多彩的创新实践教学活动，为学生提供学习、发展、展现自我的舞台。通过大数据平台分析，对实践教学进行优化调整，多应用PPT等软件工具开拓教学

新模式，要传承优秀的传统文化，在此基础上推动大学生创新素质教育推陈出新，此外，要遵循时代发展潮流，让学生充分体会到时代的发展进程，培养学生成为综合性人才。

在德育教育视域下，同时还要规范数据平台，提高学生明辨是非的能力。大数据时代下，各种数据铺天盖地、良莠不齐，甚至有严重的安全性问题，这种安全性问题是与学生息息相关的，比如学生的个人信息如果遭到泄露，就会严重地影响到学生的日常生活，甚至对学生的精神方面带来沉重的打击。再者，网上的数据信息中包含了大量的虚假、垃圾信息，这些信息内容严重危害了学生的身心健康，进一步导致了学生对大学生创新素质教育理解的偏差。所以高校在大学生创新素质教育课期间，要充分考虑到教学内容的需要以及学生的合理需求，打造网格化、复盘式的网络数据平台，提高学生明辨是非的能力。

5. 在德育教育视域下，加强教师评价引领

学校评价需要关注学校理念、教师发展、体系保障等子系统之间的相互作用。基于德育教育领域，改进教师作风，提高道德修养，时时处处从严要求自己，维护大局，诚实相待，团结互助，严于律己，加强学习。立德树人，提高道德素养理论学习是立身之幸、成事之基，教师队伍建设应将理论学习作为重要任务，勤学多想，提素强基，增强宗旨教育，提高道德素养，激发责任感，尽职尽责，不断地修炼完善自身，做好德育工作的研究，以提高大学生素质为己任，履行教师岗位职责，不断地推进教育这个行业的发展进步，求真务实，夯实履职基础，在教师岗位上长期学习积累。

教师评价要突出教师的主体性，充分调动教师的育人潜能和主观能动性。要着眼于学生的全面发展，探索核心素养的可量化目标和评价实证方式，发挥评价的教育和导向功能。智慧赋能可破解时空局限，可通过多形式、多维度信息的相互补充和印证做出综合数据评价。通过加强教师评价引领，可以有效地激发教师对于创业等相关课程创新的积极性，从而更好地变革原有的大学生创新素质教育，使研究更加丰富、灵活，且具有能动性。

总而言之，新时期德育教育视域下大学生创新素质教育培养研究教育工作中，更应该去把握新的时代形势，融入传统文化，不断开拓进取，密切联系学生，创新教育工作，提高教师自身专业素养，把创新教学作为一切德育教育视域下大学生创新素质教育培养研究实验教学工作的出发点和落脚点。创新高校德育教学是培养高素质学生的必经之路，面对德育教育视域下大学生创新素质教育培养研究实践教育工作出现的问题，应加快改革创新机制，统筹好创新素质教学同德育教育视域培养研究教学的关系，积极应对大数据时代给德育教育视域下大学生创新素质教育培养研究教育工作带来的机遇与挑战。

三、校园文化建设视角下高校德育教育

"孟母三迁"的故事告诉我们环境对于人的影响润物无声，青年的健康成长离不开良好的环境熏陶，而校园文化建设作为优化育人环境的重要措施，其引领的价值观念，彰显的道德理念，传递的文化内涵，塑造的健全人格对大学生的成长具有深刻的导向作用。随着全球化、市场经济、网络时代的到来，高校德育教育的外部环境更为复杂，大学生的价值观念面临前所未有的挑战，传统的德育教育模式已无法适应大学生成长的需要。高校需要创新德育教育方式，将德育理念融入形式多样的校园文化建设中，通过校园环境、校园制度、校园精神影响学生，引导学生拥有高尚的道德情操，培养健全的人格修养，促进身心的健康发展。

（一）高校德育教育的外部环境

高校德育教育包括爱国民族教育、社会公德教育、理想信念教育、集体主义教育、心理健康教育、法制安全教育、就业指导教育等。当前，大学生的道德素质总体是良好的，然而全球化的推进、市场经济的发展、网络的普及等无形地影响着心智还未成熟的大学生的价值观，给高校德育工作带来了严峻的挑战。

1. 全球化对大学生价值观念的冲击

伴随着全球化的深入，各国的文化碰撞和融合更为频繁，但西方文化的强

势输入对我国传统文化造成了较大的冲击。首先，各国的价值观念存在差异。比如，我国传统价值观弘扬勤俭节约、艰苦奋斗、奉献社会、谦恭虚己，而西方的某些腐朽的价值观念与我国所弘扬的精神美德相悖，容易对涉世未深的大学生在思想观念和行为上产生负面影响，使得他们的理想信念崩塌。其次，外部文化的入侵，也不可避免地使一些大学生的思想观念西方化，民族意识淡化，民族认同感弱化，他们更热衷于过西方节日，更痴迷于追求国外品牌，而忽视了国货的品质。最后，在西方文化的入侵下，一些意志不坚定的大学生更容易被西方不法分子蛊惑和利用。

2. 市场经济对大学生价值取向的影响

大学生的价值取向还不稳定，极易受到外部的影响。市场经济过分强调竞争意识、利益至上，容易导致大学生出现见利忘义、急功近利、过分追求物质利益的功利化倾向。在个人成长上，大学生倾向于学科知识的钻研，而忽视了个人道德品行的塑造。在相互攀比中，大学生倾向于物质富足而忽视了精神富足，从而产生了个人主义、拜金主义，以致缺乏社会责任感和大局意识。

3. 信息时代引发的大学生价值判断混乱

当前是一个互联网迅猛发展的时代，互联网的普及意味着信息的泛滥，各类信息良莠不齐、真假难辨，在给大学生展现大千世界的同时也影响着他们的思想观念。大学生正处在价值观形成的关键时期，思想尚未成熟，不能有效过滤有害信息，正确辨别是非对错。非主流价值观或者误导性的价值观很容易给大学生的价值判断产生负面影响，甚至使其认同错误的价值观。

（二）高校德育工作存在的问题

1. 教育内容假大空，重理论轻实践

首先，一些德育教育工作者在教育中将德育目标定得过于宏大和空虚，诸如"努力学习报效祖国""树立远大理想，培养高尚情操"等，使学生觉得目标过远过高而放弃追求。其次，在教学过程中，高校德育教育往往以理论为主，忽视了道德实践和教育对象的个体差异性。不能根据学生兴趣和特长开展教育工作，使德育教育缺乏吸引力和针对性。最后，教育内容只强调道德理论，缺乏联系实际，既不利于学生吸收掌握，也不利于学生将道德理论转化为道德行为。学生缺失道德判断能力和实际解决问题的能力，在遇到现实问题时容易走入误区。

2. 教育形式单一，重说教轻道德养成

道德教育形式较为单一和空洞，往往以单向的课堂灌输和谈话说教为主，没有充分拓展渠道延伸德育课堂，没有深入与学生开展互动，发挥学生的主动性。德育教育缺乏创新性，吸引力不够。同时，较少关注学生道德行为和自主意识的培养，容易造成学生对德育教育的抵触情绪，不利于学生产生认同感，从而形成正确的道德意识。

3. 教育重心不平衡，重智育轻德育

受到应试教育的影响，很多高校将德育与智育相区分，重教书而轻育人，对于德育教育存在走形式、集中灌输的情况。在评价学生综合成绩时专业课成绩占据了主要的比重，而道德素质评估占比较小或者几乎为零。另外，对于道德素质的评判标准不够清晰和具有引导性。学生受重智育、轻德育风气的影响，往往将主要精力投放到专业课上，而轻视了对个人德育品行的塑造。

（三）校园文化建设下高校德育教育主要内容

1. 物质文化建设

将校园的物质载体注入精神内核，将校园的建筑布局、绿化布景、功能设施等与育人功能有机结合，营造蕴含人文情怀、历史内涵、教育理念、学术特色的校园环境。人文环境的熏陶潜移默化地影响学生的思想观念、言行举止。校园建筑承载着厚重的历史，是各界校友对于母校的念想；各类将民族精神、优秀标杆、校史校训、创新创业等内容结合起来的雕塑、纪念馆、文化研究中心、创业园、实训中心，则为学生树立榜样，厚植爱国、爱校的认同感和荣誉感，有利于启发他们对于创新创业和学术研究的兴趣。广播、电子屏、宣传资料等功能设施，则通过视听环节传播德育精神内涵。高校通过举办校园文化活

动，积极引导学生参与教室、寝室的美化以及校园文创产品的设计与制作，旨在提升学生的参与感和获得感，从而推动校园物质文化建设的深入发展。

2. 精神文化建设

精神文化是校园文化的内核，是一所大学的灵魂，它是长期办学形成的办学理念、价值追求、学术氛围等，主要表现为学校的校风、教风、学风。高校在精神文化建设过程中，应该通过教学和实践相结合，线上、线下相结合的方式开展德育教育活动，将国家精神、民族文化、地域特色、法制安全、创新创业、心理健康等内容融入校园文化建设中，能够形成具备自身特色的大学精神文化。通过优良的校风、教风、学风引导学生把个人的理想与地方和国家的需求相联系，树立正确的人生目标，在校园文化的熏陶中，培养自己成为专业过硬、身心健康、思想端正的人才。

3. 制度文化建设

大学制度文化是师生在校园内需要共同遵守的管理尺度和行为规范，它保证了学校日常活动的正常开展和学生的日常学习生活有序进行。对学生来说，它引导着学生爱国爱校、知礼明德、奋发图强、全面发展；对教师来说，它指引着教师敬业爱岗、教书育人、无私奉献、淡泊名利、潜心治学。制度的制定需要以立德树人为宗旨，把德育教育思想融入安全保障、学科建设、管理服务、人才培养的各项规章中去，渗透到校园文化建设的方方面面；需要与时俱进、推陈出新，符合师生个性化的发展，符合时代的要求，让制度在约束和保障学生的同时，起到引导和激励的作用。高校还要注重规则制度的宣传、推广，让师生学习领会，自觉外化于行，形成积极向上的校风、学风。

4. 行为文化建设

高校行为文化表现为全体师生的言行举止，它具有个性化的差异，同时，通过长期校园环境的熏陶，呈现出集体化的共性。教师作为灵魂的工程师，其言行是学生最生动、最具体的教科书，对于学生品行的塑造具有导向作用。这就要求高校教师根据师德师风的要求将自己塑造成为博学多才、高情远致的教师，从而提升自身人格和学识魅力，为学生树立榜样。高校的学生组织、学生党员、学生干部作为先进群体，其言行则起到了重要的传帮带和以点带面的作用，给其他学生树立了标杆，是建设校园文化的重要力量。高校在进行选拔和培养中，更要着重加强德育教育，通过榜样作用影响其他学生。此外，高校应该开展丰富多彩的校园文化和社会实践活动，使学生在实践中了解社会、感悟真理，提高综合素质，实现个人价值。

（四）校园文化建设下高校德育教育实践的路径

1. 顶层设计

德育工作的顶层设计包括目标、方法、内容、实施、评价标准。首先，高校应该根据党中央的精神和学校育人理念，制定符合本校特色的德育教育目标和具体内容。其次，设置详细、可操作性强、具有指导意义的德育工作规章制度，全过程、全方位地为德育工作指明方向，提供制度和物资保障。再次，成立专门的德育团队，从网络、教学、管理服务、校园活动、监管考核等方面共同协作，整合社会、家庭、校友各方面的资源，通力合作，保障德育工作实施效果。最后，将教师本人的德育工作情况与其评奖评优、升职加薪相挂钩，将德育纳入学生评奖评优和干部考核环节，激发师生对德育工作的重视。

2. 队伍建设

参与校园文化建设的队伍包括教师队伍以及党团、社团等组织的学生干部。他们是校园文化活动的主要组织者、宣传者、践行者，是开展德育工作的重要力量。首先，在人才招聘、学生干部选拔时，应该把道德素养作为重点考核项目。在日常工作中，高校应加强队伍的德育教育和培训，帮助他们更新德育理论，提高对德育工作重要性的认识，充分激发其参与德育工作的热情。其次，高校应该把德育理念融入校园文化活动和日常管理中，教师、党员、学生干部发挥模范作用，以身作则，用高尚的道德素养、专业的学术本领感染身边的学生，引导他们形成崇高的理想信念、正确的价值追求、端正的法律政治意识，激励学生在实现自我价值中为民族复兴而奋斗。

3. 授业解惑

教师在德育课程和日常谈心谈话过程中，要注意改变填鸭式的教育方式，针对各阶段学生的特点和需求开展教育工作，革新教学手段，吸引学生利用各种新媒体手段主动参与、自觉探索，增加德育课程的趣味感和互动性。除了课程教学外，高校还可以根据学生需求和当下时事热点，邀请校内外专家开设思政、心理、职业、安全、法制等德育教育讲座，为学生答疑解惑，引导学生理性分析问题，培养他们甄别是非的能力。将德育教育立足于学生成长、社会发展、国家命运，帮助学生懂得德育教育对于自身和国家的重要性。开设专题工作室，招募学生参与研究，通过比赛和科研活动的方式，让学生自发探索德育知识，提高学术研究能力和政治素养。

4. 文化活动

以国家精神、民族文化、校园精神、地域特色、法制安全、创新创业、心理健康、学术科研、文明礼仪、重大节日等为主题开展形式多样的校园活动，将德育目标蕴含于校园文化活动中。活动形式可以根据学生专业特色和兴趣特长进行选择，包括视频拍摄、配音朗诵、绘画书法、唱歌跳舞、辩论演讲、征文创作、学科竞赛、志愿实践、校园美化等。同时，各类形式的活动本身自带德育教育的意义。比如，体育类活动可以培养学生锲而不舍、挑战自我、团结协作、越挫越勇的品质；艺术类活动可以陶冶个人的情操，提升艺术品位；学习类活动可以帮助其养成良好习惯，培养创新精神，提高思辨能力，提升校园学风；志愿实践可以使其感悟助人乐趣、学习文明礼仪等。校园文化活动的宣传、策划、组织等各个环节，都可以给予学生以展示的舞台和挖掘潜能的机会，学生也在参与活动的过程中能够加深对相应德育主题的感悟。

5. 社会实践

俗话说"实践出真知"，实践活动作为课堂的延展，更容易激发起学生参与的激情。他们通过身临其境的体验，将所学运用于实践，直观地感受理想与现实的差距，了解思想理论背后的深意。高校可以组织学生参加专业实训和实习，让他们在实践中检验真知、寻找差异、开阔眼界、学习榜样，树立正确的求职观念。鼓励学生参与"西部计划""国际志愿者"等服务活动，让他们在服务中践行核心价值观，了解贫富差距、文化差异、领会国家政策制定的意图，感悟社会需求和自己肩负的使命。参观教育基地或深入社会开展调研，寻访历史足迹和传统文化，了解幸福生活的来之不易，从而坚定文化自信，树立正确的价值观，增强爱国、爱党的信念。

6. 网络平台

大学生是"互联网+"时代中思想较为活跃的群体，高校应该重视网络德育阵地的建设，利用好网络传播快、覆盖面广、不受时间和空间限制、形式多样、资源丰富的特点，有计划地开展德育工作。高校可以结合自身特色，在抖音、微信、B站、微博等新媒体平台建立虚拟社区，开展线上讨论和答疑、举办主题活动、宣传典型事迹、结合时事热点开设德育专题讲座直播等。通过QQ、微信、钉钉等平台与学生加强交流互动，了解他们的思想动态，及时帮助学生答疑解惑，引导他们树立正确的人生方向。并且，设立专人负责网络舆情的防范、监管和应对。网络信息良莠不齐，真假难辨，高校教师要帮助学生树立绿色上网的理念，提高他们明辨是非的能力，引导学生利用好优质的网络学习资源，通过正常渠道发声，不信谣不传谣，帮助学生养成健康合理的上网习惯。

大学生是推动社会进步的栋梁之材，是实现民族复兴的中坚力量，他们的道德素养关系到国家和民族的未来。作为为社会输送人才、为国家培养接班人的教育重地，大学在青年德育的培养中承担着重大的责任。高校应以校园文化建设为载体，从顶层设计、队伍建设、授业解惑、文化活动、社会实践、网络平台等方面落实高校德育教育，以学生乐于接受的方式，将德育教育融入物质、制度、精神、行为文化建设，把学生培养成为爱国守法、人格健全、心理健康、行为文明，拥有社会公德、职业道德的高素质公民，从而更好地服务于社会和人民。

四、大数据时代下高校德育的多元化发展

(一)大数据时代下高校德育工作的现状

当前大数据时代下的高校德育虽然取得了一定的成效,但也存在着一些问题,在一定程度上影响了高校德育的实效性。其中,当前高校德育工作的问题主要有如下几点。

1. 机械式的德育方法,内容缺乏说服力

目前,部分高校在开展德育的时候过于偏向于理论内容,教师是课堂教学的主体,机械式的灌输方法也让学生始终处于被动学习的状态,不利于学生积极地投入德育课堂中。同时,高校德育内容更新的速度也比较缓慢,尚未将人文、社会和自然科学等多项知识点合理地与德育教学融合起来,难以形成良好的德育氛围,尚未真正地立足于学生的心理视角来分析,从而导致心理咨询方式的引导作用无法真正凸显出来。枯燥单一的教学方法让学生在德育学习的过程中很容易产生逆反心理,这不利于高校德育的实效性得到保证。

当前各个高校以学生品行评定来分析德育工作的实效性,这种方式难以对学生的思想品德进行全方面的判定。学生也通常采取强制性记忆德育知识点的方式来获得高学分,从而便于让辅导员在品行评定时给予其"表现良好"的评价。但是,在当前社会发展过程的公共领域中,社会舆论手段的调节力量比较强,所以在道德生活领域中则需要根据个人的品行来进行调节。然而,灌输式的教学方式无法让高校学生用所学的德育知识来规范自己的言行举止,这导致了高校学生在现代大数据时代的多维度环境下很容易出现沉沦的现象,甚至还会有迷失的情况。

2. 忽略隐性课程教育,德育成效低下

隐性课程是学校政策及课程计划中未明确规定的、非正式和无意识的学校学习经验,这种影响因素是间接和内隐的。正是因为隐蔽性和潜在性的特点,导致常规性的课程作用无法充分凸显出来。其中,隐性课程主要涉及通识教育

和言传身教等内容。如果在高校德育工作的开展过程中忽略了隐性课程，则无法让高校德育的效果得到保证。但是，当前大部分高校在开展德育工作的时候设置的关于学生职业素养和基础认知水平提升的隐性德育课程偏少，课程过度依赖学校的校风、教风和学风建设，导致高校德育与校园文化内容难以更好地结合起来，从而不利于高校德育的实效性提升。此外，大数据时代下的社会环境也发生了较大的变化，一些不良的思想渗透到校园的发展中，而高校德育在开展时尚未充分发挥出隐性课堂抵制不良风气的作用，导致学生无可避免地受到不良风气的影响。

3. 德育定位出现偏差，德育目标简单化

通常高校德育工作在开展的过程中与学生的思想政治教育结合在一起，所以德育便常常成为思想政治教育的代名词。尤其当前高校在不断发展的过程中采取学分制，在一定程度上增加了马克思主义课和思想政治课的学分占比，这也增加了学生学习各种串联理论内容的难度。然而，因大部分学生尚未在思想上认识到德育的重要性，所以常常选择在考前突击备考，一旦考试之后，便快速忘记了德育内容，甚至潜意识中会抵制德育内容，他们未深刻地进行德育知识的自我学习，这也不利于高校德育实效性的提升。

当前高校逐步扩招，促使高校在开展德育工作的时候过度强调集体的作用，让大部分学生产生了一种淡然处之的思想，漠视了个人的情感。同时，由于当前高校的德育工作者在开展德育工作的时候尚未积极与受教育者进行沟通，这样便导致高校德育工作者常常在开展德育工作的时候采取的是一刀切的灌输形式。而受教育者在大数据时代的发展背景下越来越偏向于个性化、多元化和体验式的德育内容，这则导致高校学生对德育的认识仅停留在政治教育和社会价值方面，从而致使高校的德育工作成效性较低。

4. 线上线下联动较少，尚未深入挖掘隐藏功能

大数据时代背景下，各个高校逐步建成了智慧校园，但尚未充分发挥其作用，深入挖掘高校德育的深层次信息。例如，虽然一些高校通过分析学生在校期间使用校园一卡通的情况以了解学生的消费水平，但学校尚未分析过学生的家庭经济情况，也未根据学生进出宿舍的情况来了解学生的成长轨迹，或者根据学生在图书馆借阅书籍的情况来了解学生的诚信问题，以及是否遵守校纪校规等。此外，QQ群和微信群的应用也仅仅停留在简单的事项通知方面，尚未扩大它们的应用功能向学生宣传先进的教育理念，这在一定程度上制约了大数据对高校德育工作的积极促进作用。

（二）大数据时代背景下的高校德育的多元化发展路径

大数据时代背景下，高校德育工作采取多元化发展路径能够为高校的德育实效性创造良好的条件。推动高校德育朝着多元化发展需要做好以下几个方面。

1. 树立多元化的教育思维，构建新型的德育理念

在大数据时代背景下，高校德育工作在开展的过程中需要构建起描述性思维、相关性思维和攻略思维。通过借助大数据技术对高校德育工作进行相关预测和分析之后，便可以根据相关的结果来合理地调整高校德育的发展策略。经过预测，到最后形成攻略，便是大数据思维的重要呈现过程。为了切实保证大数据时代下高校德育的实效性，应该结合德育目标树立起多元化的教育思维，构建新型的德育理念，让高校德育工作能够更好地满足现代网络时代发展的要求。

通过将可视化、个性化和预测性的教育理念合理地融入大数据时代背景下的高校德育工作中，注重借助可视化的技术来整合学生的行为，并将各个领域的数据根据评估体系更加准确地将个体、群体显示出来。坚持开展民主化教育，引导学生逐步形成全球化的意识，促使学生更加全面地认识自我和激励自我，这样才能够让大数据时代下德育资源得到更好的优化配置。同时，在应用个性化教育理念时，需要结合数据进行德育结果的分析描述，并根据不同的教育对象实施不同的有针对性的教育策略，为保证高校德育的实效性奠定坚实的基础。

2. 营造良好的德育环境，拓展德育阵地

大数据时代背景下的互联网技术呈现出飞速发展的趋势，高校学生在各个网络平台上所获取的信息也呈现出多元化的趋势。然而，当前我国的网络监控

技术相对而言较为滞后，这给不法分子借助网络软件和平台宣传不正确的思想提供了空间，而高校学生的社会阅历较浅，会在一定程度上影响他们形成正确的世界观、价值观和人生观。因此，在大数据时代背景下开展高校德育工作，要营造良好的德育环境，积极创建良好的宏观环境和微观环境，充分发挥社会各界的力量，让学生的思想意识在良好的德育环境中受到熏陶，真正达到提升高校德育成效性的目的。因此，要通过发挥现代新传媒在高校德育发展过程中的作用，积极建立起良好的媒体阵地意识，不断拓展高校德育活动空间。具体而言，可借助新媒体对学生进行正确的舆论导向，注重向学生传播正面信息，引导学生积极关注现代社会发展过程中的热点问题，从而形成良好的互动教育，营造良好的德育氛围，最大限度地提升高校德育水平。

3. 构建在线德育平台，完善德育机制

为了切实保证大数据时代背景下高校的德育效率，高校可以建立良好的线上德育平台，借助大数据技术对各类数据信息进行整合，让高校各个部门之间能够相互进行信息整合和共享。首先，充分发挥新媒体技术的作用，借助新媒体技术的图片、音频等功能丰富高校德育形式；其次，通过选取高校学生常用的媒体载体，教师可以重点采集学生在校期间参加活动等信息，借助大数据技术来分析学生在成长阶段中的兴趣爱好，为开展德育工作提供真实的数据依据。再次，在线德育平台还可以让教师充分利用德育知识传播的形式，结合高校学生在课堂上的问答内容来进行师生线上线下互动，不断优化学生的学习方式。我们可以借助大数据来拓展高校德育活动的空间，让高校德育不仅仅局限在校内，学生还可以通过微课和慕课等来进行学习，并合理地选取适合高校学生的德育内容，多样化的德育形式，这对学生正确的世界观、价值观和人生观的建立起到积极的推动作用。

4. 强化德育人才队伍建设，采取多元化的德育方法

高素质的德育人才是保证大数据时代背景下高校德育实效性的重要人力支撑，这就需要构建一支政治素质高、数据处理能力强的复合型人才。高校可以通过引入更多高素质的人才加入德育工作中，采取多元化的德育方式来对学生进行教育。

　　其中，可着力做好下列几个方面：一是建立借助大数据技术来预测预防风险的思想，采取科学的预防干预方法，对学生的思想动态进行精准定位，了解高校学生的思想变化趋势，真正做到防患于未然；二是注重培养学生多元化信息和鉴别信息的能力，将学生在德育中的主体地位更好地凸显出来，这样才能在尊重高校学生自主选择权的基础上强化对学生的思想指导，从而促使学生在不断实践的过程中逐步增强自己的道德能力；三是通过采取个性化教育策略，让学生自主选取与教师引导更好地结合起来，借助大数据技术就高校德育中出现的问题进行分析，再对高校学生开展针对性的教育，例如，开展德育专题性的讲座和个别化的德育辅导，以保证大数据时代下的高校德育成效性创造良好的空间；四是结合现代网络多媒体技术的特征，让高校教师克服自己的主观理念，充分利用现代科学技术来进行学生的德育水平分析和整体性的精准描述，为制定科学合理的德育策略提供具有实证性的数据支撑；五是统筹分析每一位学生的实际需求，有针对性地安排教师，以此来引导学生形成正确的世界观、价值观和人生观；六是采取针对性的德育方法，强化对高校学生的心理健康教育和心理咨询服务，优化高校学生的德育干预体系，最大限度提升高校德育的实效性。

第二章 职业教育核心素养下的德育

第一节 职业教育核心素养培育

一、面向核心素养的职业教育课程模式

"当前,我国职业教育在校生持续增加,形成了世界最大规模的专科层次全日制高等职业教育,成为推动我国高等教育大众化的重要力量。"产教融合、校企合作、基于工作过程的课程观在我国职业教育领域得到了认同与实践,但受评价体系、师资队伍与教学资源等因素的影响,与基础教育领域的课程改革现状类似,职业教育课程改革先进的理念与残酷的现实之间存在"两张皮"的现象,仍然面临严峻挑战,要解决许多困难和问题。以德国"双元制"为典型代表的西方国家全面展现了职业教育课程的优化路径,但我国职业教育有其独特的历史基础与发展历程,生存状态不同于西方国家,如果照搬西方理论与经验,必然会出现"水土不服""消化不良"的现象。因此,职业教育课程模式改革需要跳出本体视野,寻找契合职业教育的教育原点,形成扎根于实践、生成于实践、还原并指导实践的本土化课程模式。

2016 年 9 月,《中国学生发展核心素养》正式发布。核心素养围绕培养"全面发展的人"这一核心和根本目的,涵盖文化基础、自主发展、社会参与三个维度,包括人文底蕴、科学精神、学会学习、健康生活、责任担当、实践创新六大素养和十八种与之相对应的具体品格、能力和行为。"核心素养是连接宏观教育理念、培养目标及课程与教学目标的关键环节",针对职业教育现状,

核心素养的界定无疑是一种警示。这是学校教育从"知识传递"转向"知识建构"的信号，标志着我国学校课程发展进入了新的阶段，核心素养也将成为职业教育课程改革的风向标。

（一）课程设计："技术技能+"型课程

对照核心素养，目前的职业教育显然没有建立起培育"全面发展的人"的课程观。一方面存在传统职业教育学校系统规约下的课程发展逻辑（学科式课程），另一方面存在社会工业化进程驱动下的课程发展逻辑（技能培训式课程）。学科式课程导致职业技术技能培养不能适应职业需求，技能培训式课程导致学校育人功能不足，容易造成人的褊狭，这是应用型高校人才培养质量有待提升的主要原因。

按照核心素养的界定，作为一种教育类型，职业教育的目标不应该只是"促进就业"和"社会经济发展"，而应是在"人的全面发展"的基础上突出"促进就业"和"社会经济发展"等功能。可以这样说，职业教育课程对"人的全面发展"的培养应是第一位的，而对"技术技能"的强化是第二位的，必须破除对"技术技能"型课程的狭义理解。所谓重视"技术技能"培养，是指通过"技术技能"型课程达成培养人的目的，"技术技能"是在职业教育课程的大范畴之内，虽名为"技术技能"，实则是在大教育的理念之下，同时隐含品格、能力和行为等育人诉求，即"技术技能+"型课程。这个"+"的内涵，主要指既要融入新元素，又要深化"技术技能"本身，具体包括以下几个方面。

1. 内核：工匠精神

2016年，"工匠精神"被历史性地写入政府工作报告。"工匠精神"是现代职业教育的精神标杆，是职业教育"立德树人"的特征和灵魂，是职业教育文化软实力的象征，在一定程度上映射了当前职业教育发展存在的根本问题。要实现教育理念的深层次变革，就必须深入诠释与培育工匠精神，这也是职业教育课程改革的重要方向和指导思想。在核心素养的文本解释中，"人文底蕴是文明人的基本标识，科学精神是现代人的基本品格"。培育工匠精神的过程，就是在教育过程中将人文底蕴和科学精神进行内在关联的过程。工匠精神的具体体现，首先是技能、技艺和技术，这是物质载体和最根本的职业生涯起点；其次是独特的职业态度，这是"工匠"自身生命存在的方式；最后是可持续发展能力和创新能力，以实现终生发展。职业教育课程设计与实施要在最大程度上保证工匠精神成为每一个接受职业教育的学生所努力向往的精神境界与职业模式，这也是新时代人才培养的必然要求。

2. 结构：技术技能

"真正的核心素养是化知识为美德，知识即美德乃是把知识还原成活生生的活动过程，把知识学习还原成活生生的交往实践活动。""长期以来，职业教育课程改革踌躇不前的原因在于课程微观内容选择与编排远未跳出学科体系的藩篱，按照工作与活动过程的顺序开发课程，是建设职业教育特色的课程开发的突破口。"

面向核心素养的诉求，应用型高校课程设计应该有五个维度：遵循工作过程、构建行为逻辑、承载人文渗透、更新职业标准、实现全员参与。"五维一体"的融会与贯通才是应用知识的课程观。在这五个维度中，内容及顺序是课程开发的基本要素。课程内容应以过程性知识为主，陈述性知识为辅，即以实际应用的经验和策略的习得为主，以适度够用的概念和原理为辅。课程内容顺序应确保陈述性知识与过程性知识、理论知识与实践知识的整合，强调知识排序方式与知识习得方式的整合。其中，课程的程序化、结构化更为重要。与此同时，还要以课程为平台，展现以该职业为核心的职业历史形成及发展演变过程。课程不仅要与当下的职业活动过程联系紧密，更要指向未来发展，确保课程所蕴含的技术技能框架是开放的、发展的。这是因为技术技能不仅仅是谋生的工具，也是生活的一种范式，是历史发展过程中的一种特定存在。

3. 落地：本土化

课程本土化是实现职业教育课程改革落地的必由之路。对于课程本身而言，教育体制既具有制约性，也具有建构性。要充分拓展在"制约性"基础上衍生出来的"建构性"，课程在"制约性"的基础上拓展"建构性"。只有将核心素养落地,放到相应的社会机制下,在基于社会行为意义的理解基础上,才能找寻到更具有逻辑可能的教育自信。目前的"制约性",一是国家职业教育政策与部署,二是区域或地方行业发展趋势与现实基础,三是学校专业建设基础现状与发展定位。职业教育课程改革只有把握当下,才能谈及未来。过去理想的职业教育课程设计并不少见,但大多停留在对现状的望洋兴叹之中,归根结底就是对实践探索得不够深入。理想的职业教育课程可以在职业教育者的心中首先展开,但一定要具备历史观和生态观,遵循教育体制的逻辑,在切实可行的基础上开始培育。

(二)课程实施:基于理解的理想化教学

教育经历、核心专业技能、行业从业经验、专业素养是应用型高校教师的四大素养,这是对教师显性的资质要求。但是,在具体的课程实施过程中,对教师的资质要求不仅仅是如此。"当教师个体的内心缺乏高贵的理想、睿智的思想、高远的追求,特别是缺乏一种对现实生活的价值批判意识和对自己生活状态的价值内省时,即使他有敞亮自己内心的权利,也不可能贡献自己的一份理性与情怀给公共空间。"面向核心素养的职业教育课程的落地,依赖于教师对职业教育课程的理解程度、基于自身的理解而形成的教学设计与实践,以及学生将如何理解这种课程实践。也就是说,课程实施既要依赖于教师对课程的丰富化理解与理想化教学实践,也要建立在学生对课程的理解之上。

1. 教师对面向核心素养的职业教育课程的理解

教师应洞悉核心素养在课程实施过程中的渗透性,时刻觉察主体意识与行为的不合理性,不能简单地将职业教育课程的理解归结为一种认知过程,或是一种技术技能操作活动的演示过程。教师对核心素养如何理解与践行,决定着核心素养课程向学生敞开的程度。为了有效实施核心素养课程,教师要深化对核心素养借助专业课程走向落地的理解,拓宽教学视野。教师在对核心素养予以理解时,应重新思考知识与教育的关系,什么知识最有教育价值,如何教授和学习知识才有价值等。

2. 教师的理想化教学设计与实践

教学是精神价值的传递，教学过程原本就是展示教师个体精神世界的过程。教育实践不是一个纯粹理性的活动过程，它有其自身独特的逻辑。"心性赋予教育实践以历史性，情境不断改变着实践的意向，时间与空间的结构也与实践行动有内在关联。"针对特定的职业教育课程，教师应注意实现核心素养的"落地"。尽管人的存在局限于过往和既有的传统之中，其认识会有不可避免的"偏见"，但教师对核心素养理解的缺陷正是理解得以达成的基本条件。事实上，教师的完备素质也不是自然天成的，而是通过后天的教育学习过程建构起来的。教师对教学的理解本身也并不是不变的，而是在不断阐释和澄明的过程中显现出来的，具有丰富的价值意涵和鲜明的时代特征。"教师自身的公共实践与公民人格本身就是最好的公民教科书。"因此，教师的理想化教学设计与实施是促成核心素养在课程中落地的关键环节，将在与教学对象的互动中不断完善，显现出理想的教育图景，这样趋于理想化的教学设计与实践应该以常态呈现在职业教育教学场域之中。

3. 学生对课程的理解而产生的解释

面向核心素养的职业教育课程的最终价值要建立在学生对课程理解之后的解释之上。因个体的差异性，"盲人摸象"似的核心素养落地模式不可避免。理解这一点的价值在于后续对课程评价的启示。面向核心素养的职业教育课程评价标准将是显性与隐性相交的，在隐性的考核上，倾向于教师设计课程的理想化程度，以及对课程核心素养的丰富程度。

（三）课程评价：显隐相交的核定与分析

面向核心素养的职业教育课程评价标准注定是显性与隐性相交的，是课程探索与创新的重要组成部分，其中既有量的核定，也有质的分析。具体来讲，课程评价框架包括以下几个方面。

1. 课程核心素养

一是要衡量课程与核心素养建立的内在联系。要在具体的课程标准和课程素材之中分析是否充分发掘了各门课程发展素质教育的独特特征，从而凝练出课程所属学科的核心素养。二是要在改革的过程中，分析其课程标准是否围绕核心素养的落实精选、重组了课程内容；是否明确了内容要求，并在指导教学设计上有详尽具体的指标与要求。

2. 技术技能

作为显现职业教育特征的技术技能，是课程评价的重要组成部分。习得的技术技能指通过课程可以学习到的核心技术技能、拓展的技术技能或隐含的技术技能，是可具体描述的、可分层显现的，是符合国际标准或国内标准的。

3. 社会服务、文化与国际交流

针对职业教育的培养标准，课程应实现与社会、经济、文化的深度融合。在课程评价时，应重点考虑与特定课程相关的社会技术服务计划与成果，校园文化建设服务，国际交流、区域交流、院校间交流现状等，都是课程评价的主要元素。

4. 课程标志性成果与特色

课程应建设或实现标志性成果，这既是职业教育的显著特征，也是课程特色发展的需要，甚至是拓展课程生存与发展空间的利器。具体来讲，课程标志性成果指的是与课程相关的职业技能竞赛赛事获奖、教育扶贫成果、教学改革奖项、科研成果等。这些既是成果，也能形成具有职业教育特点的课程文化。

5. 课程学业考核方案

课程学业考核方案指常规的教师、学生考核方案。具体内容包括教师的日常教学检查与督导、学生的成绩认定与考核等。课程学业考核要日臻完善与合理，尽量减少不能落实、不够合理、不够到位的情况。学业考核长期作为主要评价来源的重要部分，是整体课程评价的基准线。

6. 课程实践教学资源及运用

作为职业教育实践课程，要着重衡量实训教学是否具备教育的意蕴与规格，实训体验是否面向了所有学生，实训资源是否对接了技术技能，实训教学资源是否具备开放性与拓展性。

综上所述，要从对课程设计的认识开始，准确定位课程与发展方向，解析课程应有的内容选择与排序，把握课程内容背后的深层意义，关注课程实施过程中本源的部分，透析课程实施过程中可能产生的各种教育场域，设定课程评价框架，将质性评价与量化评价进行有效结合，在不断丰富对职业教育的理解过程中，逐渐建构基于核心素养、富于职业教育特色的职业教育课程模式，确保课程模式落地的过程就是实现课程本土化的过程。需要指出的是，职业教育和其他教育类型在"永久保持培养人的先进性"这个问题上没有任何区别，在对教育价值的定位上，要始终坚持"培养一个完整的人"的教育目标。不管是什么类型的教育，都要处于核心素养落地图景之中。核心素养正引领着教育走向新时代，广大职业教育工作者要构建理想化的职业教育课程，就必须化解职业教育在培养"人"这个问题上的价值失落或意义危机，从而实现职业教育的内在价值诉求。

二、本科层次职业教育学生核心素养培养

2019 年，我国本科层次职业教育进入试点阶段。2021 年 1 月，教育部办公厅印发了《本科层次职业教育专业设置管理办法（试行）》，对本科层次职业教育专业设置、教学实施加强了指导，标志着本科层次职业教育在我国正式进入发展的快车道。作为新生事物，本科层次职业教育发展的核心在于培养出能够符合产业发展、岗位标准和社会预期的高素质技术技能人才，其人才培养的层次和毕业生所具备的能力理应具有自身的独特性和高层次性。职业教育领域的"核心素养"在国际上被世界各国所重视，欧盟的"核心素养：欧洲参考框架"、美国的"21 世纪技能框架"等都对学生所应获得的一系列知识、技能、工作习惯和性格特征等核心素养进行了界定，并提出了培养的法案和政策。我国的本科层次职业教育也应在发展的顶层设计初期，充分考虑我国国情，借鉴发达国家职业教育的做法，在学生核心素养的孕育和培养上推出系列政策，有力推进学生的高质量发展和人才培养的高标准产出。

（一）本科层次职业教育学生核心素养培养的定位

1. 基于类型教育界定的职教逻辑

职业教育作为类型教育，在我国已经明确。本科层次职业教育人才培养锚定的是高素质的高端技术技能人才，是培养适应经济社会发展一线、具有一定的创新创造能力和工匠精神的高素质劳动者。从职业教育作为类型教育层次上来看，我国贯通中职、应用型高校、职业本科、专业硕士、专业博士的晋升通道，在人才培养的内涵上也必定会有相应的区分度和层次性。本科层次职业教育学生的核心素养应具有更扎实的专业基础、更贴近产业的高端技术能力、更强的岗位适应能力和跨岗位发展能力，在岗位的高度、基础的厚度、学科的跨度、应用的新度、职业的宽度上都有更高的要求。学生核心素养培养的界定将充分体现本科层次职业教育应有的内涵，在从中职到专业博士的培育序列中具有独特的属性，并能培养价值取向，彰显其在类型教育中的地位与作用。

2. 基于产业转型升级的技术逻辑

我国实体经济发展正进入一手抓传统产业转型升级，另一手抓战略性新兴产业发展壮大的新阶段，制造业正加速向数字化、网络化、智能化发展，产业链、供应链稳定性和现代化水平也在不断提高，技术技能的生成与发展不断向纵深发展，技术知识所具有的广度和深度不断拓展，对于技术技能人才需求的供给侧也将迎来新的变革。我国整体制造业向高端转化必然会将产业端岗位群向高端上移，加上新兴产业发展本身就具有数字化、信息化、智能化、自动化的特点，本科层次职业教育学生核心素养的培养必须顺应这一趋势，在新一轮科技革命和产业变革中，以人才需求端、问题端为导向，清晰确定面向产业及岗位的学生核心素养的内涵与外延，找准培养要素，搭建培养体系，突出人才培养的岗位适用性、技术复合性、思维创新性，提高学生对工作岗位的技术迁移和可持续发展能力，主动服务好产业基础高级化、产业链现代化，为我国产业转型升级和新兴产业的发展壮大源源不断地输送优质人才。

3. 基于经济社会变动的实践逻辑

我国经济社会逐步进入转型深入期，对职业教育高质量发展也提出了新的要求。社会层面，包括家长和学生对接受更高层次的职业教育的需求不断增长，2021年《中国职业教育发展大型问卷调查报告》显示，中职学生、应用型高校学生、教师和家长选择希望升入本科及以上层次应用型高校进行学习的比例分别占67.80%、67.33%、61.58%和59.85%，表明了整个社会对于学历提升、资历提升、技能提升的渴望。

经济层面，当前我国经济发展正进入新发展阶段、贯彻新发展理念、构建新发展格局的历史新时期，全面构建以国内大循环为主的国际国内相互促进的双循环体系和推进高质量发展已成为国家的重点发展战略。在大的经济发展背景下，国家对于高端技术技能人才的支撑性保障需求旺盛，但现实情况却不容乐观。2017年初，教育部、人社部和工信部共同编制的《制造业人才发展规划指南》预测，到2025年，制造业等十大重点领域将面临大量的高端技术技能人才缺口，总量预计达1930.2万人，尤其在新一代信息技术产业、电力装备、高档数控机床、机器人等领域的人才缺口会更加明显。本科层次职业教育学生核心素养的培养必须正视我国经济社会新的发展形态，根据发展环境、发展能级、发展问题做好核心素养培养的顶层设计、体制机制构建和标准生成，为我国经济社会发展不断迈向新的发展层级提供有效的人才支持。

4. 基于跨界复合发展的人才逻辑

我国传统职业教育一直存在"重技能轻素养"的发展困境和认知偏颇，从国家近年来出台的一系列职业教育人才培养相关法规与政策的内容来看，扭转过去工具性人才培养趋向，将技术技能人才打造成工具价值、理性价值和情感价值相融合的新型跨界复合型人才已成为新趋势。本科层次职业教育对于学生的核心素养要求必然也是跨界复合的，培养趋向是"宽口径重素质"，在人才培养的总目标上要注重加强除专业技能之外的综合素质培养，要强化学生的立德，将其培养成符合社会价值和基本道德规范要求的现代职业人；要强化工匠精神的培育，不断激发他们专注、精益求精、追求质量的精神，使其具有"匠心"，遵循"匠道",提升他们的爱岗敬业能力和水平;要锻造他们的创新创造能力、求新求变精神、活学活用技术技能,不断更新知识体系,增强自我可持续发展能力。

(二)本科层次职业教育学生核心素养培养面临的困境

1. 国家层面:本科层次职业教育学生核心素养政策匮乏

世界各国都在高度关注学生核心素养的养成,相继出台了核心素养培养有关的法规与政策。核心素养培养最早是从澳大利亚和英国开始研究与实施的,后来扩展到美国和欧盟成员国。进入21世纪之后,日本、新加坡、俄罗斯等国也开始关注学生的核心素养并将其纳入国家教育战略中。比如,俄罗斯联邦教育部在2001年出台的《普通教育内容现代化战略》中提出,将素养导向作为核心,从注重知识的传授转向能力的培养。而后,包括联合国教科文组织在内的全球各教育组织也着重对核心素养进行了分析与构建,如2003年经济合作与发展组织公布了"能力框架"体系,2013年联合国教科文组织将核心素养归纳为"工具性素养"和"人文素养"。

近年来,我国政府、教育界和社科界开始逐渐关注学生核心素养的研究与培育,充分认识到了核心素养是学生可持续发展最关键、最必要的品格和能力,是学生知识、能力和态度的综合彰显,是打开成功之门的钥匙。教育部在2014年第一次提出要研究制定学生发展核心素养体系和学业质量标准,2016年公布的《中国学生发展核心素养》重点面向的是基础教育,在职业教育领域我国目前还未出台相应的核心素养框架。本科层次职业教育是职业教育中的一个层次,国家在出台职业教育学生核心素养框架或标准时,要将职业教育作为类型教育的层面认知,对各个层次的职业教育学生核心素养进行界定。

2. 院校层面:本科层次职业教育院校认知能力有待提高

本科层次职业教育在我国属于新生事物,试点院校一方面存在缺乏可借鉴的成熟模式,在试办初期往往带有办学惯性和发展定位摇摆的问题,对于本科层次职业教育人才培养的核心要素掌握不准、定位不清、培养质量不高;另一方面是本科专业和应用型高校专业并轨存在，在学生核心素养培养界定及具体实施上可能会存在模糊认识与并轨对待的问题，无法从根本上赋予本科层次职业教育学生真正意义上的素质素养。同时，由于转设后的应用型高校师资和独立学院师资混合在一起，独立学院教师对于职业教育的教学要求、教学规律、人才培养模式、课程体系等还不够熟悉，需要一定的学习与适应时间，要从根本上提升本科层次应用型高校的"双师"比例和"双师"质量还存在不少困难，这在一定程度上也会对学生核心素养的培养产生一定的影响。

3. 企业层面：基于产业岗位要求倒逼机制尚未形成

2017 国际职业技术教育大会上的主题发言传递了这样的信息：雇主市场对员工技能的要求日益提高，除需要传统的数学、表达、计算等专业技能外，更看重创意、批判性思维和高情商，特别青睐能够用务实作风解决复杂问题的员工。当前我国企业在参与职业教育办学进程中，介入更多的是关于技术技能、产业动态、岗位标准等内容，其对于职业教育在人才培养中的核心素养培育了解不多、介入不深。相关调查也显示，在对十个核心素养维度的调查中，企业对于应用型高校学生核心素养满意度整体处于一般或较差的状态。这实际上形成了一种悖论，一个层面表现为企业对于包括本科层次在内的应用型高校学生的综合素质和核心素养不满意，造成了其后续人才培训的压力、人力资源成本的上升和经济效益的受损；另一个层面则表现为企业主动关注、渗透应用型高校核心素养体系建构与实施的不足，企业未能完全将其对产业岗位的全部要求和技术技能人才后续可持续发展的要求传递至院校，从而造成了产教融合中学生核心素养培养共商机制以及校企间联动机制的缺失。

4. 学生层面：基于核心素养自我认知能力存在缺陷

根据本科层次应用型高校的定位，未来其生源虽然是多元化的，但重点将面向应用型高校，打通职业教育学历晋升、资历晋升的通道。由于我国职业启蒙教育发展比较滞后，应用型高校的学生普遍对自己的职业生涯规划不够重视，对于自身应该塑造的核心素养认知不清。《中国职业教育发展大型问卷调查报告》显示，中职和应用型高校学生有清晰规划的比例分别仅占 30.37% 和

25.29%。这从侧面反映出本科层次职业教育学生的核心素养自我认知能力还处于懵懂状态，其对自身未来的职业选择、职业定位、职业发展没有清晰的界定，围绕职业而自我萌生的素质素养的训练与锻炼的意识也就无从谈起。这也间接造成了学生在接受本科层次职业教育进程中基本上完全围绕着院校所设定的人才培养范畴开展，学生缺乏职业自我觉醒和自我发展的主动性与积极性。

（三）本科层次职业教育学生核心素养培养的路径

1. 突出学生高要求品德品格的养成

本科层次职业教育要遵循教育的一般属性和我国对于职业教育首要目标的界定，即教育的根本问题是培养什么人、怎样培养人和为谁培养人，必须全面贯彻落实党的教育方针，坚持"立德树人"和"五育并举"，培养担当民族复兴大任的时代新人。在学生核心素养的要求上，也必须把学生的理念信念、品德品格塑造与培养作为首要内容，使学生成为符合新时代经济社会发展基本规范和要求的职业人。

（1）崇高理想信念的培养

崇高理想信念是本科层次职业教育学生正确认知党和国家发展进程，充分融入经济社会发展进程和增强自身教育定位、职业定位，提升自身服务产业、服务行业、服务国家责任感和使命感的根本。当前我国所实施的国家战略、重点产业发展和新兴产业崛起急需高端技术技能人才的支撑，急需更多、更高质量的人才投身到建设中，通过发挥他们的专业技能和聪明才智，进一步推进经济深度转型和产业更新换代。而强化本科层次职业教育学生理想信念的培养，不仅能够坚定他们根据国家所需投身于经济社会发展大潮的信念，而且能够增强他们立足岗位、职业出彩的自信，培养时代进步、民族振兴、文化传承、国家治理所需要的人才。

（2）基本社会规范的培养

努力培育和践行社会主义核心价值观，持续营造三百六十行皆可成才的良好环境，培养更多高素质技术技能人才是现代化事业兴旺发达的需要。第七次全国人口普查数据显示，全国具有大学（含大专）文化程度的人口为218 360 000，占到18岁及以上人口总量的4.72%。这充分表明，本科层次人才在我国人力资源中所占的比重仍然比较低。而作为在产业中的高端技术技能人才，本科层次职业教育学生相应的也要成为社会规范、道德秩序的模范遵守者和践行者。因此，在教育过程中，教育者要强化他们职业改造社会、社会引领职业的价值观教育和道德规范先行者教育，增强他们的社会责任感，实现优质"职业人"塑造和合格"社会人"塑造的融合。

（3）自我价值升华的培养

《中华人民共和国职业教育法（修订草案）》明确指出职业教育要以"立德树人"为根本，这决定了本科层次职业教育要强力塑造学生的个人品德、家庭美德、职业道德和社会公德意识，要通过本科层次职业教育的教学及实践活动，将学生的德育摆在教育首位，增强学生个人修养、品德品质的内化，促进其自我价值升华、跃进，让他们在职业岗位中展现出良好的精神风貌，从而成为高素质劳动者和技术技能人才。

2. 突出学生高水平专业技术技能

学生掌握专业技术技能的熟练程度是凸显本科层次职业教育发展的重要衡量标准，尤其是在我国新旧动能转换、产业转型升级、新兴产业不断崛起的大背景下，有力地推动增量学生和存量职工进行技术技能生成与能力转换显得格外重要，这是从根本上培养出适应我国产业升级和产业结构调整人才的关键。

（1）具有核心技术技能

核心技术技能的培养是本科层次职业教育学生培养的重中之重，是学生通过系统、全面的专业学习具备基本岗位操作能力和岗位适应能力的基础。本科层次应用型高校必须与企业深度合作，做好人才培养方案的顶层设计，在学生核心技术技能的界定、培养与实施上打磨好"适合体系"，通过"教练融合""学做合一""育训一体""理实一体"，提升学生掌握核心技术的能力，全面增强他们在高端产业岗位、新型技术岗位上的操作能力和适应能力。

（2）具有创新创造能力

技术是通过职业进行生产创造的，而职业和技术从来都不是一成不变的，都是在经济社会发展进程中根据产业调整的需要而进行演化的。本科层次职业教育在进行职业化专用技术的方法研究、经验积累和传承的同时，要适应新技术革命所衍生的变化，这就要求学生必须具备创新创造能力，不断进行自我知识更新，深入钻研技术并参加专业培训，在滚动的技术革新中持续性地进行学习再造，通过职业能力的提升适应技术的更新。

（3）具有复合发展能力

现代产业的特征已经逐步从传统产业的机械化、简单化的一线操作转变为智能化、数字化、网络化嵌入制造业过程，生产性产业向专业化、复杂化的价值链高端延展，中低端岗位向高端岗位进阶。这导致技能操作进一步高端化，工作方式进一步多元化，岗位变量进一步复杂化，对技术技能人才发展的复合化提出了新的要求。因此，本科层次职业教育在训练学生复合能力的过程中，要增强围绕专业及专业群进行综合技术技能的培育与养成，强化学生同领域的跨界能力、拓展能力和可持续发展能力，以知识与技能的变化适应岗位的变化。

3. 突出学生高标准素质素养本位

从《中国职业教育发展大型问卷调查报告》中企业人员的数据反馈来看，他们最看重的前三位素质分别是工作态度（占84.69%）、团队合作（占75%）和沟通、实践经验（占65.16%）。这充分表明，学生要成为未来企业的岗位能手和业务骨干，不仅要具备精良的专业技能和实操能力，还要能够在岗位中展现出其优秀的职业品质和基于岗位的专业精神。

（1）具备良好的工匠精神

本科层次职业教育从本质上讲仍然是职业教育，学生培养中工匠精神的塑造也理应是核心价值。相较于中职、应用型高校层次工匠精神的培育，本科层次职业教育更应该注重的是学生"匠心"的引领性，从专业技术更高层次的学习、实践、钻研、创造等方面培育他们的专注精神、精益求精的能力和追求更高水平技术能力的干劲与闯劲，增强他们对专业技能追逐的精神状态和职业态度。

同时，要注重"匠道"的指导性，要在思政课程、实践活动、顶岗实习、产教融合等维度强化学生的工匠精神教育和理性教育，使其充分理解高水平技术技能的获得及出色岗位能力的展现需要不断学习并刻苦钻研，只有不断熟悉技术体系和实践训练才能逐步成长为大工匠。

（2）具备良好的职业规划

目前，我国正全面构建国家资历框架，未来资历、资格的准入、晋升以及各教育类型之间转换、沟通、互认的通道将会打通，在职人员将会获得更便捷、更全面的晋升机会。本科层次职业教育要在教育过程中增强学生的职业发展规划教育，让学生全面了解所在专业、职业、岗位相应的证书体系、资格体系和晋升通道，为其提供全面的信息服务和发展服务，让学生自觉进行职业规划，为进入职场后的有序发展、持续发展打下基础。

（3）具备良好的职业素养

本科层次职业教育学生未来职业发展方向将主要聚焦于能够创造经济效益的企业。从企业管理和追求利润的发展趋向来看，这些企业更看重学生的职业素养和综合本领。同时，从个人发展的角度看，要成为专业领域里的领军人才和工匠级人才，同样要具备高品质的职业素养。所以，本科层次职业教育要在学生的培养中塑造他们爱岗敬业、团队合作、服从管理、遵守纪律、吃苦耐劳的品格以及沟通能力、组织能力等各个层面的素养，使其能够较快地进入职业角色和融入企业文化。

4. 突出学生高质量体制机制保障

本科层次职业教育学生核心素养的培育既非一日之功，也非单一教育主体能够实现的任务，必须发挥各参与主体的能动性，有效建构相应的标准体系、框架体系、评价体系，在职教理论、课程体系、"三教"改革等各个维度渗入核心素养相关内容。通过这一举措，推动本科层次应用型高校更加重视学生核心素养的培养和具体实践，进而全面提升核心素养培养的质量。

（1）建构科学合理的框架体系

根据我国本科层次职业教育发展的现实和需要，需逐步建构职业本科学生核心素养框架、标准体系、实践体系和支持体系,通过法规或政策层面的刚性要求来引导本科层次应用型高校全面开展此项工作,并以试点的方式逐步形成一批有示范效应和可复制的模式,从而提升职业本科人才培养的质量。

(2)建立政行校企联动体制

政府是本科层次职业教育的投资方和管理者,行业企业是本科层次职业教育人才培养的使用方,院校是本科层次职业教育的主办方,政行企校构成了本科层次职业教育学生核心素养培养的最重要的四个主体。四个主体要加强联动与沟通,通过建立常态化、周期性的协调机制,不断优化学生核心素养培养的各个层面,政府要更多地发挥顶层设计、立法、规章、政策等宏观职能,行业企业要更多地发挥对人才核心素养相应规格、要求及学生到岗后工作表现的反馈的职能,院校则要更多地承担消化吸收政策、获取企业需求并转化为教学体系和培养体系的职能。四个主体不仅要各司其职,更要在核心素养的培养进程中不断进行联合反馈、优化、调速,不断增强培养的合力。

(3)建立有序有效评价机制

本科层次职业教育学生核心素养的培养成效必须通过评价来实现,而实现的方式从外部来说,更多的是由政府职能部门来实施。职业教育主管部门不仅要将核心素养纳入评估考核体系中,更要建立相应的质量评价标准和体系,对学生核心素养的培养进行全方位、全过程的监测与评价。院校要强化内部诊断与改进,通过核心素养培养的自我诊断、自我评价,及时发现与修正培养过程中存在的问题,有针对性地及时调速。同时,要充分发挥第三方评价机构的作用,常态化地将其引入院校内部,由其每年定期对学生核心素养的培养情况进行客观评价,形成相应的质量报告,供教育主管部门、院校、行业企业参考。

第二节　核心素养背景下德育实践探索

一、提升应用型高校学生核心素养的德育实践

在立德树人的时代背景下，教师在教学活动的开展过程中应当注重对学生核心素养的培养。核心素养指的就是学生在接受教育的过程中逐步形成的适应能力以及适应社会发展的必不可少的品格与能力。应用型高校的教师不仅仅是班级的管理者，也是教学活动的组织者，因此应当承担起促进学生不断发展的重要责任，从不同的角度出发，使学生养成健全良好的发展品格。不仅如此，核心素养也可以说是学生知识、技能以及情感的主要表现，是学生价值观的结合体。在发展的过程中要更加注重学生的整体性，加之核心素养也具有较强的开放性特点，这是可以伴随一生的发展模式，可促进学生的全方位发展。

（一）应用型高校学生德育课程核心素养的发展现状

当前各个专家所拟定的思想政治学科的核心素养包含政治认同、理性精神、法律意识以及公共参与四个方面。当前应用型、职业类高校学生存在的最主要问题就是缺失理想信念，并且缺少正确的人生发展目标，没有形成良好的人生观念，也不具备奋发向上的精神，缺少奋斗的动力。除此之外，学生对学习的内容不感兴趣，自身学习的积极性不高，甚至还存在思想道德方面的问题，在课堂上不尊重教师，扰乱课堂秩序，这对学校的教育环境造成了严重的影响，使得学生思想道德水平低下，不利于学生的身心发展。结合当前应用型高校学生的发展状况来看，应用型高校学生核心素养的发展应当遵循职业教育发展的特点来进行细化分析，应当格外注重的是较强的专业能力、良好的职业道德以及创新能力等，从而为日后学生的就业创业发展打下坚实的基础。

当前应用型高校的教育运用的仍然是传统模式，过于依赖灌输式的方式，

难以创新，脱离了现代教育的实际。应用型高校关于德育的内容相对单一、古板，并且也不能更好地吸引学生的注意力，无法保证德育的教育质量。除此之外，德育的课堂不能做到与实际生活相结合，以致教育内容脱离了实际，不能与学生产生精神上的共鸣，不利于提升学生积极性。德育应当运用有效的方式，满足素质教育发展需求，激发学生兴趣，促进学生道德水平的提升。

在不断发展的过程当中，有部分学生缺少积极的劳动态度、良好的劳动习惯以及有效的实践动手能力，并且在社会发展以及公益活动中缺少明显的改进与创新，并不具备规划自我管理能力。不仅如此，还有部分学生还存在认知模糊，缺乏判断力，心理脆弱，不能接受挫折，知识面狭窄，文化基础相对较差等问题。许多学生在踏入社会后，其性格特质逐渐显现，部分学生人际交往能力差，不能很好地适应社会发展；缺少吃苦耐劳的精神，导致他们在就业成才的发展道路上十分曲折。这种种的表现都与核心素养的发展有着直接的关系。结合当前应用型高校学生的特点，应当更好地提升学生的核心素养，从而保证学生更好地在社会发展当中立足，使学生可以明白基本的核心素养是什么，进一步解决应用型高校学生在发展当中遇到的问题。

（二）应用型高校学生核心素养发展的实际意义

大部分的学生选择在应用型高校学习，主要目的是学到更好的务实技能，例如数控技术、财务计算等，他们注重实际技能的操作，注重知识的实用性以及实质性，对于专业课程的学习也更加积极。但是在学习与专业课程关系不大的课程时，学生就会产生严重的抵触情绪。核心素养的内涵主要包含核心知识、核心能力和核心品质。"学生核心素养"主要指的就是学生应当具备可以适应社会发展需求的健全品质以及关键能力。在教育教学的发展当中落实核心素养的发展主要应当以培养"全面发展的人"为核心，从而为学生日后的发展奠定坚实的基础。学校应当在实践发展中全面提升学生的核心素养，使学生具备较强的责任感。

1. 课堂教学可以增厚学生的人文底蕴

首先,学生的自我认知能力有所提升,自身具有较强的表现欲望,有自己的想法;其次,由于学生的发展并不成熟,同时学习环境也会不断地变化,导致其心理问题逐渐加剧,这会让他们极其容易暴躁,容易思想偏激。课堂教学以课堂的发展作为支撑点,并通过学科知识兼顾背诵理解以及相关的文化知识搜集等,保证学生更加深入地了解历史典故、文化底蕴、增强文化自信,使学生可以从心出发,认真感受,进一步促进审美情趣的提升。在活动开展的阶段,教师应当引导学生制作板报、绘制图片、选择精彩的文章,激发学生人文发展的情怀,提升自身的素养,提升较强的民族情怀。

2. 课堂教学可以增强学生的探索精神

教师不仅要加强对学生核心素养的培养,也应当保护学生的好奇心,注重对学生兴趣的激发。在课堂中,教师可以引导学生运用互联网技术,结合自己的兴趣爱好进行网络查询,或向周边的人请教,进一步搜集相关的文化知识,引导学生在暑假等空闲时间感受大自然,探索自然的奥秘,激发学生的兴趣,从而使学生对知识的理解更加牢固。

3. 课堂教学可以提升学生的自我管理能力

自主管理的意义就是学生可以进行自主学习。因此,在实践活动中应当激发学生建立信息搜集、知识整理以及归纳总结的意识,进一步提升学生的信息甄别以及分辨美丑的能力,使其可以自觉地抵触网络上的不良信息。引导学生善于反思、善于总结,从而更好地促进学生的健康发展。不仅如此,还应当格外注重提升学生的安全意识以及健康意识,提高学生自救以及自护技能。教师应当引导学生合理地处理问题,这对学生自身人格的健全发展有着关键性的意义。

4. 科学实践是促进学生实践与创新发展的关键

在课程实践中,教师应当尝试改变以往的教学模式,彰显学生在课堂的主体地位,将学生从被动学习变为主动学习,进一步激发学生的学习热情,促使其积极参与,不断拓展自身的视野,促进实践动手能力的提升。尤其是在当前的职业教育阶段，教师可以引导学生在街头当一天义工、在收获的季节亲手采摘劳作，从而促进学生集体劳作意识的提升。学生在劳作当中会发现问题、解决问题，可以将所学习的知识运用到实践劳作当中，激发学生的创新意识。

（三）提升应用型高校学生核心素养的德育实践

1.更新德育教学观念

首先，应当注重学生学习的主体性。基于核心素养的教学模式应当充分注重学生在学习当中的主体性，并且给予学生更多的权利与空间，引导学生积极地参与到教学活动中，保证学生的主体地位，使得学生的主体意识以及能力得到提升。

其次，教师应当重新认识师生之间的关系。为了更好地落实核心素养的发展目标，教师应当在教学过程中丰富自身的角色定位。结合当前数据显示的情况来看，处于青春期的学生十分认同同伴的关系，并且在生活当中也格外注重与同伴之间的交流。教师在教学管理的过程中应当注重以人为本的教学模式，并将班级管理的主动权交给学生，积极引导学生选出比较心仪的班级干部，如在小组中选出学习委员、纪律委员、卫生委员等，组织创建班干部队伍。并且，要引导班级干部发展自身的管理意识，对其他学生的实际情况进行了解，根据学生的学习情况积极地进行指导帮助，开展班级活动。由学生承担本组的管理任务，同时鼓励学生在力所能及的情况下与其他学生共同进步，促进自身管理能力的进一步提升。由此可见，教师不仅要成为学生的引导者，还应当扮演学生的陪伴者，构建良好的同伴发展关系，帮助学生做好学习准备，认真倾听学生的发展需求，跟踪学生的动态发展。

最后，注重学生综合能力的发展。核心素养可以说是"知识能力、态度以及价值观方面的整合"。应用型高校的德育特点符合当前核心素养的发展需求，因此应当在实践活动当中落实教学发展目标，注重学生自身的整体性，从而使学生的综合能力得到提升。

2. 实行德育实践

我国教育发展与改革提出了应当坚持以人文本、全面实现素质教育的育人理念。一直以来，德育教学模式都是教师为主、学生为辅的模式，这样的教学模式不仅不利于学生学习兴趣的提升，也让学生觉得德育学习并不重要。所以应当改变教学模式，积极地探索新课标的教学模式，根据学生对学习的兴趣开展针对性教学，并且突出行为德育对实现精神和品质的双重提升。因为在传统的课堂教学中，德育占主体地位，所以教师应当适应教学模式的转变，突出学生学习的实效性。教师还可以借助相关的案例，进行引导方式教学，鼓励学生自主性学习，还可以开展小组模式教学，从而实现课堂氛围的改变。此外，还可以借助辩论会等方式提高学生自主谈论的积极性，帮助学生在自主学习期间了解行为德育。

行为德育属于实践精神的一种表现途径，教师应当通过实践教学帮助学生。通过改变传统的教学模式，借助理论知识与实践操作两个不同层面，实现对行为德育的理解与提升。提升学生行为德育的品质，为学生日后的职业生涯奠定基础。

3. 以身作则，从小事做起

应用型高校辅导员不仅是学生学习的领航者，更是学生在生活与学习中的榜样。因此，辅导员应当不断完善自身的德育能力，在德育工作的开展中，为学生树立正确的榜样，爱岗敬业，尊重学生，重视学生德育思想的发展状况，从而更好地开展德育工作。

首先，要做到不断提升自身的德育知识储备，使自身的德育能力得到有效的提高，并将其更好地运用到学生德育的工作中。同时，还要做到不断创新，紧随时代发展潮流，与时俱进，随时关注社会中的变化，深入分析社会对应用型高校学生要求的变化，明确学生发展和培养的方向，从而在德育工作中有效地帮助学生掌握符合时代需求的综合素养。应用型高校应当注重对辅导员专业技能和德育水平的考量，并根据实际情况对教师开展针对性的培训，提升辅导员的德育能力，通过对培训内容的不断完善，增强辅导员素养，使辅导员形成良好的德育学习习惯，实现辅导员自身德育工作能力的有效提升，为学生的德育培养提供坚实的基础。

其次，积极引导辅导员走出学校，到其他应用型兄弟高校进行学习和进修，学校也要定期聘请优秀的德育工作者到校进行讲解，加强与辅导员之间的互动，解答辅导员在工作中遇到的难题，并给予一定的指导意见。

最后，应用型高校要建立完善的教师培训体系，加强对教师能力和素养的提升，促进辅导员德育工作实践能力的提升，同时，深化德育工作的理念，加强对学生的德育培养，注重在实践中不断反思，实现德育工作的不断创新和改革。

4. 科学有效地制定班规

在应用型高校进行班级管理，要做到对班规的有效制定，保证其科学性与合理性，从而能够为学生的自主管理奠定良好的基础。在制定班规的过程当中，要能够结合班级中学生的实际情况和特定因素来进行合理的规划，使其能够更加符合学生的性格特点和认知能力。教师要为学生提供可以发言和提出意见的方式，让学生能够针对班规的制定提出自己的想法，通过民主讨论、举手表决的方式，制定学生能够普遍接受和愿意执行的班级规定。班规不仅要对出色的行为表现给予鼓励和表扬，还要针对错误的行为给予一定的惩罚和批评。例如，教师可以进行一周一次的评审，针对遵守课堂纪律、尊重老师、表现优秀的学生给予奖励，也可以使其当选为班级的模范学生，从而充分激发学生的竞争意识，增强学生的学习兴趣，使学生能够养成良好的学习习惯，做到对自我行为的有效约束。

同时，在学习过程当中，不迟到、不早退也是帮助学生实现自我管理的重要途径之一，这对于学生的学习观念和生活习惯都有着非常重要的影响，也是对学生开展素质教育的基础条件，能够为学生今后的成长和发展奠定良好的基础。并且，辅导员还要引导学生之间进行和平、友爱的相处，构建和谐的班级氛围，并且在上课学习中认真听讲、做好笔记，从而能够为之后的班级管理打下良好的基础。通过对班级制度的有效制定，可以对学生的行为有一个很好的引导，使学生能够在今后的学习和生活中做到对自我的良好约束，从而促进班级良好风气的逐渐形成，实现团结、优秀班集体的构建。

5. 发挥社会、学校、家庭的德育功能

随着社会信息化的快速发展，网络中的信息层出不穷，这对于应用型高校学生的德育素养有着重要的影响。辅导员在德育工作中，要结合身边相关的资源和社会群体，发挥相关社会力量，例如家长、教育部门、公安部门等，为学生营造良好的德育环境，这些都是影响应用型高校学生德育教育的重要因素，对学生未来的发展和成长起到了至关重要的作用。

对于学生家庭，辅导员要定期进行家访，增强家长的德育意识，通过与家长的有效沟通，充分发挥家长的积极作用；对于相关的教育部门和公安部门，应当加强联系，积极联系相关专业人员到学校为学生讲解相关的知识内容。在辅导员的德育工作中，教师要注重将法制和德育相结合。同时，应用型高校要注重对学生德育工作的开展，定期开展德育活动，增强教学中的实践机会，带领学生走出校门，多参与社会中的公益活动，如探访敬老院、参观博物馆等，在实践中领悟德育知识的本质。应用型高校学生的德育工作不仅需要在学校中完成，还需要社会、政府、学校等相关部门的共同协作来实现，辅导员要积极与相关部门联系，构建完善的德育教育机制，更加全面地培养和教育学生，促进学生的健康发展，从而有效地提升学生思想道德素养。

6. 完善教学体系评价

在德育教学体系评价当中，应当格外注重过程性评价与结果性评价之间的结合，德育认知与核心素养发展的共同进步，综合自评、同辈互评以及教师评价的方式，促使学生可以得到全方位的监督以及更加全面的评价。不仅如此，还应当创建科学合理的评价标准，并且与国家规定的教学发展一致，符合核心素养的发展需求，考核指标应当涉及知识的运用、道德品德以及关键能力等多个方面。构建德育教学体系评价，结合职业生涯教学评价为例，并且根据考核的时间、内容以及特点进行考核评价。

总而言之，应用型高校的核心素养教育是一个发展较为缓慢的过程，应

用型高校的教师应当心系核心素养与德育之间的结合发展，树立大德育的发展理念，从而为应用型高校学生的核心素养提供多样性的发展方向。将德育作为教学发展的主要阵地，舒展德育两翼，形成德育合力，从而保证应用型高校的学生养成良好的核心素养，走出自己的一片天地，在全新的发展领域当中不断遨游。

二、核心素养背景下应用型高校德育评价改革

当前，应用型高校作为培养专业人才的重要阵地，应起到良好的带头作用，做好德育评价改革工作。做好德育评价改革工作，可以让学生树立正确的思想价值观念，始终保持积极向上的乐观态度，这对于他们未来的学习与发展具有重要意义。

（一）核心素养概述

有很多学者认为，核心素养实际上就是知识、能力与情商的集合体。还有部分学者认为，核心素养是新课标中的一个概念，能够推动课程、教学工作的改革。对于核心素养，人们有着不同的看法，实际上素养主要是指一个人通过训练方式或者实践方式获得相应的技巧与能力，更注重其所具备的基本素养。如果从广义方面进行分析，素养包含很多不同层面的内容，如知识层面内容、能力状态内容、道德品质内容等，重视的是知识、能力的内化与调整。当前，教育部门针对不同阶段的学生，提出要将发展核心素养、构建核心素养体系作为重点与关键，更注重"学生应具备的、能够适应终身发展和社会发展需要的必备品格和关键能力"。由此可以看出，核心素养是学生需要具备的最基础的素养，也是最有用的素养。因此，在应用型高校德育工作开展中，应创建"三位一体"的核心素养体系。而在培养学生核心素养的过程中，应用型高校应承担起自身的责任，扮演好自身的角色，这样不仅可以促进学生的学习和发展，还可以为国家、社会培养更多的高素质人才。

（二）核心素养背景下应用型高校德育评价原则

1. 系统性原则

德育评价改革工作是整个教育事业改革中的一项重要内容，同时也属于世界性难题。在具体的德育评价改革过程中，相关工作人员需要对各类问题进行全面且系统的考虑与分析，而不是从某一环节或者某一阶段看待问题。只有从全局上对问题进行分析，才能及时发现德育评价改革中存在的问题，并给出相应的解决措施，促进德育评价改革工作的顺利开展。

2. 前瞻性原则

实际上，学生从踏入校门开始，接受教育的时间较为漫长——幼儿园阶段、小学阶段、初中阶段、高中阶段、大学阶段。在不断学习与成长的过程中，学生的思想、心理会发生一定的转变。因此，德育评价改革工作应遵循前瞻性原则，对评价进行预测。应用型高校要通过制定科学合理的教育评价措施，才能推动德育评价改革工作的落实。

3. 客观性原则

在德育评价的改革中，还要遵循客观性原则。针对教师的教与学生的学，应用型高校要从客观的角度，做出更为客观的评价。这样，无论是教师还是学生，都能够对自身存在的不足有正确的认识，并结合实际情况，对未来的"教"与"学"做出相应的调整。

总之，应用型高校只要始终遵循上述原则，就能实现德育评价改革工作的全面落实，将其优势充分发挥出来。要通过评价，促使教师、学生能够对自身的具体情况有全面的了解，从而在未来做出相应调整与完善。同时，通过评价能够促进应用型高校教育教学工作的开展，为国家、社会培养更多的高素质人才。

（三）核心素养背景下应用型高校德育评价改革现状

从当前的应用型高校德育评价改革工作中可以看出，其中仍然存在着一些问题。而这些问题的出现,会对德育评价改革工作的落实和学生的发展产生直接影响。

1. 评价主体相对单一

当前,在德育工作中,一些教师在对学生进行评价时仍然采用传统的教育评价方式,虽然传统的教育评价方式能在一定程度上对德育工作做出相应的评价与判断,但是学生没有参与到其中,参与感不强。这样,会导致学生的行为调解能力、自我评价能力得不到有效提升,而且学生对自身的学习情况等也没有正确且客观的认识。受评价主体单一问题的影响,教师只能在课堂中对学生做出评价,对课堂外的学生表现情况却一无所知,这就使得评价的全面性、科学性受到很大影响。再加上教师在课堂上不重视学生的主体地位,使得教育评价工作无法将自身的诊断功能、反馈功能发挥出来,这就阻碍了德育工作的开展。

2. 评价内容有待完善

从应用型高校德育工作的具体落实中可以看出,工作体系包含很多不同的方面,如思想教育方面、政治教育方面及道德教育方面。在具体工作的落实中,需要应用型高校将其中的每个部分都当作一个有机的整体。但是一些应用型高校的德育评价,没有实现不同部分之间的相互联系,影响了最终评价的客观性。在德育评价内容设计的过程中,一些应用型高校也往往只注重理论知识评价,忽视学生的品德行为、创新精神等,使评价失去了科学性。

3. 评价方式有待优化

在应用型高校德育评价过程中,评价方式还有待优化。当前,部分应用型高校采用的往往是传统笔试考试,考试内容包含不同的内容,如选择题、完形填空题、问答题等,考试结果实行百分制量化评分。这种评价方式无论是在内容上,还是在表现形式上都相对单一。而且卷面考试方式存在很大的局限性,无法对学生解决问题能力、分析问题能力、创新能力以及道德素养等做出合理评价。还有一些学生家长与教师只注重学生的学习成绩,并没从学生的实际出发,将提高学生的综合素养作为重点。所有这些,都是不可取的。学生正处于不断发展的过程中，应用型高校通过静态评价结果方式对学生进行评定，这对于学生而言缺乏公平性与合理性，甚至会将学生的创造性优势等扼杀在摇篮中，制约学生未来的发展。

4. 评价功能无法充分发挥自身作用

教育评价拥有很多不同的功能，如诊断功能、评价功能、反馈功能与发展功能等。当前，一些应用型高校的德育评价工作流于形式，仅通过卷面考试的方式对学生做出评定，这无法将学生的学习效果与教师的教学效果真实反映出来，会对德育评价导向性功能的发挥产生一定的抑制。这一情况的出现，与德育目标背道而驰，会对学生未来的学习与发展造成严重的影响。

通过上述分析可以发现，应用型高校德育评价改革工作仍然存在着一些问题，需要逐步去完善。比如，部分学生有可能因为成绩暂时落后而产生自卑心理，影响其后续的学习和生活。针对此类情况，应用型高校需要给予更多的关注，做好分析工作并给出针对性的解决措施，尽量避免此类情况的出现，以促进学生更好地学习与发展。

（四）核心素养背景下应用型高校德育评价改革措施

1. 重视评价主体多元化

应用型高校德育评价改革会涉及不同的内容，应用型高校要朝着多元化方向发展，以保证对学生做出更客观、全面且公正的评价。评价主体不仅仅要包括教师，还有学校管理者、同学、家长、企业师傅等都可以是评价主体。

教师对于学生在德育评价中的主体地位要给予更多的重视，充分信任每一名学生，将一部分评价权向学生转移，将学生自评与学生互评之间有机结合，教师评价与家长评价作为辅助。在以往的德育评价中，教师处于主体地位，学生无法参与到评价活动中，这在一定程度上会阻碍学生核心素养的提升。而让学生处于主体地位，让其进行自评，不仅能够使其发现自身的优势与价值，还能使其对自身的不足有更加全面的认识。在评价过程中，学生能够学会理解他人、尊重他人，学会与同学共同合作去解决学习中的问题，避免在日后出现同样的错误。在德育评价改革期间，应用型高校对家长评价也应给予更多的重视。家长评价可以对课堂中的德育评价进行补充与延伸，能在一定程度上提高家长对德育评价工作的重视程度，实现课内评价与课外评价有机结合。但是需要注意的是，在评价过程中，教师评价无法替代，在他人评价的基础之上，教师在评价中可以利用鼓励性语言对学生进行总结，为学生的全面发展提供保障。

2. 丰富评价内容

核心素养的重点是培养学生的综合素质与专业技能。应用型高校的学生毕业之后进入社会，不仅需要适应社会的发展，还要适应自身的岗位工作。在核心素养的背景下，应用型高校重视德育，能在促进学生掌握更多专业知识的同时，培养学生的良好习惯，提升学生的道德素养。德育评价改革工作的重点是丰富评价内容，使评价内容朝着综合化、多维化的方向发展。以往的评价更关注学生的考试成绩，应用型高校要将这一评价理念拓展为重视学生的学习能力、生存能力、为人处世能力等，确保学生能够在德育评价过程中获得更多的自尊与自信，逐渐走向独立自强，成为专业能力强、具有创新精神的专业人才。比如，在职业道德与法律课程评价中，教师需要对学生在课堂中的纪律表现情况、考场纪律情况以及品德情况进行综合评价。在就业与创业指导课程中，教师要评价学生在企业中的实习情况等。因此，应用型高校要推动教育评价的多样化发展，丰富评价内容，才能对学生实际情况有更加全面的认识与了解，促进学生不断成长。

3. 创新评价方式

当前，传统的卷面考试评价方式已经不适合学生的发展，这种方式不仅没有充分考虑学生的综合素质与能力的情况，而且会在一定程度上阻碍学生核心素养的提升。在此背景下，就需要应用型高校对德育评价方式进行创新。在创新过程中，应用型高校可以采用大规模测试评价方式，尽量减少封闭式测验方式的应用，逐渐加大开放式测试方式的比重，让学生摆脱机械的知识记忆。在各方面条件允许的情况下，应用型高校可以让学生结合自身的实际情况，对评价方式进行自主选择。例如，哲学与人生课程的考核可以采用笔试、口试、课堂表现情况及其他方面相结合，占比分别为 40%、10%、30%、20%，这种评价方式可以在很大程度上将学生的积极性激发出来，让学生将更多精力放在德育学习中。除此之外，评价方式要具有动态性的特点，如过程式评价资料、教师评语、学生互评等，将过程性评价与最终评价有机结合，从而对学生做出最准确的评价。

4. 发挥评价功能

在核心素养背景下，应用型高校德育评价改革工作需要对其诊断功能进行弱化，并将其激励功能与导向功能发挥出来。学生进入应用型高校后，学校方面会全方位评价学生的成长情况。以往的德育评价通常会体现在综合测评环节中，一年评价一次，这种评价方式无法更好地应用到学生的学习、自我完善以及日常教育工作的优化中，无法充分发挥德育的指导功能。针对这一情况，德育评价要对学生在学校的具体表现情况给予更多的重视。教师可以通过鼓励的眼神、肯定的动作，发挥评价的积极作用，给予学生更多的关爱，促进学生的全面发展。

总之，核心素养背景下应用型高校德育评价改革工作的落实，可以帮助学生形成正确的思想价值观念，对学生做出合理的评价，从而使学生对自身的学习方式、生活方式以及工作方式等进行完善，成为对国家、社会有贡献的高素质人才。在具体的应用型高校德育评价改革中，学校、教师要对学生做出客观、全面的评价，以促进学生的全面发展，满足社会对专业人才的需求。

第三章 辅导员德育教育工作

第一节 辅导员德育能力建设

一、"双高"建设背景下应用型高校辅导员提升德育工作的途径

现阶段,我国正处于经济结构全面调整和产业升级时期,各行各业对于高技能人才的需求越来越高,所以培养"一专多能"的高技能人才,是我国发展高等职业教育的基本要求。我国《国家职业教育改革实施方案》(以下简称"职教20条")提出的建设高水平高等职业学校和骨干专业(以下简称"双高计划")目标,为全国的应用型高校发展提供了一个极为难得的机遇和挑战。方案的实施对于推动我国职业教育内涵式发展,促进职业教育成功转型具有非常重要的意义和作用。在"双高"建设背景下,应用型高校更要做到将"技能教育"与"立德树人"两大部分充分结合。思想是向导,所以在职业教育的过程中"立德树人"就更为重要。应用型高校的思想政治教育工作者,要全力配合学院的"双高"建设,并根据建设需要,在日常的学生管理工作中渗透"立德树人"的理念,积极创新学生德育教育的方式方法,为国家和民族培养、输送更多更优秀的技能型人才。

(一)"双高"建设的概述

2019年1月24日,国务院印发了《国家职业教育改革实施方案》,正式提

出将在全国范围内启动实施中国特色高水平高等职业学校和专业建设计划（以下简称"双高"建设），同时就建设的总体要求、建设任务内容以及相应的保障措施等进行了以下详细的阐述。

1. 关于"双高"政策的解读

"双高"建设的提出是根据我国现阶段社会经济发展的基本要求和需求，国家和社会通过应用型高校教育打造综合技能人才培养的战略高地，有效地支持国家发展战略需求，全面推动高等应用型院校与社会企业形成利益共同体，不断将视野投放到高端产业，重点培养出能够服务于中国并能够走向全世界的中高端技能型人才，充分保障地区经济发展和产业升级，这就是此次"双高"建设释放出的最重要的信息。

2. "双高"建设的政策内涵

"双高"建设从问题导向出发，致力于加强职业化教育类型及其专业特色的建设。就目前我国的实际情况来看，职业教育虽然规模大，但是职业教育的特色和特点并不突出和凸显，教育教学质量也有待进一步提升，相应的培养体系建设也需要进一步完善。应用型高校教育在社会教育中应该发挥其职业教育的带头作用，始终坚定职业教育发展的方向，做好科学系统的定位，并在此基础上，积极探索出职业技术教育高品质发展的科学途径，这也是"双高"建设蕴含的政策内涵。

3. 传递的政策信息

"双高"建设以教育目标为导向，旨在促进职业教育的全速发展。《中国教育现代化2035》中指出，现阶段我国的教育现代化进程已经全面开启，安排部署了我国职业教育发展的进程和总体要求。目标已经提出，但是实现这一伟大目标的道路仍在探索当中，应用型高校教育如何将职业教育现代化的思想和行动达成共识，先人一步进行发展，成为当下应用型高校教育发展的重要课题。

（二）"双高"建设背景下应用型高校辅导员提升德育工作效率的必要性

1. 满足"双高"建设的现实需求

当下，建设中国特色高水平高等职业学校和专业，反映了社会对学校培养高素质技能型人才的需求。在这样的背景下，与学生接触最多的辅导员，在关注学生专业知识学习的同时，更要注重德育工作的质量，这方面的问题既是辅导员下一步的核心工作内容，更是学生管理工作的重中之重。通过健全和完善学生的思想品德以及职业素养，能够更好、更全面地诠释"双高"建设的基本思路。

2. 提供"双高"建设有序开展的有力思想保障

"双高"建设背景之下，学校要实现"立德树人"的育人理念，提升德育育人的工作效率，需要辅导员在日常的学生管理工作中，一方面注重对学生进行思想情感的引领和指导；另一方面将学生专业学科的学习、研究和学生的思想结合起来，为"双高"建设提供有力的思想保障。

（三）"双高"建设背景下应用型高校辅导员提升德育工作效率的途径

1. 辅导员要不断提升个人的德育水平

在"双高"建设背景下，应用型高校辅导员应致力于个人思想道德修养以及德育教育水平的全面提高。

一方面，辅导员在日常工作、生活中只有自身具备了过硬的思想道德修养，有一颗热爱工作、热爱学生，为学生服务的赤子之心，才能在学生管理工作过程中受到广大学生的尊重。由此，应用型高校要丰富对辅导员思想政治等德育方面的相关培训，不断加强应用型高校辅导员的师德、师风等建设，树立起辅导员对学校、学生负责和为"双高"建设贡献力量与智慧的工作价值观。通过不断学习修正和完善自己，着眼于自身的道德品质修养与文化修养的双重提升。

另一方面,注重开展针对学生的心理健康教育工作。心理健康教育是应用型高校辅导员提升德育工作实效性的必经之路,是"立德树人"的基本教育方法。开展有针对性、有效性的心理辅导和心理健康教育,能够帮助我们全面了解和掌握学生的思想道德水平与心理健康状况,及时发现学生的思想偏差与认知错误。在日常的学生管理工作中,养成学生事务管理的民主作风,形成公平、公正、公开、和谐、尊重、友爱的工作氛围与校园文化,鼓励学生根据自身的特点和特长,发挥自身的长处,在轻松的相处过程中,将德育教育潜移默化地渗透其中,达到"润物细无声"的教育效果。

2. 重视学生道德修养的培养

提升学生道德修养,除了在日常的学生管理工作中对学生进行言传身教、潜移默化的影响,还需要不断创新和开发培养的方法和策略。具体来讲,就是要在学生日常管理工作中,在给予学生肯定和认可时,不吝啬表扬和赞美,帮助学生在对事务的认识上坚定自信,引导其形成善良、正直的道德引力。另外,鼓励学生参加各种实践锻炼,比如寒暑假时积极引导学生参加校内外的社会实践活动,让学生在丰富的实践活动中,通过磨炼形成积极向上的、正确的世界观、人生观和价值观,真正实现学生思想道德素养的全面提升。

3. 全面提升学生的职业道德素养

首先,针对大一学生进行职业生涯规划的指导和建议。很多新生对自己所学的专业并没有深刻的认识和了解,因此,辅导员要根据学生的个性特点、兴趣爱好和专业特点等对学生进行职业生涯规划指导,培养学生的职业道德素养,为学生今后的学习以及长远发展奠定基础。其次,鼓励学生将兴趣和专业学习紧密结合起来,以养成良好的职业学习习惯,让职业的发展更加健康、有活力。最后,在学生的实习过程中,要不断加强和学生的联系,引导他们在实习过程中充分了解行业职业道德、职业技能和行为,形成良好的职业道德素养。

4. 贯彻落实"三全育人"教育理念

所谓"三全育人",指的是要实现全员、全过程、全方位育人。可以说,"三全育人"既是应用型高校职业化转型发展以适应新时期"双高"建设背景需求的内在要求，也是提升全院德育工作效率，为学校以及整个社会培养和输送大批高质量技能人才，最终完成应用型高校"双高"建设的重要路径。所谓全员育人，就是学院全体干部、教师和职工都要自觉承担起对学生进行正确价值引领和优秀品质塑造的育人职责，从而将育人工作渗透到教学、实训、管理、服务等各项工作过程中。所谓全过程育人，就是要遵循学生成长规律，根据学生不同学习阶段的身心发展特点，有针对性地开展教育引导，从招生、学习、生活、毕业、就业等各环节入手，使育人的各项工作覆盖学生从进校到毕业的全过程。所谓全方位育人，就是统筹办学治校各领域、教育教学各环节、人才培养各方面的育人资源，从宏观、中观、微观各个层面构建一体化全方位育人工作体系。基于"三全育人"理念的渗透与指导，能够进一步强化应用型高校学生的核心信念，形成强有力的支持，进而更好地指导学生完成当下的学习任务及今后的成长与成才。

总而言之，在新时期"双高"建设引领应用型高校全面发展的大背景之下，应用型高校辅导员更应充分发挥在"立德树人"根本任务中的重要作用，以学院"双高"建设为根本契机，从实际情况出发，重视辅导员职业能力素养的培养提升，关注应用型高校辅导员职业化转型，努力开辟出行之有效的德育培养工作新思路，促使应用型高校辅导员学生管理工作主动适应"双高"建设背景下的人才培养需求。同时，努力为学校"双高"建设与实现提供有力支持与有效保障。

二、基于社会心理学视角的高校辅导员德育工作建构

为更好地满足新时代教育的有关要求，必须深入探索并加强思想政治教育工作。高校辅导员在其中扮演着重要的角色，能够正确引导学生进行学习，并运用社会心理学的相关理论推动大学生德育工作的开展，进而提高学生的综合素养。

（一）高校辅导员实施德育工作存在的问题

为了使学生更好地发展，应该有相对完善的班级规章制度来限制学生的不良行为，比如酗酒、抽烟、网络游戏成瘾等。虽然有校纪校规规范他们的这些不良行为，但调查结果发现依然存在很多其他原因影响着学生的思想，如一些学生心理问题较突出，缺乏认同心理、怕吃苦等。有些辅导员开展德育工作时太过主观，并没有反映出学生的需求，对学生的心理活动和心理状态不能有效地掌握，导致学生对学习缺乏主动性，产生认知问题，随之精神活动和行为都会受到影响。所以，德育工作和社会心理学是难以分开的。此外，目前高校辅导员实施德育工作时普遍存在工作积极性不够、监督不到位的现象，导致课堂纪律差，与学生沟通不到位，以至于学生难以建立良好的学习意识，不遵守课堂秩序，上课不专心听讲，作业不能按时完成。要改变现状，需要加大监督力度，辅导员尽量多地与学生进行交流，让学生主动参与到学习讨论中来，减少其厌学的心理，促使学生积极主动地学习思想政治课，这样才能更好地开展德育工作。

当前辅导员德育实践，普遍还没有健全的考评体系和评价管理系统。而目前，大部分院校对学生的品德评价都采取了学时制，但因为不同方面所占比例的差异，这些评价方法主要反映了学生对专业成就和课外实践活动的参与性，但对学生性格素质和品德素养的反映并不明显。而这样的评价体系也在教学实践中削弱了辅导员品德工作的有效性，易导致学生德育教育知与行的脱节。例如，在思想上崇尚大公无私，行动上却表现为以自我为中心；在思想上虽然赞同助人为乐，行动上却总想着事不关己，高高挂起。从部分大学生身上体现出来的思想与行动上的冲突与矛盾，也折射出了德育工作的现实问题。

（二）社会心理学视角下的高校辅导员德育工作建构

1. 从社会认知视角入手，将知与行脱节变为知行统一

认知失调理论，阐述了当个人通过知觉在价值观、心态、行动等方面的各

种认知，形成心理矛盾状态时，必须改变其中一种认知并取得统一的心理状况。现代社会文明的进展，信息碎片化、生存方法多元化、价值观念多元化等社会现状，日益冲击着中国大学生的思考方法与道德意识，当他们受到的思想或评判准则与校园德育宣扬的价值理念相互冲突时，他们的认识与行动就会出现一定的偏差或者出错。教育辅导员在开展品德工作时，一方面应全面关注他们的知与行的和谐性统一；另一方面，要完善他们对人生价值的认识。如果学生在道德观念方面出现彼此冲突的认知，辅导员可采取修改其中的一种认知、引入一种新的认知或调整认知的重要性等方法使学生的认知更加和谐，从而使其朝着健康向上的方面发展。另外，可改善他们的行为习惯实现知行一体化，辅导员可通过指导和组织学生进行思想政治教育主题班会设计、德育活动、专题讲座、邀请专家学者进行心理咨询等活动培养学生合理的思维认知与实践活动，以实现认知和谐，知行统一。

2. 从关系需求理论诱导，变人际冲突为人际和谐

（1）重视校际关系的建立

校际关系包括师生关系、师师关系和学生与学生的关系，和谐的校园需要每一段感情都能健康、稳定地发展。在这些关系中，师生关系尤为关键，师生关系一直是人们关注的话题。师生关系相关的理论研究也是仁者见仁，智者见智，实践与理论仍有一定距离。目前师生相处还存在诸多障碍，传统观念也制约着一些理论的可行性。当前的学生在网络环境中长大，他们中的大多数人都能熟练地操作计算机，因此辅导员可以使用学生论坛或者其他学生喜欢的形式与学生互动，可以更好地了解学生的心理动态。或者改善与社区的交流，让学生为社区的文艺演出做出贡献，为学生展示自己提供平台，带学生去社区探望孤独老人等，以提高品德教育的水平。构建新型师生关系势必是大势所趋，而亲师信道是师生关系发展的真理和方向。

（2）深刻理解学生的心理需求

学生的认知能力和思维方式在不断发展，这对学生的个性成长有一定的促进作用。因此，这也对学校的心理健康教育提出了较高的要求。传统的教育模式已不再适合具有一定思维能力的学生,这就需要在此阶段掌握学生心理健康的特征,可以设立辅导员德育创新工作室,以德育工作成效较好的辅导员为模范,以其突出的创新性成果为依据,尽可能地与学生沟通,与每个学生成为朋友,深入学生的学习和生活。特别是年轻的辅导员,要谦虚地学习,寻求建议,阅读相关书籍,采取多种方法,密切关注学生的成长,继续积累关于教育和教学的理论知识,并在实践中适当使用、熟悉、扩展,坚持灵活多样的原则,增强人格魅力,更好地将德育渗透到教学中。

3. 从心态生成学说出发,养成学习内化意识

按照心理学家凯尔曼所提出的心态生成的顺从、同化、内化三个阶段学说,教学辅导员在进行社会思想政治教学活动时,要注重将理论化和概念化的思想道德意识与学生实际生活经验有机地结合起来,以便于让学生面对新的社会主义思潮和情感、社会人生价值理想时不仅从表面上顺从和被动接纳,更能真正地在心灵和思想上进行内化,并成为指导他们生活实践的社会主义正确理想信念。由于大学生血气方刚、思维活泼,学生的思想观念很易受到学校环境影响、外界冲击,辅助员在实施德育教学时要发挥学生的主观能动性,营造集体争优的良性气氛,并积极地展开贴合学生身心特点的集体活动,使每个学生在活动过程中,自觉地进行对道德理念和正确理想的内化与落实,并从活动中培育学生的集体荣誉感和合作交流奉献精神,最终增强素质实施构建的效果。

4. 从素质方向着手,强化制度创新

(1) 构建完善的激励措施

由于我国大部分大学相关部门没有意识到激励措施的积极作用,辅导员大多只以自己的教学热情开展德育活动,虽然可以在一定程度上促进教育的发展,但这不是一个长期的计划。为了追求更好的德育效果,激励措施无疑是一个关键环节。一方面,学校需要开放激励措施,在物质激励方面应该明确激励的数量,将教育质量与辅导员工资奖金挂钩。另一方面,评估标准需要明确,确保执行的公平性,避免违规。高校应构建完善的激励措施,支持辅导员进行短期培训,只要有学习和培训的机会,支持他们参与相关的学习,这能够从根本上

调动其工作的积极性，促使他们努力做好德育工作。此外，要遵循以人为本的原则，激励措施的运用还应确保协调地进行下去，满足学生的发展需要。在管理上奖惩要明确，一般来说积极动机是语言表扬或物质奖励，而消极动机是批评或惩罚。在实施过程中，要从学生实际出发，控制积极激励的频率。学生对于辅导员的一些错误行为，也可以一起总结意见进行反馈，适当的批评可以进一步反向督促学生纠正，进而提高学生的自身素质。

（2）以学生为主体

一个国家和社会所需要的创新人才是自身具备精湛技能和卓越素质的人。高校辅导员应特别注意知识的教育，同时要重视学生自身品德的培养，促进学生人格的完整性，促进其道德品质不断发展。辅导员应将德育工作纳入教学中，把道德教育放在重要位置，这有益于教学中学生素养的提升。不仅要建立科学的教学管理制度，更要强调人的主观能动性。教师乐于教，学生乐于学，教学效果才会得以显现。常规教学管理是实施教学行为的具体体现，不仅要改进教学方法，更要在教学设备、教学理念、教学方法等方面做出改变，也需要提高辅导员自身的素质去适应现代教学的需要。辅导员应加强自身的道德建设，对不同性格的学生采取不同的训练方式，进一步培养他们的学科素质。在传授理论知识与技能时采取多种方法，密切关注学生的成长，加强彼此间的亲密联系，构建良好的交流纽带，这有助于班风的建设。学校要制定教育管理条例，在教育阶段考虑学生所需的知识和技能，制定符合道德素质和价值观的管理条例，只有不断完善教学管理机制，才能更有效地推动学生健康成长。

（3）学校辅导员的品行管理工作

学校辅导员受到身份、专业知识、工龄、职业、社会工作环境等多方面的因素影响，其工作有时太过琐碎，总是做些重复性、临时性的管理工作，使得辅导员很容易对工作失去积极性，直接造成工作效果的降低。因此，工作部门要建立战略性思想，密切联系教育事业，考虑实际问题并提出解决方案，推进学校辅导员工作模式制度革命，保证辅导员从事品行工作的深入和协调，促进学校辅导员工作成效进一步提升。院校必须注重对互联网教育的利用，做好院校辅导员的团队建设管理，充分运用全媒介、大数据分析、即时联络等现代信息技术，借助新兴的互联网道德教学研究工作，进一步培育辅导员优秀的心理素质，并把这一工作融入培训、考核与奖励过程之中，从而提高辅导员的思想道德实践能力，同时利用教育体制创新与技术进一步提升院校辅导员的专业知识。

5. 从重塑人物意志入手，改变人物冲突与人物认知

刚进入大学校园的新生们，心智还未完全成熟，既没有独立生存的能力，也没有自我管理和调整的能力。当面临大学校园内多姿丰富的校内生活、纷乱繁杂的社会组织活动以及能够随意支配的时间时，不少学生便开始迷茫、不知所措，甚至对大学校园生活产生恐惧感。所以，优秀的校园辅导员应该给他们提供高等教育院校良好的学习环境，向他们全面介绍校园生活的特色以及需要注意的主要问题。但只是停留在思维层面对人物意识、活动意识进行探索是没有效果的，唯有让大学生们在日常生活中行动起来，将现实人物和校园人物等同，才能切实达到效果。而学校辅导员对此也要有明确的主体意识，必须本着以培养学生为本的精神，明确自己的角色位置，并深入到每个学生中，针对学生在高校发展阶段的主要任务和未来发展特点，以校园学习作风建设工作为中心，通过各项措施，全方位推动他们成才。

综上所述，在经济文明多元繁荣的当今社会，运用现代社会心理学分析角度来开展高校辅导员专业德育工作有着非常重大的意义。面对目前我国大学的德育工作实施目标理想性、教学内容普遍性、教学方法单调性、课堂教学评估系统落后化等问题，高校辅导员在实施高等教育德育管理工作时要秉承以学生为本的工作宗旨，贯彻并落实学生的全方位成长、和谐成长、可持续成长，进而增强品德工作的吸引力和感染性，提高大学生思想政治教育工作的有效性。

三、互联网时代高校辅导员德育工作的困境与对策

德育工作对于高校学生的成长成才具有不可替代的教育引领作用。立德树人根本任务的提出，进一步强调了德育工作在学生全面发展中的重要位置，也

对高校德育工作提出了更高的要求，在明确学生为教育主体的同时，教育方式和教育手段的变革也需紧随其后。近年来，信息网络技术的纵深发展，使得伴随互联网成长起来的高校学生在应用纷繁复杂的网络资源时面对的德行挑战也越来越严峻。高校辅导员承担着培养时代新人的重要职责，如何在把握学生成长规律、凸显学生受教育者主体地位的基础上，正确认识与应对互联网时代高校德育工作所面临的挑战，对于提升青年的道德品质和文化素养、培养可担当民族复兴大任的时代新人具有重要意义。

（一）互联网时代高校辅导员深化德育工作的现实需求

1. "互联网原住民"的群体特点需要德育工作进行回应

目前，"00后"已成为高校的主要学生群体，在其成长过程中，社会各方面也已发生显著变化，群体特点有其独特的烙印。一是受益于中国社会的快速发展，经济问题不再是"00后"成长过程中需要着重关注的内容，他们在日常生活中追求标新立异，"更注重个体的情感体验和价值实现"，普遍具有强烈的个体意识。二是与受教育程度普遍提高的父母以朋友式的亲子关系相处，以及受蓬勃发展的社会培训机构等影响，"00后"在学习过程中有多元化的学习方式可供选择，这使其对受教育方法的认知与理论灌输式的传统出现偏差。三是当前高校学生群体是伴随互联网、智能手机成长的一代，社交、购物、娱乐生活都可通过网络进行，而互联网产品更新换代周期短的特点也造成"00后"喜新厌旧的特点更为突出。"互联网原住民"的学生群体特点需要引起新时代高校德育工作者的重视，选择符合学生特点的方式方法，以适应学生群体的改变。

2. 互联网对大学生行为习惯的影响需要德育工作不断调整

当代高校学生群体作为互联网的直接受益者，互联网对其行为方式产生了深远的影响。互联网的开放性和共享性使得知识传播不再受时间和空间的限制，学生可随时随地阅读、分享信息和接受新知识，学习时间也更为灵活。互联网的包容性使得学生可接收不同类型的内容，可根据个人兴趣选择信息，面对纷繁庞杂的信息，其思想也更具包容性。互联网的高效便捷性使得信息传播周期极大地缩短，学生可以高效快速地接收到来自各方的碎片化信息。针对互联网对学生群体行为习惯的影响，高校辅导员需要及时调整德育工作的思路，把准学生兴趣脉搏。

3. 高校辅导员的使命担当需要其在开展德育工作时做到与时俱进

一方面，辅导员长期工作在一线，工作地点遍布校内课堂、社会实践场所、宿舍、校园、互联网等各类学生学习生活的场所，线上线下双线并行，在德育共同体培育时代新人的过程中与大学生日常接触最为密切，可及时了解与掌握学生的思想动态和行为特点。另一方面，辅导员的使命担当要求其把握学生成长的规律，不断提高学生思想水平和道德品质，并在帮助高校青年牢固树立正确的世界观、人生观、价值观的基础上，创新工作路径，运用新媒体、新技术，对学生开展思想引领，将思想政治教育内容纳入辅导员主要工作中。身处"三全育人"体系中的重要环节，辅导员承担着重要使命，传统与现代的交融需要辅导员开展德育工作时做出创新、与时俱进，具备互联网思维，熟悉互联网叙事方式与特点，熟练使用互联网产品，在服务、引导、教育学生关于思想认识、价值取向等具体问题时发挥互联网的正面效能。

（二）互联网时代高校辅导员开展德育工作的机遇与挑战

1. 畅通德育工作渠道的同时，传统德育模式的功效被消解

以前，高校辅导员开展德育工作的形式主要是团体辅导、主题班会、课堂教学等，以班级为活动单位、有固定活动场所和固定活动时间，以线下方式为主，采取的教育方法也主要是灌输式，教学内容也多是有计划性的教育内容。整体来看，教育主体间互动交流形式较为简单、交流内容也受到一定限制。互联网的发展突破了时间和空间的限制，畅通了辅导员开展德育工作的渠道，丰富了德育工作载体。辅导员可充分利用互联网的开放性和共享性等特点，运用现代信息技术将德育课堂搬至网络，以线上研讨、情景展示等契合大学生的多元化学习方式，提高学生的参与兴趣，增强教育主体间的分享、交流、互动。与之相对应，作为高校德育不可或缺内容的传统德育工作模式的功效被部分消解，

如辅导员无法借助网络第一时间观察到学生真实的受教育情况，教育学生如何正确面对互联网信息裂变效应，就会极易产生负面影响，反而会弱化了网络德育模式的功效。

2. 扩充德育资源内容的同时，辅导员话语权遭遇危机

传统德育模式中，辅导员因其自身的知识积累和生活沉淀，在德育工作中占据主导地位，享有绝对的话语权。互联网以其包容性承载着海量信息，不仅扩充了德育教育资源，而且丰富了德育教育内容，同时也对辅导员的主导地位提出了挑战。大学生作为信息搜索者，可以根据自身需求利用移动终端随时查阅国内外最新的消息和教育内容，也可以成为信息发布者或传播者，影响他人。在此信息传播模式下，教育者和受教育者主体地位平等、信息收发机会均等，辅导员不再享有信息资源的绝对优势，不再是学生获取德育信息的重要途径，学生从网络中获取的信息内容可能比辅导员来得更为全面和专业。同时，由于互联网自身并不具备信息核查与筛选功能，充斥着来自不同地域、不同组织的文化，信息内容良莠不齐、真伪并存，不乏一些道德修养差、哗众取宠的人借用互联网传播负能量。社会阅历不足、思想包容性不强的学生极易受到多元价值的冲击，容易产生情感共鸣或思想摩擦，甚至对高校德育工作内容产生怀疑，进而导致高校德育工作受到冲击和挑战。

3. 增强德育时效性、针对性的同时，对辅导员网络应用能力提出更高要求

传统德育工作受时间和空间的限制，内容的选择与案例的使用存在一定的滞后性，与当代大学生追求个性及"喜新厌旧"的群体特点并不相符。互联网的海量资源以及自媒体平台的发展，有效缓解了这一矛盾。高校辅导员可通过自媒体平台了解学生近期思想动态及兴趣点所在，选择能引起学生广泛讨论、贴近学生学习生活实际的内容和案例，采用契合学生阅读习惯的呈现方式，有效提高德育工作的时效性和针对性。同时，互联网强大的数据分析能力能帮助高校德育工作进一步走向科学化和现代化，过去一直以经验为主要依据的德育工作方式也要相应地进行调整。通过互联网后台大数据，辅导员可更客观、更全面地了解"互联网原住民"的网络生活轨迹及其经常关注的社会问题，准确

把握青年学生的心理动态,并结合数据分析结果,量身定制适合个体的教育方式。互联网内容的碎片化呈现、青年学生需求的多重维度,要求辅导员自身具备良好的网络信息辨别能力和网络道德修养,并善用网络平台传播正能量,积极发挥舆论的正向引领作用。

(三)互联网时代高校辅导员提升德育工作实效性的对策

互联网的快速发展,既给高校辅导员开展德育工作在工作模式、话语权建构、网络应用能力等方面带来挑战,也给辅导员提升德育工作实效性提供了新路径。

1. 双线并进,积极转变德育工作方式

与学生共处开放、共享、多元的互联网时代,高校辅导员无法置身其外,割裂自身与学生、自身与互联网、学生与互联网的关系。通过理论灌输、说服教育等方式向学生传授德育内容已不现实,要想德育工作更加全面、有效、细致,辅导员必须正确认识互联网为高校德育工作带来的改变,发挥其积极的作用,做好传统与现代的结合、线下与线上的有效衔接、显性教育与隐性渗透的优势互补。一方面,辅导员要提高自身素质,继续发挥思想政治理论课的主渠道作用,注重在课堂实践中内容贴近学生、在团体活动中互动围绕学生、在日常生活中服务学生,提高学生的参与性和主动性,切实增强学生在线下德育实践中的体验感与获得感。另一方面,辅导员应积极运用现代信息网络技术,扩宽德育教育平台,优化德育工作手段,选择契合学生网络生活的方式,主动占领课外德育空间,形成对学生全方位、多维度的正向德育引导。在信息接收机会均等的网络中,得到情感体验和价值实现并使受到正向引导的学生也可自觉成为优良品德的传播者和践行者。

2. 变与不变,主动转换德育思维方法

虚拟的网络世界瞬息万变,青年大学生群体特征也不尽相同,但德育工作归根到底是做现实的立德树人工作,现实的学生依然是高校辅导员德育工作的对象和主体,网络也只是对"现实的延伸,也是对现实的人的延伸",坚持以学生为中心是互联网时代辅导员开展德育工作不变的教育理念。面对变化的网络环境和学生群体，辅导员需在坚持以学生为中心的基础上，主动转变德育工作思维。首先，要正确认知学生群体的特点。当代大学生普遍具有强烈的主体意识，学习能力突出且方法多样，这为更好地开展德育工作提供了可能性。其次，要重新认识学生的主体地位。在虚拟的网络环境中，收发信息机会均等使得师生双方皆为主体，二者建立主客体关系，取决于教师提供的德育内容是否会为学生采纳与认可。对此，辅导员需瞄准学生兴趣点、调动学生主动性，提供具有影响力和说服力的德育内容。最后，辅导员在规划与实施德育实践时需充分尊重学生的主体意识和主体地位，主动融入学生群体，理性搭建平等的师生关系，以提高学生的认同，增强在学生中的话语权。

3. 立足现实，努力提高用网水平

互联网的发展、服务对象面临的德行挑战，倒逼辅导员不断强化知识的广度和深度。经过多年努力，各大高校已进行了多方面的有益尝试且取得了不俗的成绩，但是互联网日新月异，在更广的范围内推动着思想和文化的传播与共享。辅导员需立足现实，不断增强自身应用互联网的能力，以应对不断出现的新形势。第一，辅导员在日常工作中要注意互联网思维的培养与应用，自觉用网络化的思维方式开展工作，以实现与学生的平等交流和互动，提高网络育人的水平。第二，要自觉走入学生互联网生活中，深入了解学生经常使用的社交媒体，主动融入微信、微博、抖音等新媒体平台以熟悉网络用语，注重网络媒介素养的培养，锻炼利用网络热点进行德育工作能力，选择合适的时机，采用学生喜欢的方式开展德育工作，拉近与学生的距离，增强德育工作的实际效果。第三，要提升面对舆论时的反应处理能力，对于消解社会主流价值观的内容，要自觉与其做斗争，利用网络进行正面引导，在实践中不断探索总结，建立长效应对机制，共筑良好的网络德育环境。

四、立德树人视域下高校辅导员工作的创新

随着社会的发展以及教育思想的不断进步创新，公众对高等教育的要求也

越来越高。高校辅导员要把德育作为教育的主要目标，提高工作效率。高校辅导员应密切关注教学过程，以德育工作为主要目标，深入研究德育工作的意义和重要实践，积极参与日常德育工作，提高学生的德育素质和能力，为国家培养更好的人才。同时，高校辅导员应积极参与日常工作，提高学生的思想政治觉悟、道德素质和文化教育水平，帮助学生塑造正确的世界观、人生观、价值观，为学生以后的工作生活打下坚实的基础。

（一）立德树人的内涵和意义

1. 立德树人的内涵

德育是中国传统的教育理念，是中国特色社会主义教育的基本理念，德育能力是高校教师必须具备的能力。高校教师要想在教育改革中扎下根来，就必须懂得德育，以身作则，监督学生的心理活动。提醒学生集中精力学习，不要因为外部因素而忘记学习，必须像对待家人一样对待学生，这样他们才能感受到师生之间强烈的爱。

2. 立德树人教育理念在当前高校教育中的重要价值

美德是教育的前提，道德是能力的基础，因此，德育不仅是人才全面发展的关键，也是新时期高等教育的基本要求。当前，高校人才的形成必须依靠社会主义核心价值观，教师在日常工作中要注重为学生服务的基本内容，对学生有足够的希望和信任。提高学生的道德、智力和政治素质，提高学生的文化水平，鼓励他们全面发展。

（二）辅导员在高校"立德树人"中的地位和作用

在当前高校面临的"紧迫形势"下，要想解决这些问题，就必须以人才为根本需求。只有在高校教育中以"立德树人"为重点，依靠高尚的道德素质、出色的教育技能和高度的责任感，用知识和经验反映学生的学校生活，才能够更有效地为人才提供思想道德教育。

1. 高校辅导员是思政教育的领航者

高校学生的价值观尚未完全成熟，尤其在网络信息环境的影响下，许多学生经常感到困惑，甚至严重扭曲了自己的价值观。高校辅导员应根据学生的人格、行为和心理特点，解决各种问题，塑造学生良好的价值观，鼓励学生成为高尚的人。

2. 高校辅导员是学生工作的管理者和引导者

高校辅导员作为学生思想政治教育的主力军，在学校生活中最了解学生的思想状况、教育情况和专业发展情况，这是高校辅导员的天然优势。高校辅导员是学生管理的总经理，从招生到毕业，高校辅导员必须改变学生在学习、生活、爱情和工作各个阶段的心态，通过日常管理逐步让学生遵守行为准则，并为其提供全面的道德指导，让学生及时纠正自己的错误思想和行为，鼓励学生，最终达到德育的目的。

3. 高校辅导员是思政教育的示范者

辅导员在语言、道德教育、精神形态、工作态度、教学方法等方面具有较强的示范性和影响力，对学生的道德教育、心理健康和价值观的形成都具有重要影响。因此，高校教师必须严格、专业、谦虚，规范学生行为，调整学生管理与教育的关系和能力，并以身作则，树立良好榜样。

4. 高校辅导员是思政教育的服务者

高校辅导员的日常工作是为学生解决问题，在学校和生活中为学生提供服务。高校辅导员不仅是思想政治教育的引导者，而且是"德育"服务的提供者。因此，必须加强辅导员在思想政治教育中的作用，形成促进思想政治教育改革进步的队伍，培养正确、务实、自觉、有纪律的高素质思想政治人才。

（三）对高校辅导员教育工作的要求

1. 正确理解"为谁培养人"的内涵

要使高校辅导员更好地参与到思想政治教育的规定中，必须首先认识思想政治教育内容中"为谁培养人"等基本问题。学生思想道德教育是政治工作体系建设的基础和前提，教育的发展必须以社会主义思想为基础，坚持基本原则和基本战略，提高学生的思想道德水平。

2. 正确认识政治教育的实效性

高校辅导员必须正确评价"政治教育"，将政治教育知识融入整个学习过程中。高质量的教育就是利用一切教育资源提供充分的教育，在教育中，我们要坚持用德育观念引导学生。此外，辅导员应适应不同阶段，使教育更加合理，更好地满足学生的发展需要。素质教育的主要目标是思想政治教育，在素质教育的背景下，"以学生为中心"的理念在教学指导中得到了有效的体现。更好地利用学校的资源和人才，为学生创造更好的教育环境，这是高校辅导员教学的重点。高校辅导员的工作不仅包括对学生的知识培养，还包括对学生的职业培养。因此，在学生学习过程中，高校辅导员应坚持以学生为中心的教育理念，将教育与学生的发展相结合。

3. 构建团结合作的育人模式

构建团结合作的育人模式，要求教师在思想政治教育中必须高度重视课堂教育。各学科的教育不应该与德育分开，这样才能实现和实施共同教育。这既是"思想政治教育"的要求，也是普通教育模式的要求。高校思想政治教育要取得良好的思想政治成果，必须加强协调性、连续性和系统性。思想政治教育存在于高等教育体系中。因此，想要充分实现高等教育的理念和主要目标，需要全社会成员的充分参与，建立统一的、共同的教育模式。为了更有效地实施"合作"教学，首先，高校辅导员必须了解"合作"的需要，如团队合作；其次，高校辅导员也需要一起学习。高校教师教育的目的是开展思想政治教育，提高工作效率和质量，在教育过程中，更要重视提高合作意识。

（四）立德树人教育理念下辅导员面临的困境

1. 高校学生的个性较为突出，导致辅导员德育工作无法落实

随着时代的不断进步发展，现代学生的性格已经逐渐改变，在信息时代成长起来的一代人，接受知识、信息的需求和人际交往的能力很强，往往非常渴

望探索未知。"00后"的性格并不缺乏热情和善良,但在他们的内心深处,往往隐藏着一种未知的孤独感,这种孤独感困惑着他们的思想和行为。当学生遇到困难时,辅导员可以单独与学生沟通,在与学生的交往中,要尊重他们的身份,理解他们的困难,引导和帮助他们克服困难。

2. 网络信息的多样化,导致德育工作开展困难

任何领域的发展都是矛盾的,互联网信息技术的发展也是如此。随着现代社会信息技术的快速发展,信息的获取、网络平台的快速发展为教育系统中教育资源的整合开辟了新渠道。因此,高校辅导员不仅要帮助学生加深对矛盾的认识,还要加强正确的舆论引导,运用网络传播的方法来应对网络信息的负面影响,帮助学生合理利用网络,顺利开展德育工作。

3. 辅导员自身事务冗杂,无法及时展开德育教育工作

高校辅导员教师要负责解决学生各方面的问题,事务冗杂。这就导致高校辅导员很少有精力去重视学生的道德教育,通常他们只能简单地分析学生在一段时间内的问题,但学生往往不了解这些问题,导致偏离原来的教育目标。

4. 辅导员团队建设不完善,忽视自身引导作用

第一,高校辅导员每天都面临着巨大的工作压力,但晋升空间相对狭窄,导致高校辅导员担心自己的未来发展,有些高校辅导员甚至被迫放弃工作。第二,一些企业或政府机构每年从高校辅导员岗位中招聘大量高技能的专业人才,导致大学教师短缺。第三,一些高校辅导员专注于非教育领域的工作,教育学生的工作并不理想。

(五)"立德树人"视域下高校辅导员工作的创新策略

1. 高校教师和辅导员应该贯彻德育教育为先的思想

教育的发展,有利于中国的繁荣富强,有利于社会主义的伟大复兴,有利于中国经济的发展。在高校教育中,教师和辅导员必须坚持"十年植树,百年树人"的理念。学生是中国社会主义进步的源泉,学生思想政治工作是我国高等教育的精神支柱,是实现社会主义教育目标的基础。因此,必须优化高校辅导员思想政治工作，提高学生思想政治教育的效率。例如，在学生思想政治教育中，高校辅导员不仅要传播正确的思想，还要关注学生的心理状况。一方面采取适当的措施，及时纠正学生的消极思想，进一步提高学生的思想政治教育水平。另一方面，在思想政治教育过程中，要努力营造良好的教育环境，鼓励师生之间的交流，从而有效地促进学生自主教育的主动性。

2. 高校辅导员应该明确自身定位

高校辅导员的工作具有灵活性、复杂性、基层实用性等诸多特点，但最终的目标是为学生服务，高校辅导员在学生的学习过程中扮演着重要的角色。

（1）做学生思想的指导者

高校辅导员是现代学生的路标和向导，必须有严谨的逻辑思维。高校辅导员作为学生的指导者，必须树立正确的世界观，必须坚持辩证唯物主义、科学发展观。此外，高校辅导员还需要形成适应社会发展的先进观念，如时间管理意识、创新意识、信息意识、竞争意识等，以鼓励和促进学生的发展。

（2）做学生道德的引导者

良好的师德是成为一名合格教师的前提，高校辅导员的道德修养对学生有着深远、深刻的影响。高校辅导员应具有良好的道德良知、丰富的道德情感、坚定的道德信念和良好的道德习惯。

（3）做学生的领路人

学生的主要工作是学习，教师的主要工作是指导。高校辅导员也是学校教学队伍中不可替代的成员，高校辅导员应加强对学校和社团日常管理的培训，解决学生学习和生活中的问题，让学生养成独立学习的习惯、调整学习态度、掌握简单有效的方法，努力创造良好的课堂环境，为他们创造良好的发展。

（4）做学生的咨询师

学生的身心健康是社会主义事业可持续发展的前提，高校辅导员是学生精神世界的先行者。高校辅导员的心理健康状况直接决定着学生心理特征的发展和教育。随着高等教育规模的扩大和高等教育的逐步大众化，高校毕业生人数不断增加，就业形势也越来越复杂，毕业生就业指导是高校工作的重要组成部分，高校辅导员是指导学生学习的核心力量。在这种情况下，高校辅导员可以充分利用他们的优势和经验来帮助学生就业。

3. 辅导员应立足根本，推动大学生思想政治教育创新

（1）提高自身素质，注重内涵

高校辅导员应该理解他们工作的意义，细心工作才能带来希望的果实，必须用自身的行为感染学生。高校辅导员在工作中必须表现出对学生极大的关切。这就需要高校辅导员帮助学生解决不同的问题，判断不同的错误观点，坚决捍卫马克思主义。此外，高校辅导员还需要具备敏锐的时代感和前瞻性，能够及时掌握职业发展和思想政治教育的最新动态。

（2）探寻思想政治教育的新方法

学生的思想特点决定了思想政治教育的难点，在思想政治工作领域，必须能够总结和充分利用新的思想方法，加强学生思想政治工作。首先，高校辅导员必须充分加强学生对微博等新媒体的关注，为学生的健康成长打造一个思想政治平台；其次，发展团组织、党组织等学生团体，加强学生纪律，高校辅导员必须充分发挥团员、党员等在学生思想教育中的作用，通过党建对学生思想政治教育进行管理，对学生党员队伍建设进行引导。

（3）创新高校党建活动

高校辅导员要自发倡导党建活动，参加党建活动，深化思想政治感情，提高基层党员的思想政治水平，注意思想水平的提升。高校辅导员要时时学习，紧跟政策，结合新要求、新动向，从形式到手段，不断对党建进行创新，以符合学生的需求和紧跟时代的步伐。

4. 辅导员要充分利用网络平台，提升德育教育的效果

（1）充分利用网络学习平台实施德育教育

如果德育局限于口头教学，那么它不会对学生产生任何真正的影响，反而会增加教学的负担。因此，高校辅导员也必须与时俱进，有效激发学生的学习热情，提高德育工作的效率。高校辅导员可以利用网络平台，为学生的思想政治教育创造互动空间，与学生进行交流。此外，高校辅导员可以为学生组织课外活动，这样不仅可以帮助学生在实践中实现教育目标，实现知识与行动的结合，还可以帮助学生更快地适应社会，为未来的发展奠定基础。

（2）善用网络平台，提高学习水平

在实践中，形成并深化思想教育，充分利用慕课平台、中国大学等基层辅导员培训平台，提高高校辅导员的思想政治工作水平。定期聘请校外思想政治专业讲师，为高校辅导员人才的进一步培养提供机会。充分发挥高校辅导员在高校思想政治宣传教育中的作用，是高校思想政治宣传教育正常运行的重要保障。

5. 制定教师慰问办法，使辅导员感受到组织温情

为了进一步提升教师的工作与生活品质，就要制定一套全面的教师慰问办法。该办法包括：实地走访教师，深化工作环境，改善教师生活条件，制定措施帮助生活困难教师、重病教师；有效解决高校辅导员最担心、最直接、最实际的问题，让高校辅导员感受到组织的温暖、感情、真诚和行动。

高校应重视辅导员在工作中的积极创新，特别是要创新高校辅导员观念，完善高校辅导员制度，提高辅导员素质。高校应明确界定辅导员的工作核心，然后进行全面规划。从而迅速提高我国高校辅导员教育水平，鼓励我国大学生根据德育理念获得更广阔的发展空间，迅速成长为对社会有益的人。

五、高校辅导员德育教育能力培养

对当前高校教育教学来说，高校辅导员是关键，对高校教育水平起着决定性作用，尤其是德育教育。随着社会和时代的快速发展，人们的思想观念受到了极大冲击与变化，道德观念也愈发复杂多元，尤其是青年大学生群体。若是高校不注重德育教育，或者是德育教育实效性较差，势必会对大学生的道德素养产生负面影响。这需要高校辅导员不断提升自身德育教育能力，并采取科学高效的方式对学生进行德育教育。

（一）培养高校辅导员德育教育能力的必要性

德育即通过个人所掌握的深厚知识、丰富经验以及智力水平，控制、指导、带领学生思想品德发展，使其与德育目标要求的个性心理特点相符。高校辅导员是为学生开展思想政治工作的一线教师，德育能力直接影响到高校德育工作的质量和发展。

1. 有助于促进高校德育工作的有序进行

高校之所以开展德育教育，主要是为了借此培养并提升大学生在思想、政治、道德以及心理方面的素质水平，即实现高校德育实践的预期目标。在新时代下，高校最根本的任务就是为国家培养创新能力与实践能力兼具的综合型人才。这需要高校落实党的教育方针与素质教育，重视德育教育工作，对德育工作的职能和意义有深刻全面的认知，确定德育工作的目标与任务，结合高校实际情况，对德育工作具体内容予以适当调整，从而为德育工作的实效性提供保障。高校辅导员是高校教师团队中必不可少的构成部分，也是对学生进行德育教育的执行者，为了优化高校德育工作，促进大学生身心健康成长，务必要全力提升辅导员的德育能力。

2. 可确保大学生道德素质优良

在高校中，和学生接触最多的就是辅导员，他们不仅是站在德育教育前线的召集者与执行者，还是促进学生德智体美劳全面发展的引导者。由此可见，高校辅导员的个人道德品质、知识涵养、德育能力与学生的综合素养、人格发展息息相关。此外，高校辅导员的一言一行都会对学生产生不可忽略的影响。所以，辅导员一定要不断提升自身工作能力，给予学生学习、生活、心理等方面的关心爱护，以培养学生的道德素养。

（二）高校辅导员德育能力的构成要素

1. 思想道德认识能力

高校辅导员的思想道德素养尤为关键，对大学生学习生涯、人格塑造等多个方面有着直接影响。所以，高校辅导员一定要有科学正确的世界观、人生观与价值观，将达成个人目标与教育事业发展紧密结合，并在教导学生的过程中坚定自己的政治立场，发展独特的人格魅力，以形成一定的感召力，进而提升自身德育能力。

2. 熟知德育内容并能够明确表述的能力

这一能力需要高校辅导员对德育有全面详细的了解，比如德育具体的内容、这些内容之间的关联与区别，以及怎样发现实际生活中存在的德育素材等。同时，在思想政治教育工作中，最具艺术性的就是语言运用。在对德育语言进行运用时，除了要形象、简单、精准之外，还需要具备高超技巧，若是能够在合适的时期对其进行有效运用，会有事半功倍的效果。这既能够打破传统思想教育的固有印象，又会让学生更容易接受教育，体会德育的艺术特性。

3. 掌握德育规律并合理应用德育策略的能力

从某种程度上来说，对当代青年大学生进行德育教育，也是对高校辅导员的一种考验。在实际教育环节，由于环境复杂多变，不得不规避外界环境的不良影响，同时也需要防范自身不良素养的影响。所以，在对大学生进行德育教育时，高校辅导员不但要按照常规教育规律，也要按照德育独属的规律来进行。

4. 采集处理德育信息的能力

为了能够让德育教育成效达到预期，高校辅导员应当在德育活动正式开始之前，采集有效信息资料，并将此当成判断大学生思想行为表现的有力参考。另外，还要对相关教育内容、信息进行整合处理，为德育教育的顺利开展提供充足的信息准备。高校辅导员可借助文字、语言、行为等向大学生传递德育知识，如此能够引导大学生端正自身思想观念，树立科学的道德意识。

（三）高校辅导员德育教育能力培养的措施

1. 唤醒辅导员提升自身德育能力的自觉，加强理论知识学习

在进行科学研究时，最重要的就是理论知识。在市场经济不断改革的背景下，我国高等教育事业也获得了前所未有的发展，这对高校辅导员提出了更高要求。所以，辅导员一定要提升自身专业能力，重点学习理论知识。在学习研究环节还需根据当前真实情况展开思考，寻找价值高且能够展开的科研课题。掌握思想政治教育工作的特点与规律，锻炼实践操作能力，采取合理有效的策略处理学生问题。其中交流科研成果有助于培养辅导员德育教育能力，因此可借助相关平台体系，鼓励各高校辅导员进行探讨共享，从而培养辅导员德育能力。

2. 转变德育观念，形成以学生为主的新德育理念

德育教育的主要对象是人，由于人是感性与理性共存的，所以德育教育一定要注重情感因素，即在对大学生进行道德教育时要渗透情感。再先进科学的教育方式都无法完全代替面对面的教育工作，再健全的制度也无法忽略人文关怀的重要作用。大学阶段的学生，人格越来越成熟、性格也越来越鲜明，高校辅导员应当认同并尊重不同学生的性格特点，促进他们身心健康发展。摒弃传统封闭性的德育教育，充分展现出对学生的人文关怀，这是一名合格德育工作者必不可少的工作理念。

3. 加大高校辅导员团队建设与德育能力培训力度

首先，学校应当在相关政策制度的保障下，促使辅导员团队朝着规范化、专业化、综合化方向发展，不断提升辅导员的德育能力。近年来，党中央以及教育部高度关注辅导员相关问题，并发布多个指导意见，为辅导员今后的发展指明了方向。在新时代，辅导员团队应当向着职业化、专家化的方向发展。高校应当站在长远可持续发展的视域，制定健全完善的制度和政策，为辅导员团队建设发展设计科学方案。

其次，高校应当定期组织辅导员参加德育能力培训活动，结合辅导员的具体情况，制定个性化、差异化的培训方案，找出众辅导员之间存在的共性和不同，对其进行针对性的培训指导。或者是把上岗前培训和日常培训进行有机结合，努力提升辅导员思想政治工作水平，增强解决现实问题的能力，进而大幅度提升其德育教育能力。

再次，高校还需要支持鼓励辅导员不断深造，并举办工作经验交流会，提

升辅导员团队的综合工作能力。普通辅导员可以采用校内互动交流的方式；专家型辅导员可以实施6个月以上的挂职锻炼。相关部门也能够通过寒暑假以及其余时间举办心理方面、就业方面的培训活动。同时，高校还需要派遣辅导员每年去往重点高校进行学习，开拓辅导员视野，提升自身创新能力。

最后，高校应当对辅导员的发展路径予以深入探究，让从事辅导员职业的教育工作者在其他领域也能够有所发展。

4. 改善高校辅导员德育能力的培养环境

我国对高校辅导员的工作环境极其重视，曾经在《普通高等学校辅导员队伍建设规定》中对高校辅导员工作环境提出了明确要求，由此可知，辅导员德育能力培养的环境不可忽视。

一方面，需要创设良好的舆论氛围。教育部早已将辅导员队伍建设情况当成了人才培养评估体系中的一大考核指标。所以，高校除了要提供人力和资金方面的保障，还需要为辅导员提供优良的发展环境与舆论环境，全面发挥当前环境中积极舆论部分的作用职能，比如组织开展先进人物事迹报告会，形成积极的社会舆论氛围，创造良好的环境，同时也让社会了解辅导员的工作性质，进而在社会层面建立尊重与重视辅导员工作的良好氛围。而辅导员也应当将自身职业和社会有机结合，针对不正确的观点要勇于提出异议，将辅导员职业当作自己一生的事业并为之奋斗。

另一方面，高校还需为高校辅导员德育能力培养提供合适的条件。通常情况下，培养辅导员德育能力的必备条件包括硬件与软件，前者主要是指学校中的教学环境、培训设施等；后者则是校园文化、制度规范、教师自身专业能力等。所以，一定要为辅导员德育能力的培养创建优良的环境，尤其是竞争环境，借此调动辅导员的竞争意识，让他们相互促进、相互提升，而高校应当在辅导员之间的竞争活动中寻找并利用人才，遵循优胜劣汰的基本原则，促使辅导员队伍更加健全。

此外，人文关怀也至关重要，也就是对辅导员的生存和发展要给予高度关注。从本质上说，人文关怀是一种精神，可以构建内涵丰富、关爱突显的环境。

在该环境下，人和人之间相互关爱、相互帮助、目标明确且具有强烈的职业认同感。同时，高校也需要从其他多个方面关心呵护辅导员，比如在待遇、政策方面予其便利，解决他们在生活中遇到的难题。唯有让辅导员对今后的发展信心满满，他们才能够有源源不断的动力全身心投入到学生思想政治教育事业上，为之贡献自己的力量。

随着当前高校教学的不断发展，德育教育早已成为最为重要的教学内容之一，其中辅导员自身所具备的德育教育能力对德育效果有着直接影响，所以培养并提升辅导员德育教育能力十分必要。高校领导人也要重视为辅导员德育能力培养提供良好的环境条件，保证辅导员德育教育能力培养能够顺利开展。

第二节　辅导员德育教育的方法及对策

一、高校辅导员需将"德育"和"心育"工作相融合

高校的思想政治教育和心理健康教育要双管齐下、融合并举，这是培养学生奋进的政治品格、坚定的理想信念以及提升他们心理调适能力和心理健康水平的重要举措。高校辅导员作为大学生日常思想政治教育、管理和服务工作的组织者、实施者和指导者，要准确把握思想政治教育和心理健康教育的时代内涵，认识到两者结合的可行性以及必要性，积极探索各项有效措施，促进自身角色在构建德育、心育相融合的过程中发挥作用。

（一）以"心育"促"德育"，"以学生为本"建立积极正向的定位

1. 善用积极鼓励性评价激励学生

德国教育家第斯多惠说过："教学艺术的本质不在于传授本领，而在于激励、唤醒和鼓励。"可见鼓励不仅仅是一种思想，更是一种教育方法的体验。高校

辅导员应善于运用积极鼓励性的评价。从心理学角度而言，每个人都有自我实现的需要，那便是向着更好的理想自我不断努力、不断超越的过程。学生同样是具有这种积极力量的个体。辅导员在进行教育的过程中，应该充分遵循"以学生为本"的原则，尊重个体特点，肯定每个人身上自我实现的潜能，利用积极的鼓励性话语更好地激发学生内心积极向上的动力，帮助学生发扬优势、解决问题、发掘潜能。

2. 引导学生发现优点，肯定自我

"以学生为本"还要求辅导员从学生实际出发，加强人文关怀，帮助学生发现自身闪光点。来看以下一则案例：佳佳是班里年龄最小的学生，性格羞涩、缺乏自信。辅导员通过了解发现佳佳喜欢写作，于是经过和佳佳沟通，便把每次撰写班会纪要的任务交给了佳佳，并且通过微信公众号对佳佳撰稿的内容进行发布。佳佳在辅导员的帮助下，从不熟悉新闻稿撰写，到每次开完班会第一时间就能够交出来一篇优秀的报道，写作质量得到了质的飞跃。同样得到改善的还有佳佳的自信心。每个人都是独特的个体，辅导员充分利用每个人的优点和长处，可以更加高效地管理学生，帮助学生各司其职、发挥价值，更好地展现自我。辅导员在教育管理过程中，应该增强工作的敏感度，以点带面，促进班级成员快速成长蜕变。这就要求辅导员要善于发现学生优点，将权责下放到学生，促使学生在班集体中找准个人定位、发挥个人强项，共建优秀集体。在教育过程中还应充分结合积极心理学知识，在充分调动学生积极性同时，把握每次机会培养学生的阳光乐观心态。

3. 发挥桥梁作用，坚持服务至上原则

"教育是春天的事业，我们都是播种人"，思想政治教育和心理健康教育协同育人过程中，涉及多个联动主体和多个层次，家庭、学校、社会都参与其中，而辅导员在实施具体工作中发挥承上启下、联通有无的桥梁作用。来看以下一则案例：小王近期缺课频繁，辅导员主动联系该生任课教师进行了解。据反馈，该生上课昏昏沉沉、无精打采。辅导员通过访问宿舍，发现小王不是在睡觉，就是在玩游戏。辅导员联系到了小王家长，经了解，小王父亲在工作中意外摔

断了腿，至今仍未能康复，甚至会终身残疾，家庭一下失去了顶梁柱，生活变得很艰难。认识到事件的严重性，辅导员更加关注该生的日常表现，并且推荐小王参加助学金评选，帮助小王联系相关部门，申请了图书馆勤工助学岗位，鼓励其在学习之余，阅读励志书籍；同时联系了小王的舍友、同学、相关教师、校心理咨询师对学生加以关注。在"他助"和"自助"相结合的过程中，小王逐渐走出心理阴霾，重拾学习兴趣。辅导员和家庭、学校、社会要进行充分的联动，建立常态化沟通，形成共育合力，通过共同关注学生心理健康，达到促进德育培养的目的。同时，要始终遵循服务至上的原则，满足不同学生的不同需求，为"立德树人"目标打下牢固基础，促进学生更好地成长成才。

（二）以"德育"促"心育"，加强思政引领，发挥班级育人实效

高校在开展心理健康教育过程中，应该担负起培养新时代中国特色社会主义接班人的重任，加强价值引领，积极回应学生遇到的普遍问题和突出问题。辅导员在育人过程中，应充分认识到心理健康教育是思想政治教育的重要组成部分，通过发挥班级的育人作用，在班级管理中坚持以"德育"促"心育"，这对于实现思想政治教育引领和心理健康教育引导具有积极作用。具体可以采取以下三种方式。

1. 在班级心理育人工作中聚焦思政目标

班级作为学院的一个基本构成单元，功能的正常发挥和顺畅运作，对于维护整个学校这一庞大体系的正常运行至关重要。因此，重视班级建设、利用班级建设实现"心育"和"德育"目标也是辅导员工作的重要课题。

在一次经验分享交流中，笔者与一位带领学生获得"校级优秀班集体"的辅导员交流了班级管理经验。她说："教育和管理，不单单是要培养只会学习的尖子生，更要善于借助多种机会和渠道对学生进行积极价值观教育宣讲。班级群、微信号、宿舍等，都可以看作班级的分身，在每年的入学见面会、班级集体活动、节前假前后和毕业前后等特殊时期，传达给学生必要的校规校纪、班

级规范、主题教育内容的时候，还应该将励志教育、感恩教育、诚信教育、未来规划、成长成才、生命意义等内容作为重要内容进行传达。这是培养一个优秀班集体必不可少的内容。"心育工作者需要对大学生进行精神补钙，加强理想信念教育和社会主义核心价值观教育，做出价值评价和引导。辅导员不仅要能够针对当下高校大学生的突出问题、日常事务和校规校纪进行及时、定时的教育指导，还要激发学生的爱国热情，使其形成正确的价值观，培养其坚定的信仰、迎难而上的优良品质，促进学生实现全面发展。

2. 直面学生心理困境，强化德育内容

近年来，学生心理健康问题越发得到社会重视，及早发现学生心理问题，对于帮助其走出困境具有重要作用。例如，部分毕业生面临就业时会出现焦虑、从众、功利等消极心理。辅导员通过调查问卷发现，学生存在环境变化导致求职目标模糊、求职受挫导致自我定位困难、网上求职造成择业迷茫等情况，通过向学校相关部门反馈，决定组织毕业季就业专题培训。经由专业教师教授相关内容、邀请优秀毕业生及专业人士交流分享经验、模拟招聘等不同方式，加强就业引导，能够让学生既掌握求职方法，又能够明确认识到个人发展应该和祖国前途命运相结合，树立正确价值观，形成直面困难、迎难而上的勇气。辅导员在帮助学生提升能力时，能够强化学生对理想信念、人生价值、高尚情操等德育内容的正确认识，有助于提升学生心理素质、增强抗压能力、维持稳定人格。这是保证大学生积极自我调适以及提高心理素质、促进其身心健康和谐发展的重要途径和必然要求，是高校人才培养的重要内容。

3. 运用多种渠道，拓宽融合途径

当代辅导员不仅要完成各项基础性工作，还应掌握"十八般武艺"，更好地承担起日常思想政治教育和管理工作的组织者、实施者、指导者的角色，更要具备"七十二项技能"，这样才能出色地完成大学期间对学生亦友亦师的陪伴。这就要求辅导员在保证完成基础性任务的前提下，探索新的工作思路，结合时代特点，巧用多种方式对学生进行教育。

例如，新入职的辅导员小李在工作表现中受到了学生的欢迎。据小李说，她能做到这一点是因为在教育学生的时候,她紧跟时代步伐,因事而化、因时而进、因势而新。随着互联网时代各项技术的飞速发展,新媒体已经成为学生思政教育的主阵地之一。小李巧妙利用新媒体便捷、快速等优势,对学生进行思想引导和心理疏导,用学生喜闻乐见的形式宣扬社会主义核心价值体系,传播心理健康知识,及时在线对其进行心理疏导,通过微信公众号、视频号、小程序等新媒体办公助手,将心理健康知识、思想政治教育案例以及相关的教育新闻、时事热点等及时分享给学生,将教育贯穿于日常生活的方方面面,学生也更易接受。辅导员小李的做法更贴合大学生的内心需求,投其所好,增加其认同感,进而在潜移默化中提高思想政治教育和心理健康教育工作的实际效果。

高校辅导员将心理健康教育和思想政治教育相融合有着重要的作用和意义。首先,心理健康教育可以加强高校思政教育中心理健康知识的宣传和教育,引导学生塑造健康的人格、树立正确的价值观,促进学生的全面发展,实践"以学生为本"的教学理念,提高学生的积极性和参与性,保障高校思政教育工作的顺利展开。其次,从心理教育层面提出问题、解决问题,也能够为高校思政教育中出现的问题提出新思路和解决办法。最后,以思政教育提升学生的思想道德和政治素养,有助于其保持健康的心理水平,以适应新形势下的种种变化。总之,通过将心理健康教育和思想政治教育相融合,能够加强辅导员的工作能力和实际效果,推进高校教育的现代化和创新化发展,促进学生全面成长成才。

二、高校辅导员与德育导师协同育人的路径

近年来,多个关于辅导员管理要求的系列文件不断出台,体现了国家对高校辅导员队伍建设的十分重视。高校辅导员作为高校学生思想政治教育的重要力量,其职业化、专业化建设发展问题受到了国家前所未有的重视。面对新时期高校大学生思想政治教育工作的新困难,辅导员需转变工作思路,改变工作方法,提高工作能力。

（一）当前高校辅导员管理的现状

1. 辅导员工作任务繁杂

根据《高校辅导员职业能力标准（暂行）》《普通高等学校辅导员队伍建设规定》的要求，辅导员的工作职责包括思想理论教育与价值引领、党团和班级建设、学风建设、学生日常事务管理、心理健康教育与咨询工作、网络思想政治教育、校园危机事件应对、职业规划与就业创业指导、理论与实践研究九条工作职责。实际上，高校辅导员的工作内容远远超过了要求。首先，随着招生人数的增加，辅导员带班人数远超教育部规定的比例。其次，部分辅导员身兼数职，有的辅导员甚至担任机关或学院的行政职务，在学生管理上难免力不从心。最后，学校安排的与辅导员职责不相符的工作也由辅导员去督促落实，无形中增加了辅导员工作的任务量，导致权责不统一。

2. 对辅导员重视程度欠缺

在高校辅导员队伍建设中，学校领导对辅导员工作重视程度不够。《教育部等八部门关于加快构建高校思想政治工作体系的意见》（简称《意见》）针对高校专职辅导员职业发展、聘用方式、待遇等作出了明确规定，要求提高思政课教师和辅导员待遇。但是学校领导在落实《意见》要求时畏首畏尾，不敢担起相应的责任，各项奖励机制落实不到位，使得辅导员的薪资期望与劳动量形成了明显的反比，导致辅导员工作积极性不高。

3. 辅导员管理模式较为传统

学生中有部分学生来自农村家庭或者贫困家庭，部分存在自尊心较强的情况，在思想和行为上难免会出现偏颇，这给辅导员的日常管理工作带来诸多困难。在政策激励保障落实不到位以及负责带班管理且带班管理人数较多的情况下，如果在管理中没有对原有的管理模式进行创新和改善，那么便会出现麻木、力不从心，甚至会产生职业懈怠，从而无法做好学生的教育、管理和服务工作。

（二）加强协同育人机制原因分析

新时期各个高校都在践行全员育人、全程育人、全方位育人的新格局，但辅导员与德育导师协同育人的培养在体制机制、思想观念和交流沟通上都存在不协调现象，导致协同育人理念并没有在实际中真正发挥效果。

1. 适应育人改革的需要

高校辅导员的日常工作内容和任务就是对学生进行管理教育工作，辅导员会对他们的成长成才形成潜移默化的影响。传统辅导员的管理方式无法关注到所有学生的个性发展，专业课教师"只管教课、不管其他"。因此，随着教育体制改革的不断深化、大学生认知能力的提高改变，辅导员需要对学生管理工作模式进行创新，不能再沿用传统低效的管理工作模式，而是应从辅导员个人管理方向与德育教师协作进行管理的模式转变。基于此，辅导员应深刻认识到协同育人工作的重要性，结合学生的实际需求来创新协同育人管理，有效提升高校学生管理工作的质量、提升高校辅导员的工作能力，促进高校教育管理工作有效和谐健康进行。

2. 协同育人规章制度不健全

对大学生的日常管理工作、思想价值引领以及创新创业能力的培养都是保证学生健康成长不可缺失的重要内容。但是由于缺乏辅导员与德育导师协同育人的具体实施办法和激励机制，对辅导员和德育导师协同育人的引导力度不够，加之双方在培养学生的思想理念上缺少协同育人的热情和协同育人的观念，平时缺少交流的工作管理机制和交流平台，导致他们不能深刻认识到协同育人的重要性。

3. 互联网对辅导员工作的冲击

新时代的大学生思维活跃，更加注重创新与求变，这给辅导员的工作带来了严峻的挑战。随着国内外形势的发展变化以及改革开放所引起的社会组织形式、就业岗位和就业形式的多样化，以及其中夹杂的拜金主义、享乐主义等思潮都对当代大学生人生目标的正确树立及人生价值的实现产生了巨大冲击。这主要体现在随着网络信息的高速发展,各种信息的输入,改变了大学生对辅导员的看法与态度,学生普遍认为传统的管理工作过于枯燥,反复的说教容易引起学生的负面情绪,导致辅导员与学生无法构建和谐的关系。面对这一挑战,高校辅导员只有与德育导师加强日常沟通,建立协同育人工作理念,创新学生管理工作形式,两者针对大学生的思想进行正确的引导与价值引领,才能真正促进大学生身心的健康发展。

4. 协同育人是完善辅导员队伍建设的新手段

随着社会的不断进步,国家对学生德智体美劳的全面发展提出了更高要求,这使得辅导员工作内容和方式都要进行优化和完善。目前虽然高校辅导员职业要求几乎涵盖了学生工作的各方面,但从实际来看,高校辅导员的日常事务管理占据了较大部分,而且由于学校和社会对于辅导员的角色和职责定位和认识不够准确全面,导致辅导员需要承担很多额外的工作。通过建立辅导员与德育导师协同育人的制度机制,不仅能够提升辅导员自身的理论水平和业务能力,也能够让辅导员的工作性质被人所熟知,提升辅导员的荣誉感,保障队伍稳定性,这对于建设高素质学生管理队伍具有重要意义。

(三)加强协同育人工作思路

1. 建立德育导师约束制度

高校配备德育导师的初衷是协助辅导员对学生做好思想政治教育,分担辅导员在学生管理工作中的压力。但是实际工作中德育导师一般都是由专业课教师担任,几乎所有的德育导师只在初次班会上与学生见过面,平时忙于自己的教学与科研,一学期乃至整个学年都不和学生联系,平时与辅导员的交流沟通也几乎为零,在工作中的作用得不到发挥。高校应该建立健全相应的约束制度,就如同专业课教师每人都有自己规定的教学任务,德育导师在每学期也都要有自己相应的任务额度,正所谓"在其位谋其政",如果没有完成任务或者完成的质量不好,学校应该与其谈话或者解聘,否则德育导师的设置就流于形式。

2. 健全合作交流机制

加强协同育人是辅导员与德育导师自身发展的需要，合理高效的协作育人机制，可以最大限度地调动辅导员与德育导师工作的积极性。教育部《关于加快构建高校思想政治工作体系的意见》指出，要健全立德树人体制机制，把立德树人融入思想道德、文化知识、社会实践教育各环节，贯通学科体系、教学体系、教材体系、管理体系，加快构建目标明确、内容完善、标准健全、运行科学、保障有力、成效显著的高校思想政治工作体系。辅导员与专业教师在工作中各司其职、各负其责，如果合作不够，就无法充分凝聚育人合力，如果辅导员和德育导师没有畅通有效的沟通交流机制，在学生的教育管理中就难以落实高校思想政治工作体系内容，所以建立健全辅导员与德育导师的合作交流机制尤为重要。

3. 完善协作育人体制考评体系

德育导师在高校中从事专职任课教学工作，且部分是新入职的青年教师，虽然身份有转变，但他们的工作经验严重不足，无法与辅导员形成高效的合作模式。高校需要针对不同教师的需求完善协作育人机制。辅导员和德育导师在职业角色、思想价值引领角色等方面要制定完善的协作育人机制，以此实现德育导师在角色发挥中的自我提升与成长。同时，高校还需要积极进行考评体系的完善，通过体系加强对教师的考评，为教师的进步提供参考。

高校辅导员与德育导师协同育人机制是一种积极促进的辅助制度，它将成为新时期高校大学一种新型的学生思想政治工作模式。随着我国高校教学育人制度的改革完善，必须加强学生思想政治教育工作的协同育人机制。

三、自媒体时代高校辅导员德育工作的挑战与对策

根据 2020 年 4 月 28 日中国互联网络信息中心（CNNIC）发布的第 45 次《中国互联网络发展状况统计报告》的有关数据显示，截至 2020 年 3 月，我国网民规模为 9.04 亿，互联网普及率达 64.5%。而学生是我国网民群体中数量最多的一类，占比达到 26.9%；其中 19.5% 的网民受过大学专科及以上教育，高校

学生已然成为活跃在互联网平台的重要力量。在互联网技术高速发展的时代背景下,自媒体迅速崛起并大范围普及,高校学生获取讯息的途径也正从传统纸媒快速向自媒体等网络渠道延伸。自媒体具有主体平等、获取便捷、交互密切、内容海量与形式多样等显著特点,自媒体的快速普及使越来越多的高校学生成为网络主体,这种新变化为高校德育工作带来了全新的挑战。辅导员长期工作于学生思想政治教育第一线,是高校德育工作的重要力量。当前,辅导员如何精准把握互联网络快速发展的机遇,有效应对新形势下自媒体对高校德育工作带来的挑战,是值得思考与必须应对的重要课题。

(一)自媒体时代辅导员德育工作呈现新特征

自媒体时代背景下高校辅导员德育工作受到极大影响,德育的空间不断延展,时间不再固定,方式日益丰富,不断呈现出新特征,主要包括以下三个方面。

一是参与主体的交互性。自媒体用户间联系密切的属性对高校传统德育工作产生了重要影响,参与主体之间的交互行为呈现出新变化。自媒体平台上所有主体都能自主传递信息,这种便利性极大地增强了主体之间的互动性,辅导员的德育工作不再是单方向的输入与感化,通过自媒体平台,学生也会反作用于辅导员,双向交互不断深入。同时,辅导员群体内部、学生与学生之间关于德育的分享、探讨、交流、互动也随着自媒体平台发展的不断活跃,突破了时间与空间的限制,增强了交流互动的便利性,参与主体的思维碰撞更加日常。部分辅导员看到了自媒体的发展趋势,积极探索、主动作为,将自媒体融入德育课程,引入线上研讨、小组研习、情景展示、启发学习、网络互动等新颖的德育教学方式,使得教师能够充分利用自媒体优化课程设计,让学生合理运用自媒体资源服务于学习,教与学的互动性也因此增强。

二是渠道载体的广泛性。科技成为助推社会进步的重要力量,自媒体日益增多的多元平台拓宽了高校德育工作的渠道与载体。辅导员开展德育工作的方式方法正从课堂教学、升旗仪式、主题班会、专题讲座等线下形式拓展到微博、微信、公众号、直播、短视频等自媒体线上活动,呈现出较好的发展趋势,且教育成效良好。2019年3月18日，习近平总书记在学校思想政治理论课教师座谈会上说道："很多学校在思政课上积极采用案例式教学、探究式教学、体验式教学、互动式教学、专题式教学、分众式教学等，运用现代信息技术等手段建设智慧课堂，取得了积极成效，这些都值得肯定和鼓励。"运用现代信息技术等手段建设智慧课堂就包括了自媒体服务于德育工作的探索与实践。自媒体已经不断丰富功能，从简单的社交媒介成为服务于各行各业发展的重要元素。广泛的载体和多元的渠道使德育实践由形式单一转变为多元丰富，同时各种平台的差异与特性又可以满足不同群体的个性化需求，加强了德育的针对性和有效性。与此同时，自媒体还在不断发展，新平台层出不穷，这种特性将在今后的发展中得到持续彰显。

三是接触内容的纷杂性。自媒体的主体限制较小、创建门槛较低、承载信息海量、传播范围速度增长快，这些特点决定了它必然得到广大网民的热情追捧。这些显著特征也使得高校学生在日常学习、工作、生活中容易接触到思想多元、观点多样，但良莠不齐、真伪并存的信息，这些信息具有极强的个性和发布者的主观性，对学生价值观理念及思想道德体系的形成产生重要影响。面对同一现象和事实，不同的自媒体会从各异的角度解读，可能传递出差异巨大甚至截然相反的观点和结论，而且随着自媒体的快速普及，这一现象更加突出。另外，自媒体的监管制度尚不完善，信息的质量得不到充分的保障，高校学生通过不同的自媒体接收到的信息存在较大差异，也容易产生思想和观点的碰撞，这种纷繁复杂的信息输入对学生的信息甄别能力提出了更大的挑战。

（二）自媒体时代为辅导员德育工作带来的挑战

1. 为德育工作模式带来更大挑战

创新工作模式、提升德育成效是高校辅导员在自媒体时代面临的一大挑战。传统的德育模式以班会、主题团日活动、课堂教学等灌输式方法为主，教师是施教主体，占据主导地位；学生是受教客体，为被动接受状态。自媒体信息载体形式多样，可以实现图文、音频、视频同步在线，提供具有针对性的个性化教育，能够增强德育过程中学生的兴趣性与参与感，能够最大化激发学生的主体意识，让德育课堂真正成为学生参与、喜爱的教育教学阵地。相比之下，在传统的德育工作模式中，学生对信息的选择空间有限，虽然德育工作相对较为单一可控，但是辅导员与学生之间的界限过于明确，接触比较受限，不利于师生之间相互交流和充分沟通，辅导员无法第一时间把握学生的思想动态，从而影响德育工作成效。因此，如何充分发挥自媒体传播信息的各种优势，结合高校学生学习特点以及思维发展动态，构建创新型德育模式，打开德育工作新局面，更扎实有效地落实立德树人的根本任务，是辅导员在自媒体时代开展德育工作需要重点思考与解决的问题。

2. 对德育思维方式提出更新要求

进入自媒体时代，个人接收、处理和反馈的信息已经数倍乃至数百倍于过去，接触内容的纷杂性更是增加了学生思想动态的不确定性。为了提升德育工作的效率与质量，需要高校辅导员紧跟时代步伐，不断升级创新，将简单性的思维方式转化为复杂性的德育思维方式。不仅如此，自媒体时代下获取信息的自主性增强，教师在知识掌握方面的优势地位被逐步打破，学生可以实时查询各种信息，甚至比施教者获得的信息更广泛、更全面。

一是要求辅导员提升整体性、协同性思维水平，敢于借助互联网信息技术，发挥主观能动性，打通德育在学习、工作、生活上的各个环节，掌握高校学生思想品德教育的基本规律，建构科学化一体化的德育管理体系；二是要求辅导员不断与时俱进，自觉强化学习，善于整合吸收先进的德育方式与内容，在民族文化与西方观念、现实生活与虚拟网络、传统思维与创新理念的碰撞中，增强鉴别与比较能力，将先进的德育经验转化为自我的德育特色，应用于教育实践之中，不断提高德育工作水平；三是要求辅导员突破思维定式，用发展的眼光看待德育工作中出现的新问题、新挑战，善于推陈出新，敢于用"前无古人"的全新尝试探索自媒体时代的德育新路径，在创新中求突破，在探索中辟新路。

3. 对网络媒介素养提出更高目标

自媒体时代对辅导员的网络道德敏感性、网络创作能力和网络舆情处理能力等网络媒介素养提出更高要求。自媒体内容的纷杂性、传播渠道的多元化，使得学生群体的思想观念、价值追求容易受到不良网络信息的影响，这就需要站在高校德育工作最前沿的辅导员具备较强的网络道德敏感性，并善于通过微博、微信、短视频、论坛等平台创作正向精品内容，主动占领网络空间德育阵地，积极发挥舆论正向引领作用，提升高校学生信息辨识解读能力。当前高校德育正面临开放、匿名、互动性极强的"互联网+"新媒介环境，加之大学生群体具有自身年龄相似、生活环境一致、利益观点趋同等特点，网络舆情话题极容易形成群体性共鸣和"舆论场域"，如果得不到正确研判和及时疏导，很容易对学生思想形成负面影响，甚至发酵为社会热点舆论，这就需要辅导员不断提升信息收集研判与舆情处理能力，通过新媒介及时关注大学生网络思想动态，积极挖掘正向舆情的传播优势，并能够主动对负向舆情进行正向引导。

（三）自媒体时代辅导员德育工作水平的提升策略

1. 落实一个转变，创新辅导员德育工作模式

创新德育工作模式，要积极转变传统德育工作理念与方法。自媒体作为时代的产物，尽管有着各种各样的局限性，但其快速发展的趋势不会改变，其深刻影响人们日常生活、改变大众生活方式的基本现实不会变，这就要求我们要具备战略眼光，在工作生活中正确运用，扬长避短，用好自媒体这把"双刃剑"，使其发挥积极正面的作用。正确利用自媒体时代的有利条件，借助自媒体信息资源广、传递速度快、互动性强等优势，丰富德育资源，建立德育网络平台，优化德育教学手段，敢于运用现代信息技术等方式建设智慧课堂，大力推动高校学生形成自主、自觉、自愿学习模式，并将德育理念融入日常生活学习中。

通过"线上线下"结合，注重"线上"互动，鼓励形式创新和平台拓展，强化德育学习的主动性与原创性，提高德育学习热情和参与度，让高校学生在自媒体环境下的自我学习中主动受教育、自觉争先进，增强德育的实际效果。同时，学生获取信息的时间和精力是有限的，"跑偏"的重要原因就是正能量信息的缺失，让谣言、谎言等占据了网络阵地，这就要求辅导员要善于借力，化被动为主动,通过微信公众号、QQ群分享等方式,积极开辟个人网络育人阵地,把工作中遇到的典型案例和思考作为德育素材,主动向学生投放具有正确价值取向和政治立场的信息,将刚性管理转变为柔性引导。

2. 树立两个意识,转换辅导员德育工作思维方式

德育是落实高校立德树人根本任务的重要一环,新时代是富于变革的,更是充满挑战的,时代的进步要求德育工作思维的革新。

一方面,要树立师生平等意识,创新德育工作思路,创造良好的德育工作氛围,确保德育工作过程中师生之间沟通渠道畅通,善于充分运用自媒体的显著优势,随时把握学生的思想动态,并能够及时多元地对他们进行正确的引导与积极帮助。同时,要认识到自媒体时代人人皆为师,教育者在获取信息方面不再具备绝对的权威性,受教育者的主体意识逐步强化,也越来越容易向其提出质疑。作为辅导员,如何与学生实现优质交流显得十分重要。自媒体为师生交流提供了更加平等便捷的平台,为高校辅导员更高效地做好德育工作创造了十分有利的条件。因此,辅导员要主动转变思维,积极探索师生平等交流、密切联系的新德育模式,以师生间的充分交流为保障,有效提升德育效果。

另一方面,要树立以学生为本的意识,转变传统工作理念。学生能否真正感受到德育工作的价值,获得实实在在的思想成长,很大程度上取决于其参与程度。足够的参与感能够激发强大的兴趣,学生自觉受教,乐于受教,德育便称得上成功。在德育工作中充分贯彻以学生为本的理念,就要充分利用自媒体平台,依托微信、QQ等媒介随时随地有效联络学生,主动融入学生群体,深入了解学生特点,着力解决学生困难,营造和谐互动的德育环境,激发受教育者的主观能动性,提升大学生自主教育能力,提高德育工作的针对性与有效性。同时,需以自媒体为抓手,主动突破传统德育的时空限制和内容壁垒,将德育的阵地充分延展,内容不断丰富,在学生最需要的时候充分做好个性化教育,进而真正落实以学生为本、为学生服务的德育理念。

3. 立足三个完善,提升辅导员自身媒介素养

一是要完善辅导员自身身份定位。辅导员不仅要成为德育信息的传播者,还应当在德育信息传递过程中与学生建立良好的互信关系，掌握在自媒体上的"话语权"，成为学生群体中的"意见领袖"，成为学生在出现信息疑惑、产生意见分歧时想得起、靠得住的"解惑者"，确保在开展德育工作时能够取得学生的充分信任和全力支持。辅导员不仅要争做传播知识的良师，更要努力成为引领学生成长成才的益友。辅导员精准把握自身定位，就能真切感知自身事业的崇高性与重要性，进而激发干事创业的巨大热情，在德育实践中收获更多的理解与支持。辅导员应以最大的热情和最充沛的激情开展德育工作，主动了解学生在自媒体平台上的意见表达，与学生进行谈心谈话等思想沟通，努力做好学生的"引路人"。

二是要完善辅导员德育能力素养培训机制。德育教师队伍的建设直接影响高校德育工作的成效。高校应当抓好辅导员德育能力素养培训，开设符合高校特色、贴近工作实际、满足德育工作需求的培训课程，不断增强德育工作思想性、理论性的同时，努力提升德育工作的亲和力、针对性。高校辅导员要把工作过程转变为学习课堂，强化辅导员德育能力的日常培养，注重网络创作能力的锻炼，主动以工作促学习，于工作中求进步，实现教学相长，通过丰富的德育工作实践锻造过硬的德育工作能力，不断适应自媒体背景下德育工作的挑战，提高辅导员应用自媒体实现自我提升的能力。在综合培训的基础上，辅导员要紧跟高速发展的新时代步伐，正确认识自媒体对于德育工作的特殊价值，充分利用自媒体汲取专门知识，提升自身媒介素养，增强网络创作能力，提高网络育人水平，缩小与学生之间的"代沟"和思维差异，真正做好学生的"知心人"。

三是要完善网络舆情响应处理机制，整合学校资源，规范辅导员处理紧急事件的流程与方法。如今，网络舆情已经延伸到了生活的方方面面，高校由于学生群体聚集，日益成为网络舆情高发区。活跃在各类突发情况处置一线的高校辅导员，处理网络舆情的最佳途径就是要坚持走群众路线，充分调动和发挥党团支部、学生组织、学生骨干的先锋作用，搭建学生网络交流平台，建立覆盖面广、凝聚力强、针对性高的网络舆情响应机制，以便在各类不良思想状态的萌芽期发现问题、解决问题，实现抓早、抓小、抓预防的目标。同时，要在重大事件和敏感话题发生时不缺位，及时跟进，第一时间传递权威信息，就地开展德育工作，用最大的温情守住学生的信心和信念，避免网络舆情的发酵出现真空期、失控期，杜绝学生思想受不实信息和不良言论的干扰。

例如，新冠肺炎疫情暴发后，各类信息铺天盖地，网络上充斥着真假不一的信息，极大地扰乱了网络秩序，动摇了青少年的信心，影响了学生的心理和思想健康，构成了重大网络舆情。这种情况下辅导员就要以权威消息直击网络谣言，关心关注学生的关切和担忧，用真实的抗疫事迹和强大的抗疫精神做好特殊时期的德育工作，帮助学生稳定情绪，树立信心，传播网络正能量。以网络舆情响应为重点，敢于应对自媒体发展带来的风险挑战，尽力做好学生的"守护人"。

四、基于社会心理学的高校辅导员德育工作

随着社会的不断发展，我国教育行业也在不断进步。现在的教育发展也对大学德育工作提出了更高的要求，德育工作的过程中也面临新的挑战和问题。虽然我国高校在德育工作上取得了较好的成绩，但是不能因此放松，各高校应重视德育工作，并不断加以完善，结合实际情况开展工作。

（一）在大学阶段进行德育工作的重要性

1. 有助于引导大学生养成良好的思想道德品质

在大学阶段的学生，已经形成了一定的思想道德观念，但部分学生还需要进行矫正和引导。因此，在大学阶段，辅导员也需要对大学生及时进行思想教育。

个人思想道德品质的构建，会受到很多因素的影响，例如外界环境、物质生活等，通过学生自身的行为和心理状态进行展现，因此，在大学进行德育工作，有助于引导大学生养成良好的道德品质。大学阶段是学生树立良好人格的重要阶段，学校一定要意识到德育工作的重要性，引导学生走上正确的方向，并帮助他们纠正错误的思想观念，形成较好的思想行为习惯。

2. 有助于提高大学生的综合素质水平

随着我国社会的不断发展，我国的科学技术水平以及信息网络在不断进步和优化，大量外来思想进入我国，对我国大学生的思想带来了冲击。因此，教师在进行教育的过程中一定要重视德育工作，良好的德育工作可以及时纠正学生错误的思想观念。现在大学生的生长环境与之前相比发生了巨大的改变，新媒体的出现为学生的娱乐和消遣提供了便利条件，但是大学生也易受到不良因素的影响，做出错误的选择。因此，从培养综合素质人才方面来看，加强对大学生的德育教育是刻不容缓的。

（二）基于社会心理学视角的高校辅导员德育工作建构因素

1. 社会因素

随着新时代的不断发展，越来越多的外来思想理念对传统的思想观念产生了影响。如今科学技术和网络技术更加发达，学生可以从网络上了解到更多的知识、社会信息以及外界新鲜事物，而且我国现在寻求发展，社会环境比之前更加复杂，问题也层出不穷。现代社会的可持续发展和科技的不断进步，也将大学德育工作与当代社会紧密联系在一起。

2. 高校自身因素

高校是建立学生思想观念的主要阵地，当今社会愈加复杂，市场经济发展迅速，东西方文化不断碰撞，德育工作的教学模式、教学环境、教学内容都发生了巨大的变化。但是目前大学德育工作并没有紧跟社会进步，内容陈旧落后，并且高校在德育工作方面并没有建立完善的教育机构，辅导员并没有进行及时、有效的分析，德育工作团队也不固定，职责分工不明确，也没有建立完善的评估制度。在德育工作中，只重视理论知识的教学，没有结合当下的实际情况，造成了在为学生解决心理和情感问题以及就业问题方面缺乏专业性，极大影响了德育工作的质量和效率。

3. 自身因素

教育工作者是德育工作不可缺少的一部分，而且也切实影响了德育工作的实效性。德育工作主要由辅导员或者负责德育工作的教师负责。在校园中学生接触最多的就是辅导员，辅导员也是较为了解学生日常生活和学习生活的人。

大部分高校一般会选择毕业生直接留校担任辅导员，刚毕业的学生自身的思想观念并没有完全树立，而且留校担任辅导员的学生一般来自不同专业，并不是很了解教育学和教育心理学的知识，不能很好地引导学生树立正确的思想观念。大部分辅导员并不重视思想教育工作，一般会选择带学生进行课外活动，并没对学生进行德育教育。调查显示，部分辅导员的工作中存在一些不良行为，导致辅导员在学生之中没有威信，甚至引发学生的反感，反过来，这也影响了学生树立正确的思想观念，降低了德育工作的实效性。

（三）基于社会心理学视角的高校辅导员德育工作建构途径

1. 从社会认知角度出发，将认知失调转变为认知和谐

认知失调可以理解为在个体知觉中有两个认知之间的关系不能协调，这对心理观念带来了严重的影响，会让个体改变其中一个认知，以达到认知和谐的状态。在大学阶段，辅导员在进行德育工作的过程中，可以从社会认知角度出发，将认知失调转变为认知和谐，帮助学生树立正确的认知，如果学生出现认知失调的情况，辅导员可以及时帮助学生进行调整。如果大学生所接受的德育教育或是已经建立的思想品格与德育工作所传播的内容不一致时，学生的认识和思想行为习惯便会出现一定的偏差或者是失调。针对这一情况，辅导员要发挥自身的优势和作用，例如，辅导员可以组织德育专题的班会、讲座、社团活动等，密切关注大学生的行为习惯以及心理状态，帮助学生转变价值观或者引导学生建立全新的认知，从而帮助学生身心健康发展，达成认知和谐。

2. 从社会态度角度出发，将学习服从转变为学习内化

从社会态度来看，人的态度可以分为三个阶段，即服从阶段、同化阶段以及内化阶段，而这个理念是由心理学家、社会学家凯尔曼提出的。服从阶段是以自身意愿或者是社会行为的压力为前提而产生的模仿行为或者是服从行为。同化阶段一般是指主体的态度不是被迫形成，而是有意识地接受外界的行为观

念或者是信息。内化阶段是指人们的心理发生质的转变,形成了全新的思想行为观念和品质,并且归纳到自身的价值体系之中。但是从目前大学阶段的学生来看,大部分的学生还是处于服从阶段。

基于此,高校辅导员在进行德育工作的过程中,一定要关注学生对于理论知识的吸收理解情况,并且要关注学生是否可以将理论知识运用到实际的生活中,重视学生心理状态的转变,这样有助于学生不再被动地接受一些思想观念,可以让他们从服从阶段慢慢转变为内化阶段,在心理上真正接受思想道德品质的熏陶,从而引导学生形成健康的实践理念。大学阶段学生虽然已经形成了思想道德理念,但是其体系并不健全,依然会受到外界因素的影响,而且也会受到所学习的德育教育的影响。因此,辅导员在进行德育工作的过程中,需要重视学生的主体地位,提升学生的参与度,促使大学生形成集体争优的思想意识。同时,在工作过程中,辅导员需要根据大学生的实际情况开展活动,这样也可以提升德育工作的实效性。辅导员也可以将德育工作融入多样性的实践活动之中,这样也可以让学生在实践的过程中,丰富自身的思想道德品质,如增强学生的集体意识、团队合作能力、互帮互助精神等,从而进一步增强德育工作构建的实效性。

综上所述,在大学阶段开展德育工作,主要依靠辅导员。而当前社会的信息化和多元化发展,使得德育工作面临各种问题和困难,辅导员需要根据实际情况,采取多样性的工作方式,同时也需要重视学生的心理状态变化,以科学教学为中心思想,坚持以人为本的教学理念,切实有效地提升德育工作的实效性和针对性。

第三节　专职辅导员思政教育工作

一、大学专职辅导员思政教育工作中微信的运用

21世纪是现代科技快速发展的时代，手机已经成为大学生获取资讯的主要工具。在各种软件中，微信平台受到了大学生的欢迎，主要是由于它具有方便快捷的特点。大学专职辅导员如果能够将微信平台利用起来，对大学生进行更好的思想教育，工作会获得更大的便利。但是目前大学思想教育中辅导员运用微信尚存在一定的不足：第一，辅导员理念没有完全转变，教育理念缺乏革新，导致学生学习效果不够显著。第二，内容缺乏吸引力，辅导员在运用微信的时候内容太单一，不能引起学生的兴趣。只有解决以上问题，德育工作才能获得更大的进步。

大学作为培养优秀人才的主阵地，大学专职辅导员肩负着传播马克思主义的主要任务。因此辅导员应该从学生的实际生活出发，利用新媒体平台以学生感兴趣的方式多做大学生的思想政治工作。了解学生的思想状态以及存在的问题，通过多种方式与学生进行沟通，培养学生骨干，充分发挥学生的创新力，让学生的整体素质与能力都能得到提高，帮助学生度过一个快乐、健康的大学生活。

1. 加强对微信软件的运用

微信软件在人们生产生活中被广泛使用，不光年轻人使用微信，越来越多的老年人也在使用微信进行沟通。大学专职辅导员更应该加强对微信软件的运用，发挥出微信的优势。比如微信平台的小程序，这些小程序包括游戏类程序、知识类程序等，辅导员可以在小程序中搜索并使用资源，让思政教育内容变得更加丰富，让学生的学习兴趣得到提高，使用微信的学生也能随时与辅导员进行沟通，得到正确的引导。辅导员与学生之间做到和谐共处，学生便不会对辅

导员产生畏惧的心理，辅导员也能够更加深入地了解学生的实际情况，给予学生帮助。

2. 正确应用微信平台

新时期大学思政教育想要顺利开展，需要先进技术和软件的配合。大学专职辅导员应该学会利用微信平台，多在网络上获取一些新鲜的资讯内容，将这些内容发送给学生，这会对思政教育宣传起到一定的帮助。辅导员除了可以用微信与学生进行交流沟通，还可以利用微信公众号平台发布一些文章，学生在课余时间就能够阅读这些文章，还能在文章下面留言评论，让辅导员与学生之间的互动更加密切，对开展思政教育工作也有帮助，学生也应该积极与辅导员互动，不断完善思想。当然对于网络上的一些不良信息，辅导员要及时处理，不能让其影响学生正常的学习生活。

3. 加强对微信功能的了解

大学专职辅导员与初高中辅导员不同，大学专职辅导员与学生之间的交流比较少，相处的时间也比较短，没办法进行深入的交流。如果辅导员能够将微信利用起来，就会达到较好的效果，例如辅导员可以在微信建群，在微信群里发送信息，或者是布置一个话题，让学生相互讨论与交流，学生也要多关注群里的动态，遇到困惑的事情可以找辅导员解决。在以前的交流中，有些学生会觉得当面交流比较尴尬，而线上交流则更简单方便，还具有一定的私密性，学生不会感到紧张。辅导员也可以借助公众号推送一些对学生有帮助的、能给学生带来好处的文章，辅导员在编写文章时要多搜集一些热点新闻，让文章变得更有价值。

4. 创新思政教育方法

创新思政教育方法对大学专职辅导员思政工作有一定帮助，微信平台能让辅导员更了解学生的生活。大学专职辅导员要不断提升自身素质与能力，多关注其他微信公众平台，包括校团委的微信平台、心理教育方面的平台等，不断开拓创新，选择更加新颖的方式来推广思政教育，帮助大学生树立正确的世界观、人生观、价值观。

微信平台已经逐渐成为大学生社交软件中的重要工具，在大学生的日常学习与生活中占据着重要位置，学生可以利用微信软件学到更多的新知识，拉近与辅导员之间沟通的距离。辅导员要重视并抓住这次机遇，将微信与思政教育很好地结合起来，充分发挥微信在思政教育中的作用，把握好时代新思政教育发展的潮流，为大学生今后的发展打下坚实的基础。

二、高校专职辅导员思想政治教育方法的艺术性

高校学生的思想政治教育工作是高校工作的重点，关系学生世界观、人生观和价值观的形成。活跃在高校思想政治教育工作第一线的专职辅导员，在高校的思政教育中起着关键的作用。客观地说，高校的学生正处于人生发展的青春时期，处于叛逆时期，这个时期学生的思政工作和管理工作都是十分困难的，一方面，学生已经有了自己的思考模式，很难用教条式的教育方式去教育他们，这就导致了高校专职辅导员在思想政治教育工作中有很多力不从心的地方；另一方面，高校专职辅导员在对学生进行思想政治教育的时候一定要多渠道、多角度地进行有方法、有艺术的教育，这样才能起到事半功倍的效果。

（一）高校专职辅导员在进行思想政治教育时的问题

首先，高校专职辅导员在进行思想政治教育的时候，教育方法还是很老套，没有一定的艺术吸引力。很多专职辅导员在进行学生思想政治教育工作时没有认真深入地去了解学生，也没有针对性地去了解学生的实际情况，因此导致了在教育过程中其处于被动状态。并且，有部分专职辅导员在对学生进行教育的时候缺乏主动性，没有抓到教育的重点，导致没有达到良好的教育效果。

其次，高校专职辅导员在进行思想政治教育时对自己的教育职能不了解，缺乏管理的效率和有效性。一般情况下，高校辅导员思想政治教育的主要职责就是有意识地提升学生的素质，全面地将自身的工作重心放在提高学生道德思想水平和提升学生综合素质上。但是，实际上的工作却不是这样的，很多专职辅导员采取的管理方式十分僵化，用管理命令的权威性去处理学生的问题，教

育学生时，不讲究方法，这样就不可能达到让学生信服的目的，专职辅导员的教育工作也会没有效果。可见，专职辅导员在进行思想政治教育工作时，要从管理的方式方法出发，要有艺术地做好自己的工作。

（二）高校专职辅导员加强思想政治教育要具有管理的艺术性

第一，高校专职辅导员在进行思政教育的时候一定要主动学习，加强自身能力的培养，提升自身的素质。高校专职辅导员的思政教育是培养学生世界观、人生观、价值观的重要途径，专职辅导员本身就应该具备良好的素质，要有较丰富的知识技能以及全面、多样的能力素质，这样才能有效地对高校的学生进行思政教育工作。高校的辅导员也必须是一个政治过硬、思想过硬的群体，这样才能在进行思政教育的时候有底气、有自信地做好学生工作。专职辅导员的积极学习，也可以引导学生的发展，形成良好的思想政治教育环境和优良教风。

第二，高校专职辅导员在对学生进行思想政治教育时要从艺术的方法入手，要有相应的针对性，坚持原则，并且要深入了解学生。每个学生的个体情况都是不同的，专职辅导员在进行思政教育时，一定要全面地了解学生的思想动态；每个学生的思想动态和思想观念不同，要对学生的情况进行划分和区别，这样才能全面地增强思政教育的效果。大学生在进入学校后，每个阶段的学习情况和思想情况都是不同的，比如说大一的学生，在高三繁重的课业学习后，突然进入到大学，普遍没有目标，而且有懒散的倾向，这个时候，专职辅导员就要有针对性地对学生进行有效的辅导，帮助他们确定自身的目标，帮助他们成长。而在大四的时候，专职辅导员的教育工作又应该转变方向，从学生就业指导和教育入手，及时了解学生在找工作过程中出现的问题，并且把握学生的心理动向，及时对学生进行就业指导。

第三，高校专职辅导员在对学生进行思想政治教育时要以新媒体为基础，利用好网络文化，教育好学生。新媒体时代，学生的思想政治教育工作在手段上更应该借助于新媒体平台，因为以新媒体为基础的自媒体平台是学生宣扬个性的平台，专职辅导员在进行教育的时候，一定要与时俱进，有效、及时地在自媒体和新媒体平台上了解学生,从而帮助学生更好地树立自身的世界观、人生观和价值观。专职辅导员在管理的过程中,不要用权威的命令方式,尽量用学生喜闻乐见的方式来帮助学生,拉近与学生的距离,才能有效地进行思政教育工作。

综上所述,高校专职辅导员思想政治教育方法的艺术性是十分重要的,高校专职辅导员在进行管理的时候要站在学生的立场上为学生服务,这样才能有效地帮助学生成才和成长。管理本身是一门艺术,也是一门科学。因此,高校专职辅导员一定要在科学的基础上用一定的艺术性方式对学生进行教育。

三、专职辅导员在新形势下的大学生思想政治教育工作

(一)高校专职辅导员提高自身综合素质的方法

首先,不断加强政治方面的学习工作,提升政治理论水平。专职辅导员需要加强对马克思列宁主义、毛泽东思想、邓小平理论、"三个代表"重要思想、科学发展观的学习,全面贯彻习近平新时代中国特色社会主义指导思想,时刻关心时政及国内外形势,顺应当前的时代潮流,认真了解政治发展的具体方向。

其次,加强专业方面的知识学习,提升自身学习水平。作为专职辅导员,不仅应帮助学生管理好日常工作、学习,还应指导学生学习好专业技能。辅导员可以利用自身的知识、技能帮助学生在日常生活中进行学习,树立辅导员威信,让辅导员与学生之间的交流更为深刻。

再次,不断加强学生心理学知识的学习,提升自身心理咨询服务能力。当前,一些学生心理承受能力出现下降趋势,心理状况非常让人担忧。学生不能正确地处理好发生在自己身上的问题,经常以自我为中心,加之一些学生来自贫困、离异的家庭,而且此类学生数量每年都有所增加,这导致高校发生安全隐患的概率不断不断上升。由此,加强大学生心理健康教育变为目前的重要任务之一。辅导员和学生长时间的相处,可在第一时间了解到学生存在的一些异常信息,所以,进行心理干预是辅导员需要掌握的能力之一。

最后，不断增强自我修养，塑造良好的人格魅力。良好的性格修养、渊博的知识与高雅的审美乐趣，能促进专职辅导员内在美与外在美的统一，从而保持独特的职业形象，获得学生的尊敬，在意识上取得认同感。

（二）高校专职辅导员进行大学生思想政治教育工作的主要方法与路径

1. 将"以人为本"作为大学生思想政治教育的出发点

专职辅导员应将"以人为本"作为出发点，以学生为主体，从主观上放弃传统的将人作为工具与手段的物本主义，确保青年学生主体地位，清楚怎样尊重人、理解人，树立相应的服务意识。一切都为了学生，改变以往教学方式，努力服务青年学生，将实现与维护青年学生的利益放在首位，做的决策应统筹兼顾，避免与大学生思想相脱离。

2. 始终将"职业生涯规划"作为大学生思想政治教育的一件大事

一些大学生思想较为浮躁，消极度日，出现如此情况是因为从一开始就未树立远大的理想，没有考虑自己今后的规划。因此，专职辅导员需要在学生入学时指导学生制定自己的《职业生涯规划书》，挖掘学生潜在的能力，从而增强学生个人实力，积极树立适合自己的职业理想。改革学校教育教学，进一步帮助学校建立完善的人才培养体系，有助于开发人力资源，满足社会对高等人才的需求，减少社会人力资源的浪费，进而有效解决社会就业问题，让社会得以稳定发展。

3. 始终坚持"学校—家庭—社会"三位一体的大学生思想政治教育方式

大学生思想政治教育与家庭、社会教育分不开。其中，学校教育占主导地位，但这在无形中增加了学生的压力。这要求学校更进一步了解学生家庭背景与思想动态，建立学校与家长沟通的桥梁。对于社会问题，辅导员需积极发动学生参加社会实践，让学生更进一步了解社会、体验社会，陶冶思想情操，帮助学生正确地保护自己。

4. 大学生思想政治教育方法

专职辅导员需完善学生的自我教育、服务、管理这三个方面的工作,将其融入思想政治教育中。辅导员在培养学生干部的过程中,应加强学生干部的执行力。另外,思想政治教育还需执行"三自"方针,体现学生当家作主的主人翁精神,让他们体会到自身价值,加强自我责任感,增强互通性与相容性,提高灵敏度,拓宽工作面与知识面,实现自我提高的目标。由上可知,改革高等教育工作,高校需做好思想政治工作,学生思想政治出现新的特点、变化都是必须经历的阶段,这时辅导员应鼓励学生大胆探索,勇于创新,为新时期高校学生注入新的活力。

四、大思政格局下高校辅导员职业化发展的路径

我国高校辅导员的职业化发展进程一直都没有得到明显的推进,所以工作的效率和效果难以达到预期。在大思政格局下,高校辅导员不仅承担着管理和服务大学生的职责,更承担着育人工作。

(一)高校辅导员职业化发展的阻碍因素

高校辅导员走上职业化发展道路不仅与大思政格局相契合,也是辅导员职业的内在诉求。如今我国高校辅导员已经成为"万金油"的代称,这表明该职业的规范性和专业性存在一定的不足,而高校辅导员职业的未来发展方向是事务性和专业性的统一。为了能够更为高效地解决辅导员职业化发展路径中的阻碍,首先要做的就是分析高校辅导员职业化发展过程中存在的不足。

1. 高校辅导员的学术支撑不足

现如今我国的高校辅导员具有不同的教育背景和专业学历,而且大部分辅导员的专业知识与职业并没有十分直接的联系,所掌握的知识并不在"辅导员学"的范围之内。辅导员的专业可能是理工科类、人文学科类或者思想政治教育类等,大部分都与辅导员岗位所需的专业知识不相关,而高校辅导员工作恰恰对思想政治素养和职业素质的要求比较高,而大部分在职的高校辅导员没有

接受过专业的学习和培训，所以学术支撑方面存在十分明显的不足。再者，高校辅导员的主要工作是保障学生学习和生活的正常进行，这往往需要花费大量的时间进行师生谈话、召开会议、开展扶贫助困活动等，具有学术内涵的活动比较少。即使高校辅导员能够不断从日常工作中总结出经验和心得，但对其自身学术水平和专业素养的促进作用并不明显，如果高校辅导员无法从工作中实现自我提升，那么工作的主动性和积极性必定会受到严重打击。

2.高校辅导员职业规范不明确

高校辅导员的职业规范主要体现在岗位、知识和专业能力、工作评价等方面，尤其强调担任辅导员人员的资格和水平。如今大部分高校在招聘辅导员时都要求任职者必须是党员，同时是"985"或者"211"高校的毕业生，在招聘时会忽略对任职者性格能力、心理特点等是否适合担任辅导员的审查。而且辅导员工作的评价方式也存在不足，评价标准是学生是否安全、毕业生就业率等，却不重视辅导员自身制定的管理机制、理论和创新方面是否取得进展。

3.高校辅导员的评价体系不完善

实现辅导员职业化发展的重要前提是完善评价体系，因为完善、科学的评价体系不仅能够让辅导员与其他职员一样受到平等的待遇，科学合理的职务范围和领域也能够让辅导员的工作更加专业化和规范化。如今我国很多高校都不重视建立和健全辅导员评价体系，这导致大部分辅导员无法产生职业认同感，使职业化发展工作迟迟无法推进。

（二）高校辅导员职业化发展的重要意义

1.保证我国高等教育能够健康发展

我国人民的生活质量逐年提升，高校的招生人数和入学规模不断扩大，越来越多的学生能够有机会接受高等教育。虽然进入高校进行学习的学生数量不断增加，高校内部的师资力量却没有明显增强。因此，为了让学生能够在大学生涯中掌握专业知识和技能，增强和增加师资力量是十分必要的。高质量的辅导员团队能够为学生提供更多的帮助和更高质量的服务，让学生的真实想法能够通过辅导员准确地传达给学校管理层。

2. 提高大学生思想政治教育的质量

互联网的飞速发展让学生可以通过网络听到不同的声音，了解不同立场的人的想法，这对我国高等教育而言既是一个宝贵的机遇，也是一个艰难的挑战，因为它在一定程度上提高了思想政治教育工作的难度。辅导员开展思想政治教育的目的是提高学生对信息的鉴别能力，让学生能够筛选和吸收正确的观点和看法，并尽可能地减少西方思想对大学生人格的影响。高校辅导员是引导学生形成正确的人生观和价值观的重要力量，因此为了能够有效提高大学思想政治教育的质量，首先必须确保辅导员团队的思想觉悟和道德观念不出现偏差，然后再不断提高辅导员开展思政教育的能力。

（三）高校辅导员职业化发展的路径

实现高校辅导员职业化发展需要花费比较长的时间，而且要求高校与教育行政部门的观念和目标能够统一，然后团结一致确定高校辅导员职业化发展的目标，不断探索能够推进辅导员职业化发展的对策。

1. 深刻理解高校辅导员职业化发展的重要性

为了确保促进高校辅导员职业化发展的对策落到实处，减少措施实施过程的阻力，高校管理层和辅导员自身必须形成正确的观念，深刻理解和认识职业化发展的重要价值。

（1）提高领导对辅导员职业化发展的重视程度

在推动辅导员职业化发展进程时，首先要让领导重视该工作并进行指示。中央领导已经对高校的辅导员职业化发展工作进行了强调，所以地方领导和高校领导需要认识到相关政策的重要性并根据中央下发的文件进行严格落实。高校领导需要深刻认识到建设辅导员队伍的深远意义，认识到具备高水平工作素养的辅导员不仅能够使思想政治教育高质量开展，而且能够使高校在社会群众心目中留下积极正面形象，更重要的是能够培养出高质量人才，推动我国的社会建设进程。因此，只有高校领导对辅导员职业化发展的工作给予了足够的重视，职业化建设才会成为战略性的目标。

（2）提升辅导员对职业化建设的认识

在教育行政部门领导和高校领导高度重视辅导员职业化建设的前提下，要使相关措施的作用能够得到真正发挥，还需要辅导员自身能够对本职工作、职业化发展有更加全面且深刻的认识。如今我国大部分高校辅导员都是在校表现优秀的学生，他们大多都具备极强的事业心和责任感，能够以饱满的热情按照上级的要求完成工作。但值得注意的是，他们对辅导员工作的认识仍然比较片面，需要在工作过程中逐渐形成对职业的认同感，把辅导员工作当作是自身成长和职业发展的重要阶段，然后结合实际工作情况制定出长远的职业规划。

2. 明确辅导员的工作内容，提升应用型高校的专业性

如今我国的高校辅导员的工作内容也包括引导学生健康发展、管理学生学习和生活秩序、为学生服务等。但是辅导员的知识理论体系并没有得到完善，传统的工作体系已经无法满足学生的内在诉求，所以必须结合实际情况进行辅导员制度完善和理论创新。从学生工作的诉求和辅导员工作的内涵出发，明确辅导员工作理论体系和范畴，这不仅能够让辅导员在进行日常工作时有参考标准，还能推动辅导员工作的专业化发展。

3. 增强高校辅导员的职业培训

学习和培训对于高校辅导员而言是十分重要的，培训能够有力地推动辅导员职业化发展。辅导员普遍会在完成一个工作周期后对工作产生疲惫和倦怠的情绪，因为辅导员在完成该届学生的服务任务后，对自身工作的内容和内涵都有了完整的体验，如果立刻接手带领下一届学生，就很容易发生重复体验职业情绪的情况。因此，高校需要让辅导员有机会参加专业的培训工作，通过反复实践，修改制定出完善的培训方案，让辅导员能够接受高质量的职业培训，培训工作也要根据辅导员的情况及时地对培训方案、评价方案做出调整。高校可以根据辅导员的研究兴趣和理论背景安排其在国内外的培训机构接受学习，使辅导员队伍的整体素质得到提高。

4. 创新学生工作的工作机制，提高协同性

辅导员的工作任务是引导学生形成积极向上的人生态度和思想观念，专业知识教育则确保学生能够掌握专业知识和技能，所以思想道德教育和专业教育对学生而言都具有重要作用。如今我国高校普遍存在思想道德教育与专业课程毫无关联的情况，辅导员只需要负责帮助学生形成正确的思想观念，而不关注学生专业课程的学习情况。为了能够推动高校辅导员的职业化发展进程，必须让辅导员充分地融入高校人才培养计划之中，让辅导员也参与到学生的专业课程学习过程之中。一方面需要积极整合和利用学生的资源信息，让学生成为辅导员开展工作的重要帮手，让"大学工"的工作机制能够不断完善并落实。另一方面也需要根据学生的学习状况，对辅导员的具体工作职责进行调整和完善，让辅导员能够高质量地完成思想教育、就业指导和心理指导工作。

在大思政格局下，高校辅导员的职业化发展成为辅导员队伍建设的重要目标。高校辅导员作为学生思想政治教育的重要力量，必须要在实际工作中起到引导者、开导者的作用。为了能够有效推进高校辅导员的职业化发展，首先需要解决学术支撑不足、评价体系不完善等问题，然后在实践过程中不断探索和总结有效的对策。同时，高校管理层和领导都需要对辅导员队伍建设给予足够的重视，在政策等方面给予支持和鼓励，最终才能实现高校辅导员职业化。

五、少数民族学生专职辅导员的网络意识形态工作能力

意识形态工作是党和国家一项极端重要的工作，做好意识形态工作是当前我国社会发展过程中一项重要的历史任务。意识形态工作能力也是高校辅导员必备的核心职业能力。全国各大高校在工作过程中需要积极主动地对马克思主义进行学习和宣传，需要确保所培养的人才拥有正确的思想价值观念，从而保证中华民族伟大复兴梦想可以真正实现。高校辅导员肩负着对高校大学生进行马克思主义教育，培育其社会主义核心价值观，引导大学生正确认识世界的责任与使命。高校大学生在日常的学习生活中最常接触的教师团体就是辅导员队伍，因此辅导员队伍成了培养大学生正确思想价值观念和开展大学生思想政治

教育的中坚力量，在日常工作中必须担负起组织实施和指导高校大学生思想政治教育和管理工作的任务。

（一）提升少数民族学生专职辅导员网络意识形态工作能力的重要意义

1. 加强少数民族大学生思想政治教育的必要条件

高校大学生的组成极为复杂，少数民族大学生是高校大学生群体中必不可少的组成部分。绝大多数的少数民族大学生在毕业之后都担负了一定程度的推动少数民族地区发展、经济复兴、跨越式发展和文化建设的任务，因此少数民族大学生是少数民族地区和谐稳定发展不可缺少的人才。少数民族大学生可以在之后的工作中担任党和国家有关于民族宗教的政策方面的宣传者，在少数民族地区进行思想政治教育工作，维护我国各民族之间的团结统一。因此少数民族学生专职辅导员自身的意识形态工作能力至关重要，将会直接影响到我国少数民族大学生自身政治思想培养和道德意识的提高。

2. 促进社会和谐稳定发展的重要保障

高新技术和互联网信息化时代的发展为人民群众带来了新的生活方式，但同样为部分西方国家提供了更加方便的思想渗透渠道。长期以来，部分西方国家利用互联网信息技术传播不利于我国发展的思想，不断地对我国的意识形态进行渗透和破坏。绝大多数破坏我国意识形态的西方团体，在进行破坏之前选择的目标便是涉世未深的少数民族大学生，通过诱惑、煽动等各种手段，向我国少数民族大学生灌输错误的思想。因此，少数民族学生专职辅导员需要进一步增强自身网络意识形态工作能力，加强对我国少数民族大学生自身的意识形态培养力度，坚定理想信念，帮助少数民族大学生培养明辨是非的能力，构建思想方面的防火墙，为社会培养出有正确思想价值观念、正确理想信念、坚定政治立场的高素质少数民族大学生人才。少数民族学生专职辅导员作为大学生思想政治观念的启蒙者和长期培养者，帮助少数民族大学生培养出正确的思想价值观念，可以一定程度上促进社会和谐稳定发展。

3. 实现中华民族伟大复兴的应有之义

少数民族大学生是少数民族青年中的优秀分子，是国家发展和少数民族地区发展不可缺少的宝贵人才。因此少数民族大学生自身思想价值观念和政治立场将会严重影响到少数民族地区的未来发展。少数民族大学生自身的思想价值观念培养工作是我国少数民族地区发展不可或缺的工作，帮助少数民族大学生培养正确的价值观和政治立场，是确保我国整体和平稳定发展的必然需求。而高校少数民族学生专职辅导员对少数民族学生的思想心理更为了解，对少数民族学生进行思想政治价值观念的培养，是这个时代对高校少数民族学生专职辅导员的迫切需求。

（二）提升少数民族专职辅导员网络意识形态工作能力的对策

1. 树立终身学习理念，提升网络专业技能

高校少数民族学生专职辅导员在开展工作之前，首先需要明确和牢记自身的角色和岗位职责，然后再以新时代高校少数民族学生实际的意识形态工作需求为根本，提高自身的意识形态工作能力。少数民族专职辅导员应根据培养自身意识形态工作能力的需求，有针对性地学习和提升少数民族大学生网络思想政治教育工作所需求的知识与技能，例如，积极参与网络专题学习培训，不断提高网络专业技术水平，明确学习的重要性，增强学习自觉性，树立终身学习理念，并从加强个人理论修养、党性修养、正确应对工作职责等方面，不断提高自身的学科理论知识水平，与时俱进地更新工作观念、内容和方法，在提升自身知识储备的同时了解和掌握少数民族特色文化与相关政策。

2. 树立网络工作自信，提升亲和力与感染力

在对少数民族大学生进行管理和服务的过程中，少数民族学生专职辅导员不仅需要做好答疑解惑和提高大学生思想觉悟等工作，同时要针对少数民族大学生自身的民族特点和心理特征进行分析，选择合适的工作方法开展各项工作。少数民族大学生的教育管理需要专职辅导员积极探索价值观教育与环境变化的内在联系，坚持"动之以情，晓之以理"的教育管理方式，通过科学的引导

教育，加强正面宣传，耐心细致地传播正确的思想价值观念，做到"润物细无声"，从而有效地培养少数民族大学生正确的思想价值观念。

3. 明确网络安全责任，深化网络风险意识

少数民族学生专职辅导员应对照《高校辅导员职业能力标准（试行）》中的具体要求，明确少数民族学生专职辅导员的网络安全责任，结合少数民族大学生的认知特点及工作实际，创新工作方式，全面深入与学生相关的网络平台，牢牢把握少数民族大学生网络思想政治教育工作的主动权。

少数民族学生专职辅导员肩负着少数民族大学生思想政治教育、心理健康指导、就业指导等责任和使命。面对互联网带来的新挑战，为更多更好地培养少数民族大学生人才，每一名少数民族学生专职辅导员都应当与时俱进，在工作过程中要始终牢记自身工作对国家稳定发展和实现民族复兴梦想的重要性，积极主动地提升自身网络意识形态工作能力，从而加强对少数民族大学生的人生指导和成才帮助。

第四章 高校思想政治理论课教学

第一节 高校思想政治理论课建设

一、政治社会化视域下高校思想政治理论课建设

人们的政治知识、政治态度、政治价值观以及由此决定的政治行为模式并不是与生俱来的。因此如何有效进行政治教育，使社会成员明确政治取向，掌握政治技能，具备政治知识，适应政治生活，一直是备受关注的问题。当代中国，高校思想政治理论课作为各类型、各层次高校统一开设的公共基础课，是传播社会主义主流政治文化的主要渠道，是促进大学生形成正确政治态度和政治人格的重要途径，也是维护社会政治稳定、促进社会主义民主政治发展的基本环节。可见，思政课承担着政治社会化的职能。

（一）政治社会化与思政课的概述

1. 政治社会化的本质

人类进入阶级社会以来，政治社会化现象就广泛存在于人类社会政治生活中。古希腊哲学家柏拉图在《理想国》一书中就提出将政治融入教育，并通过教育的途径塑造符合统治阶级需要的理想公民的观点，这可以说是最早从政治学角度论述政治社会化现象的观点。现代政治学将其作为研究对象加以系统化阐述，是在美国政治学者戴维·伊斯顿的《政治社会化研究中的若干问题》一文中，文章指出政治社会化与社会稳定的发展关系密切，并将政治社会化定义

为人们习得政治取向和行为模式的发展过程。

改革开放以来，我国政治学界在学习借鉴国外研究成果的同时，立足我国政治发展实际，从马克思主义立场出发，对政治社会化进行了有益的探讨，丰富和发展了我国政治社会化理论研究。我国学者从个体、社会、目的和内容四个角度来阐释政治社会化的基本内涵。从个体角度而言，政治社会化是"自然人"接受一定的政治知识、形成自己的政治意识和政治行为模式，成长为"政治人"的过程。从社会角度而言，政治社会化是社会组织或者群体以一定的方式、渠道向社会成员传播政治文化的过程。就目的而言，作为政治社会化主导者的统治阶级的目的在于维持政治体系正常运转，保持社会稳定，促进社会政治、经济等方面发展。就内容来说，政治社会化所要输出的是统治阶级主导的政治文化，是符合其利益的意识形态。总而言之，政治社会化在一定的社会环境中，是政治文化传播和学习的过程，其实质是"政治体系与社会成员之间互动的过程，是政治体系进行社会教化与社会成员个体学习的辩证统一"。

政治社会化贯穿人的一生，又以青年时期最为重要。大学生正处在人生的"拔节孕穗期"，是世界观、人生观、价值观的确立期，具有很强的可塑性。因此在政治社会化中，大学生是重点人群。就我国而言，大学生的政治社会化是指政治体系有计划有目的地通过各种渠道和方式传播中国特色社会主义政治文化，使大学生掌握相应的政治知识与技能，积极参与相应的政治活动，具备较高的政治觉悟、政治敏感度，树立社会主义的政治态度和政治信念，拥护党的事业、支持党的基本路线，使自己成为合格的政治人的过程。

2. 思政课的内涵

新中国成立初期，高校就开设了思想政治教育相关课程，直至 2004 年才开始使用"思想政治理论课"这一名称。思政课作为各层次、各科类大学生的必修课，目前开设有"思想道德与法治""中国近现代史纲要""马克思主义基本原理"和"毛泽东思想和中国特色社会主义理论体系概论"四门必修课。这几门课程既有侧重，又有联系，构成一个有机整体。

思政课"专指我国高校直接以学科或者理论形态通过课堂教学的方式对大

学生进行马克思主义理论与思想政治教育的课程"，其内涵可从性质、定位和功能三个方面来把握，主要体现在具有鲜明的政治性、思想性和理论性。其中，政治性是本质属性，规定了该课程的政治立场与方向；思想性是课程的内在灵魂，承载了马克思主义所蕴含的价值追求和现实关怀；理论性是精要所在，赋予课程立足经验现实而又洞察事物本质的深刻性。思政课的定位基于其性质，具体来说是对大学生进行思想政治教育的主渠道，是高校宣传思想工作的主阵地，是落实党的教育方针的集中体现。功能是特定事物所具备的功用和效能的统称，是本质属性的外化，思政课的功能主要包括保证高校的社会主义办学方向、培养中国特色社会主义的建设者和接班人、巩固马克思主义在高校意识形态中的指导地位以及全面提高大学生的思想政治素质四个方面。

3. 大学生政治社会化与思政课的内在关系

大学生政治社会化与思政课的内在关系体现在两者的本质、对象、目标和内容上具有显著的同构性。具体来说，一是本质上都有着鲜明的政治属性和阶级属性。任何时代的统治思想始终都是统治阶级的思想。二是对象上都将大学生作为重点对象。这是因为一个人的大学时代恰好是世界观、人生观、价值观确定的关键时期。作为国家希望与民族未来的大学生，其成长成才事关国家发展和民族复兴。当代大学生如何看待、理解本民族和国家的历史，如何看待现行社会政治制度以及党的路线方针政策，如何看待个人与国家社会的关系等不仅会影响他们一生，也事关党和国家事业的兴衰成败。三是目标上都聚焦在"培养什么人"这个重大问题方面。通过对人的塑造和培养，使社会成员具备与政治体系所倡导的、与社会体系相符合的政治理念和价值取向来参与政治活动、规范自身政治行为，从而能够更好地进行社会政治生活，构建和谐社会政治关系，最终保障政治体系的延续与发展。四是两者基础性内容都涵盖了马克思主义基本原理、中国化马克思主义、社会主义道德法治和中国近现代发展史等要素，都"体现了统治阶级的政治利益，反映了统治阶级的政治信息、政治观点、政治价值、政治行为、道德规范等"。

（二）当前思政课教学存在的问题

1. 教学理念刻板僵化

改革开放四十多年来的巨大发展变化深刻地影响到我国社会思想文化领域。相较以往，当今社会成员的民主意识、法治意识、参与意识、竞争意识、权利意识、创新意识以及社会责任感等方面都有了前所未有的提升。目前社会多元化发展趋势明显，特别是面对西方意识形态的冲击、错综复杂的社会现象，大学生缺乏一定的辨识能力，易受不良政治思想影响，甚至产生错误的政治认同。随着高等教育大众化时代的到来，高等学校生源规模不断扩大，专业门类不断增加，层次差异愈发明显，也使得思政课的受众群体变得日益复杂。虽然思政课的课程结构和教材体系一直在修订更新，但由于思维理念上的惯性作用，实际教学中普遍存在着一种"以不变应万变"的思维定式，即面对新形势、新变化缺乏对时代变化的回应，片面强调标准性、权威性、整体性和绝对性，过多强调理论宣教，缺少技能培养，这难以激发以"00后"为主体的学生的学习兴趣。

2. 教学内容存在缺陷

思政课以马克思主义基本理论为主线，其内容虽然涉猎颇为广泛，涵盖了从道德到法律等多个层面的问题，但并不能满足大学生政治社会化的认知需求，大学生普遍面临政治知识总量及系统性不足的缺陷。虽然课程名称带有"政治"两字，通览四门课程的教科书，却无一系统完整地向学生介绍当代政治学方面的基本知识，特别是马克思主义政治学的知识。许多大学生虽然接受了思政课教育，但是他们的言行中表现出现代政治知识严重不足，不清楚国家机构的设置和运行机制，不了解自己作为公民的权利和义务等，更缺乏对社会政治问题的深层次探讨，对重大政治问题的科学判断力不足，难以抵御西方意识形态的渗透。

3. 教学方法依赖灌输

传统思政课教学在形式上以课堂讲授为主，侧重于对青年学生灌输主流意识形态。理论灌输虽然对帮助大学生掌握基本理论知识，了解社会制度规范，培养分析现象能力，坚定社会主义理想信念、提升理论素养和政治素质等方面发挥了积极作用，但是过度依赖这种灌输的方法在实际教学中形成了教师对学生的单向度模式，出现"三多三少"的尴尬局面，即在教学活动中单纯说教多，结合实际少；理论灌输多，引导启发少；被动接受多，主动探索少。这表明在教学上没有把握好教师主导性和学生主体性的统一关系，没有及时有效地回应学生对政治问题的疑惑和有关政治利益的诉求。思政课若无法满足学生在求知解惑方面的诉求，那么学生转而会寻找其他渠道，特别是微博、微信公众号等，这些途径所传播的政治信息和知识纷繁复杂，甚至有的还是与主流价值不相符的观点，从而严重干扰教学目标的实现。

4. 考核偏重知识记忆

考核作为教学过程的关键环节，对人才培养目标的实现有着重要影响。思政课作为习近平新时代中国特色社会主义思想铸魂育人的关键课程，课程考核以试卷测评和课程论文的书面形式为主，其内容围绕教学大纲和教材展开，主要侧重考查学生知识记忆能力。这只能说明思政课教学就其承载的知识而言是完成了教学目标的，却没有综合考虑是否实现了学生内化思想、外化行为的完整过程，同时也未考虑学生在课堂外的其他途径中所接受的有关政治信息，忽略了这些因素对大学生群体政治情感、政治信仰和政治态度产生的影响，从而使得考核评价的结果不能全面真实地反映学生自身素质。

（三）基于政治社会化理论的思政课建设路径

思政课染上痼疾的原因众多。其根本在于未能把握好思政课建设与大学生政治社会化的关系，忽视了大学生政治社会化的实际情况，以致学生虽学习了有关课程，但无法理解所学知识，在现实生活中不能正确分析社会现象，继而产生了思想困惑，使得思政课应有的价值也无法彰显。因此，学习借鉴政治社会化相关理论和有效做法，是推动思政课改革创新、提升思政课实效性的有效举措。

1. 更新教学理念

教学理念是对教学规律的认识与把握，对整个教学活动具有指导意义。面对新时代的新情况、新变化、新问题，思政课教学理念必须紧跟时代潮流，积极更新教学理念。首先，进一步明确培养目标，对"立德树人"这一根本目标进行科学阐释。把政治社会化的"政治人"目标有效融入其中，着重回答好"培养什么人"这一重大问题，以增强政治认同为出发点和落脚点，把顶层设计的宏观目标落实到学生个体的微观层面，增强教师教学和学生学习过程中的导向性和操作性。其次，把握好教育的规律性，既要立足国内和国际政治社会现状和趋势，把握政治活动的规律性，又要尊重大学生成长和认知的特点，遵循"自然人—社会人—公共人"这一个体政治社会化的螺旋上升的非线性逻辑，破除抽象理论、概念、观点的灌输式教育，寻找社会焦点为突破口，激励学生进行价值判断和知识学习。最后，在抓好思政课育人主渠道的同时，按照"三全育人"的总要求，借鉴国外公民教育的成功经验与有效做法，高度重视隐性教育的作用，充分利用当前全国开展"课程思政"建设的契机，立足各学校办学实际，结合专业特点探索构建思政课与专业课协同育人机制，形成育人合力。

2. 完善教学内容

提高育人实效，增强学生的获得感，需要调整和完善思政课的相关内容。政治社会化目标在于培养社会成员的"公共人格"，因此，思政课教学也不能离开公共生活而空谈理论。

首先，增强教学内容的时代性和现实性。"准确捕捉突破口是高校思政课建设的重要方法，突破口的选择是否得当，直接关乎课程建设的实践状况。"突破口的选择是多样的，其要义在于把时代感强、反映国家发展、社会进步的内容有效融入教学中，让书本内容与社会实际结合起来，把理论的亮点与学生的兴趣结合起来，增强教学内容现实性。其次，补齐思政课知识点在政治学领域的短板。大学生政治素养的培养少不了政治学知识的学习，思政课内容应当将政治学大众化教育纳入其中，可以通过调整课程设置或者以选修课形式，围绕政治学基本原理、当代中国政府与政治、国际政治等内容，突出向学生介绍马克思主义政治学逻辑体系以及中国特色社会主义政治体系的运行逻辑，提升学生政治鉴别能力。最后，以提升政治技能为导向丰富实践教学内容。在传统的实地参观、专题讲座、座谈联谊、读书观影等实践活动的基础上，充分利用好学校内部召开学代会、职代会、基层人大代表选举等基层民主实践等时机开展实践教学，创新教学形式，让学生直观了解，从而深化他们的政治认识，提高他们的政治认同。

3. 改进教学方式

改进教学方式，需要打破传统单向的理论灌输模式，构建师生双方互动格局，应当从两点入手。

一是正确把握课堂教学中教师与学生两个主体间的互动关系。政治社会化理论认为，公民的政治社会化路径是以教师的说教和外化为中心的。思政课教师的特殊性决定了他们是政治信息的发布者、政治文化的传播者、政治信仰的培育者，教师的基本政治态度与价值取向对学生的影响深远。因此，思政课教师首先要在把握政治方向上发挥主导作用，确保政治立场上的正确。同时，也要尊重学生的主体地位。政治社会化理论高度重视学习者的内化过程，这对思政课教学也同样适用。"只有调动起受教育者的主体能动性，思想政治教育才是成功的。"大学生在接受思政课教育中，不是被动地接受知识灌输，而是能动地对所学内容进行加工和整理，从而内化成自我主体的政治知识、政治态度及政治价值。发挥学生自主性，需要教师帮助、引导和鼓励学生对价值问题进行思考和判断，将原来课堂教学教师的"独奏曲"转变成师生共奏的"交响曲"。

二是要充分运用好互联网工具，构建"互联网＋课堂"的模式，并在教学实践中积极地运用大学生慕课、超星平台、腾讯课堂、学习通、钉钉等平台开展线上教学，有效克服课堂教学的时间与空间的限制，增强交互性，调动积极性，激发学生自主学习的兴趣。

4. 优化外部环境

思政课要提升育人效果，需要优化外部环境。具体说来，应从家庭、社会、学校、网络四个方面入手。家庭教育是基础，现实中许多家长受应试教育的影响，仅把考试成绩作为评判孩子的唯一标准，忽略了品格教育。因此，家长在平时要注意家风建设，平等对待子女，尊重他们的意见，用自己的言行教育子女。社会环境是导向，要以增强大学生对国家和核心价值观的认同为中心，按照党的十九届四中全会要求，完善治理体系，提高治理能力，营造风清气正的政治生态和良好的社会环境。校园文化是有效补充，校园文化是学校教育的重要组成部分，校风、学风和教风体现着一个学校的整体气质和思想文化涵养，对学生的思想情感和道德品质具有潜移默化的影响。高校要以"一训三风"为抓手，发掘其中的育人资源，最大限度发挥其熏陶和引导的作用。网络是关键，以互联网技术为代表的自媒体等平台发展方兴未艾，其中传播的内容真伪难辨，其去中心化、即时性等特点给传统思政课教学带来巨大挑战，对此，政府有必要对互联网传播内容进行调控，及时准确地消除不健康信息，强化正面舆论导向。

中国特色社会主义进入新时代，面对新情况、新问题，思政课要在坚持"守正"的同时，注重创新。借鉴政治社会化理论成果和有效做法来推动思政课改革创新只是其中的一个方面，更多的实践需要广大高校思政课教师以创新的思维、宽广的视野、开放的胸怀，立足自身实际来共同推动，只有这样才能提升思政课的育人实效性，满足新时代对思政课的要求。

二、高校思想政治教育学科社会服务

（一）思想政治教育学科社会服务的特点

思想政治教育学科社会服务一般是指各类思想政治教育理论与实践活动通过价值引导、理论向导和实践指导，主动服务经济社会发展，凸显社会价值、人的群体价值与个体价值的实践形式。例如，通过开展思想政治教育活动，对社会生活中的群体与个体开展诸如人文关怀、思想引领、心理疏导等。我们可以认为，思想政治教育学科社会服务具体是指以系统知识、教育方法和技能等直接为思想政治教育或间接为其他学科活动服务，从而为社会实践活动服务，其具有以下特点。

1. 加强思想政治学科建设，促进理论与社会实践的良性互动

作为一级学科"马克思主义理论"下的二级学科，思想政治教育学科坚持以马克思主义基本原理为指导，在发展进程中不断借鉴和吸收其他学科知识和方法精华，呈现出了政治引领性和思想教育性相结合的特征，一方面坚持思想政治教育的基本立场，坚守"讲政治"的旗帜不动摇；另一方面则表现出"立德树人"的根本任务，将教育融入社会生活的方方面面。思想政治教育作为社会系统的重要组成部分，产生于社会实践，对社会实践活动发挥着能动作用，既服务于社会实践，又受到社会的制约。这就要求思想政治教育应注重学科的本体性建设，强化学科的自我意识，通过塑造科学的知识体系，建立起学科间的知识语境、话语方式，提升自身的学科对话能力，生成学科新知识，更好地在社会实践中发挥价值引导功能。

2. 切实服务社会发展需求是思想政治教育学科建设的最终归宿

学科建设在高校各项事业发展中具有不可替代的重要作用，也是建设乃至建成高水平研究型大学的重要标志。当下我国第四轮、第五轮学科评估工作在"社会服务与学科声誉"的一级评测指标中更加突出了学科"社会服务"的特色功能发挥情况的考察。落实新时代思想政治教育的使命任务，需要高校在思想政治教育学科建设中，发挥资源优势，找准目标定位，坚持问题导向，聚焦资政育人，在服务社会发展需求中主动作为，积极承担使命与责任，在服务中实现大作为。

3. 思想政治教育需与社会实践有效融合

思想政治教育学科社会服务的对象是现实的人，具有现实性、具体性、丰富性特点。社会群体由处于社会关系中的个人所构成，具有丰富性、异质性和多样性特征。思想政治教育学科的社会使命是使更多的社会群体能够了解、掌握和运用好学科相关理论知识，这就要求我们在广度上不断拓宽教育边界，在深度上针对特定社会群体进行重点把握。思想政治教育学科的知识传播广泛存在于社会各个结构层面，通过不断提升其显示度、关注度，可进一步推进它与社会实践的有效融合。在特定社会群体上，思想政治教育学科的知识发展应扎

根于社会现实，对社会弱势群体、社会发展关键行业等进行贴合实际的研究，提供满足要求的知识内容和精神指引。

（二）思想政治教育学科社会服务现状

随着高校治理能力和办学水平的不断提升，高校思想政治教育学科社会服务亟待补强顶层设计的制度保障、学科社会服务认知深化以及实践空间拓展等方面，以精准对接社会需求的变化。

1.思想政治教育学科社会服务层面的认知存在偏差

部分高校片面强调高校发展价值和教师个人价值，看待思想政治教育学科服务社会的出发点和立足点不稳，在思想政治教育学科发展如何更好地回应社会现实、价值矛盾冲突，如何更好地融入国家治理格局等方面还存在"部分自觉、不自觉"的现象，并不能在更深层次上将思想政治教育与新时代学科社会服务内涵统一起来。客观上还存在仅把大学生思想政治教育工作作为高校思想政治教育的本职工作的情况，也未能充分挖掘社会服务对学科基础研究和教育教学的促进作用。不充分的认知情况也会引发学科建设中生搬硬套的现象，仅在学术研究上借鉴相关学科的社会服务知识内容，重结果不重过程，导致学科边界掌握得不够精准，无法真正与其他学科交叉融合，多学科协同也容易流于形式。

2.思想政治教育学科介入的社会实践空间仍需拓宽

从当前思想政治教育学科社会服务的覆盖面来看，其作用的社会空间范围主要包括各类政府机关、事业单位、学校和国企等。但在实践中，思想政治教育学科建设范围难以在社会层面得到进一步拓展，时常被窄化为学校、党政机关、国有企业等组织范围内的实践活动，在高等教育系统则时常将思想政治教育学科建设压缩为高校的专业或思政课建设。虽然近年来高校思想政治教育开展的相关工作在内容和形式上更加丰富，具备了一定的主动适应经济社会发展需求和自身发展需要的变革能力，但思想政治教育的价值引领功能尚未完全发挥，社会服务的手段和途径仍然有限，社会服务的载体和平台缺乏，服务内容和形式的创新不足，未能有效形成思想政治教育学科主动服务社会的常态化机制。

3. 思想政治教育学科社会服务的顶层设计有待强化

目前，高校思想政治教育学科的社会服务缺乏较高层次的顶层设计，而高校自身普遍缺乏相关的管理模式和运行机制，对思想政治教育学科教师的社会服务也缺少引导和激励机制，造成该学科社会服务高度依赖教师的个人自觉，缺少有效的外在推力。同时，部分高校思想政治教育学科教师队伍结构需进一步优化，一方面需处理好繁重的教学任务，另一方面需加强学科队伍的梯队建设、提升队伍业务水平。而制度设计的制约和低效，演化出了思想政治教育学科建设的窄化现象，制约了学科社会服务的效能。

（三）思想政治教育学科社会服务能力的提升策略

增强高校思想政治教育学科的社会服务能力，需要我们深刻了解思想政治教育学科相关知识问题的生成机制，深化和拓展理论研究，加强高校思想政治教育学科社会服务的共识体系、实践空间和制度保障建设。

1. 积极培育价值共识，不断完善思想政治教育学科社会服务体系

高校需要提升主动服务的积极性，跨越高校层面学科发展的局限性，完善优化内部治理结构，改革学科建设激励机制，提升教师意愿，明确学科发展定位，推动思想政治教育学科科学化、系统化、规范化发展。思想政治教育是高校工作的生命线，思想政治教育学科的社会服务主要体现在通过与时俱进的思想政治观念来服务社会，以抽象的知识生产来促进社会公共事务有效治理。思想政治教育学科的社会服务内容既是对社会服务对象普遍需求的回应，又是以实践促进自身学科发展的实践探索。

一般而言，思想政治教育的学科建设本身就是一个不断促进理论和实践辩证统一的动态过程，需要更加重视理论与实践紧密结合、协同发展，及时关注社会现实情况，解决好重大社会实践问题，这也是思想政治教育学科功能发挥的着力点。当前，加强和改进思想政治教育学科的社会服务体系建设，需要进一步加强解决实践问题的能力，强化理论对实践的指导作用，突出学科的实践性和应用性，把服务和指导实践的成效作为检验学科发展水平的重要尺度，为学科高质量发展提供强大动力。

2. 探索扩大覆盖范围，构建思想政治教育学科社会服务新格局

构建思想政治教育学科社会服务新格局，需以系统思维规划好内容、方式、载体的建设，认清学科社会服务能力与社会发展实际需求之间的不匹配难题，并在高校层面加强学科社会服务管理部门建设，改革和创新社会服务平台建设。集中力量加强马克思主义学院建设，充分集聚、优化、整合资源，打造高水平思想政治教育平台，遵循综合性、整体性和全面性原则，构建科学研究、人才培养和师资队伍协同发展的格局，夯实学科建设基础，提升解决全局问题的能力，进而努力丰富思想政治教育的学科内涵，加强学科自信，巩固和扩大思想政治教育的社会覆盖面，切实发挥思想政治教育学科社会服务功能。

3. 强化制度保障，创新思想政治教育学科社会服务模式

一要规范管理制度，明确管理主体，建立学科专业建设、人才培养、社会服务等管理体系，为高校思想政治教育学科的发展和学科社会服务提供制度保障。二要遵循学科发展规律，以学科建设规律为依据，系统化和科学化规划学科社会服务路径，做到教学研究、师资队伍建设、人才培养和社会服务相统一，助力学科服务社会模式的规范化建设。三要创新激励机制，通过政策引导和鼓励，充分调动教师从事社会服务的积极性，将社会服务工作量考核与职称评聘、岗位聘任、绩效发放等统筹考量，提升社会服务在高校各项职能中的地位。四要加强社会服务师资队伍建设，提高队伍的社会服务能力和水平。要结合学科性质和特点，积极鼓励思想政治教育工作者深入研究思想政治教育实践的新方法和新模式，做到以科研促进教学，以学科建设来提升研究水平；要将社会服务能力融入思想政治教育的教师专业能力建设范畴中，将教师对社会现象、社会思潮的分析和把握能力以及转化思想政治教育研究成果为社会实践行为的能力作为考察思政课教师专业能力的重要内容，为提升思想政治教育学科社会服务能力提供多维度制度保障。

三、新媒体环境下高校思想政治理论课建设的困境及对策

随着全程、全息、全员、全效的"四全"新媒体时代的到来,信息的传播方式发生了深刻变化,实现了由"一对多"到"多对多"的交互式信息传播,推动了高校教育教学变革、治理方式变革、教师角色转变和社会服务变革。同时,高校的教育场域发生了巨大变迁,对大学生的价值观、思想认知、学习方式和社会关系等产生了十分深刻的影响,也对新形势下上好思想政治理论课提出了更高的要求。面对新媒体的快速发展,关注新时代赋予思想政治教育工作的全新内涵,重新审视当前高校思政课的内容与形式,借助新媒体将思想政治教育工作多维度地融入人才培养过程中,深入研究高校思政课的改革与创新,对回答好"培养什么人、怎样培养人、为谁培养人"这一根本问题,具有重要的理论意义和现实意义。

(一)高校思政课建设的内在逻辑

当代大学生的主体是"00后",他们成长于世界范围内各种思潮交流、交融、交锋的时代,成长于我国经济社会转型期,思想活跃、个性鲜明、求知欲强,而且处于价值观形成的关键时期。当代大学生群体展现出的价值观特征显示,他们是更加个性化、人本化、理性化和世俗化的一代,在从身份认同到文化认同,再到民族认同乃至国家认同的过程中,部分大学生对社会重点、热点问题的认知出现偏差。新媒体引发了信息传播方式的革新,其最大的特点是不受时间、空间的限制。大学生是新媒体使用人群中最为活跃、最为广泛的一类,他们在通过新媒体获取海量信息时,需要不断提升鉴别能力才能够更有效地获得知识。随着信息多元化和网络社会化,价值认知的"他向"与"我向"的落差在一定范围内对高校大学生的价值观形成和人生理想选择造成了影响,大学生的思想行为呈现出理性与盲目、虚拟与现实、依赖与迷茫并存的状态。而高校在传统的思政课教学活动中,过分强调统一性,忽略了大学生的层次化差异和现实需求。思政课教学内容单一,更新速度较慢,落后于现实社会发展,从

而削弱了其教学效果。

大学生正处在人生的"拔节孕穗期",最需要精心引导和栽培。习近平总书记在全国高校思想政治工作会议上强调:"思想政治理论课要坚持在改进中加强,提升思想政治教育亲和力和针对性,满足学生成长发展需求和期待,其他各门课都要守好一段渠、种好责任田,使各类课程与思想政治理论课同向同行,形成协同效应。"可见,满足学生成长发展的需求与加强思政课建设是目标与举措的辩证统一,是全局与重点的有机结合,学生成长发展与思政课之间具有内在逻辑关系。要把对大学生的思想价值引领贯穿教育教学全过程,妥善回应大学生的现实需要和利益诉求,破解大学生思想政治教育中的热点和难点问题,构建多层次、多形式的思政课课程体系,不断提升大学生的获得感和满意度,推动思政课内涵式发展。

(二)新媒体环境下高校思政课建设面临的挑战和机遇

1. 新媒体环境下高校思政课建设面临的挑战

当前,随着全球化的推进和各种文化思潮的不断涌现,国际、国内形势的不确定性日益增加,全球治理体系和国际秩序的急剧变革,使得高校大学生产生价值认同危机。大学生对社会问题的认知不再单一地依赖课堂教育,其思想认识和价值取向呈现多元化、碎片化的特征,这对原有的思想政治教育机制提出了新的要求。第46次《中国互联网络发展状况统计报告》指出,截至2020年6月,我国手机网民规模达9.32亿,网民群体中学生最多,占比为23.7%。新媒体的出现和演进不仅缩短了人与人之间的距离,还影响着大学生的信息获取方式、人际交往模式和价值观形成过程。移动互联网及其终端成为大学生认知和交流的主要工具,微信、微博、抖音、快手等新媒体平台已占用大学生80%以上的上网时间。当一代又一代的网络"原住民"进入高校,新媒体时代教学主体的交互性、教学资源的海量化和教学方式的多样化,以及话语传播形态的大众化、隐匿化、碎片化给高校思政课的教学主体、学习主体、教学模式和教学资源带来了诸多挑战,高校思想政治教育面临的环境呈现出高度复杂性。

2. 新媒体环境下高校思政课建设面临的机遇

新媒体技术的快速发展为高校思政课建设营造了良好的环境，提供了新的教育载体，打破了思政课的时间和空间壁垒，提高了思想政治教育的时效性。新媒体的应用改变了高校思政课传统的教学模式，让教学更加形象化、具体化，为高校大学生提供了多种多样的学习平台和交流渠道。思政课教师利用新媒体技术，能够把抽象枯燥的教学内容以立体和动态的方式呈现，以有限的时间和资源获得良好的教学效果，使得思政课更加具有感染力，从而吸引大学生积极参与，实现教学资源的优化。大学生利用新媒体技术，可以更方便快捷地获得信息和知识，进一步优化学习过程。在高校思政课建设过程中，教师可以利用新媒体及时回应大学生的困惑，推动高校思政课的教学理念科学化、教学环境人性化、教学条件智能化、教学方式多样化，使新媒体这个"最大变量"成为"最大机遇"。

（三）新媒体环境下高校思政课建设面临的困境

1. 供给侧资源配置呈现结构性矛盾

新媒体环境下，高校思政课的教育对象已经发生了重大变化，大学生从关注理论知识转向关注现实问题，对思政课教学内容的有效性与针对性以及教学方式的趣味性与互动性的要求越来越高，因此需要重新审视思政课的教学过程。当前，高校思政课的供给侧与需求侧存在一定程度的失衡，致使教学面临困境。一方面，高校思政课过于强调共性而忽视了学生的个性发展，忽视了需求侧的主体性，造成教育效果弱化；另一方面，高校思政课在资源供给侧结构优化上理念还比较滞后，供给侧资源配置机制不健全、资源整合有限，使得思政课的教学有效供给不足。在新媒体技术广泛运用的时代背景下，互联网成为大学生认识世界、与人交往的主要方式。"无人不网、无时不网、无处不网"的现实，进一步加大了高校思政课教学的难度。

2. 传统教学模式不适应大学生的特点

高校思政课偏重理论的系统性和完整性，在讲课的过程中，以传统的理论讲授为主，教学方式单一，缺乏实践教学，学生感到枯燥和深奥，难以深入学习。在思政课传统教学方式中，"教师讲、学生听"是一种施动与受动的关系，教学方式呈现单向和直线式等特点，学生处于被动接受地位，无法达到教学相长的理想状态。由于生源差异，大学生在思想、文化、生活习惯等方面具有不同特点，新媒体环境下的大学生思想政治教育工作更具复杂性和艰巨性。思政课实践教学与专业社会实践相脱节、没有在"大思政"视域下将思政课教学内容融入专业课教学、没有实现思政课程与课程思政同向同行等问题依然存在。

3. 教师的知识水平和教学能力与新时代的要求有差距

"讲好思政课不容易，因为这个课要求高。"当前，在新媒体技术与教育深度融合的背景下，思政课教师的知识储备、教学能力、对新媒体的认知及运用与新时代学生的需求还有一定的差距，面临着教学供给方式弱化的困境。思政课如何使学生信服和认同，是思政课教师必须面对的问题。当前许多高校对思政课教师的评价不够全面，缺乏行之有效的奖惩制度，很难真正推动思政课教学方式的创新改革。很多思政课教师在教学过程中还存在着理念落后、知识陈旧、内容老套的问题，不能够及时关注到当代大学生的心理诉求，也不能切实有效地解答他们的思想困惑，更无法使学生实现从"知道"到"认同"的思想转化。

4. 不能很好地将理论内化为学生的思想、情感和价值认同

当前，我国正处于百年未有之大变局的深度调整期和"两个一百年"奋斗目标的历史交汇期，全球以"智能化"为特征的第四次工业革命持续深化，国际竞争日趋激烈。大学生作为社会变革中最具敏锐感的群体，面对新媒体技术的快速发展、社会大环境的快速变化、多元文化思潮的冲击、意识形态之间矛盾的加剧等，其思想认识多样多变的特征会更加明显。部分大学生对社会问题的认知出现偏差，传统的家国情怀和价值观弱化，倾向于功利的实用主义价值观，注重眼前利益而不注重长远价值，传统的思政课已不能很好地将理论内化为学生的思想、情感和价值认同。

（四）新媒体环境下高校思政课建设对策

1. 系统推进高校思政课供给侧资源结构优化

中国特色社会主义进入新时代，为高校的思政课建设提供了新的时代背景、实践素材、理论资源和历史使命，因此要把加强和改进思政课建设摆在更加重要的位置。思政课与大学生成长发展需求之间存在一种供求关系，这决定了思政课必须不断适应大学生成长特点和发展规律，必须不断准确把握大学生成长发展过程中对思政课的需求和期待。高校要充分利用新媒体的信息资源丰富、传播速度快、互动性好等特点，建立健全大学生思政课教学资源库，优化高校思政课资源的供给侧，坚持理论供给与大学生个人具体需求相结合，推进思政课内容与新媒体技术共融共通，深刻理解习近平总书记"思政课是落实立德树人根本任务的关键课程"论述的内涵与精神实质，全面落实高校思政课的建设标准，遵循学生认知规律设计课程内容，增强学生对思政课的认同感。

解决新媒体环境下高校思政课"怎样供给"问题的重点在于优化教学资源供给结构。从课程建设的本质属性来看，在推进方法创新上要注重将理论性与实践性相统一。把握好学生视域的需求端和教师视域的供给端的关系，秉承"学生在哪里，思政课教学就跟进到哪里"的教学理念，推进线上教学与线下教学无缝对接、现实空间与虚拟空间相互补充、外在动力和内生动力协同发力，形成一个良性互动、协同成长的教育空间。在理论讲授方面，要利用新媒体技术，在精准挖掘、分析学生关注的现实问题和思想困惑的基础上，"以透彻的学理分析回应学生，以彻底的思想理论说服学生，用真理的强大力量引导学生"，以"润物细无声"的方式将正确的价值追求和理想信念有效传递给学生。并充分挖掘专业课程中蕴含的思政教育资源，把新时代思想政治教育内容和工匠精神、劳动精神熔铸在一起，既能紧扣时代发展又回应了学生需求。

2. 多维度展开高校思政课教学模式创新研究

高校思政课的教学体系、教材体系、教师队伍和教学方法等要围绕立德树人的根本任务进行改革创新，形成覆盖全员、全程、全方位的立德树人落实机制。首先，高校思政课要充分利用新媒体技术，促使教学形式由单一向多元转变，推动教学内容的表现形式由静态向动态演变，使教学内容既有深度又有温度，从而提高思政课的教学质量。其次，整合与优化思政课课堂教学、实践教学、网络教学的资源，从不同方面探索和构建"课堂教学+网络教学+实践教学"的"三位一体"协同教学模式，推进新媒体技术在课程教学过程及教学资源建设中的应用，将思政课教学的传统优势同新媒体技术高度融合。最后，依托数字可视化技术、混合现实技术、增强现实技术、虚拟现实技术等，将虚拟场景融入思政课真实的教学场域中，通过沉浸式、交互式场景为学生带来的身临其境的体验，打破思政课教学传统的单向输出模式，做到真正实现以学生为主体、教师为主导的教育系统结构性变革。

教学模式是教师把思政课建设标准贯彻落实到教学环节的关键所在，要充分利用新媒体优势，进一步加强教学模式一体化设计，切实提升课程育人效果。并发挥课堂教学主渠道的作用，凝练教学内容，集聚优质资源，把握新媒体特征，适应高校大学生的实际需求，实现理论教学话语的转换与实践教学方式的转换的有机融合。新媒体环境下的思政课教学模式应逐步由"课堂讲解、课后作业"转变为"课前学习、课堂探讨"，由"知识传授"转变为"问题探究"，由"被动"转变为"主动"，由"整体性"转变为"个体化"，在总体上实现多角度、多方式的转变。为了更好地适应新媒体时代的特点，我们要构建契合新媒体的思政课教学模式，做好线上与线下的结合、知识与实践的结合、问题与体验的结合，增强时代感和吸引力，让大学生有更多获得感。

3. 系统提升思政课教师的知识水平和教学能力

新媒体环境下，高校的思政课建设必须坚持以习近平新时代中国特色社会主义思想"进教材、进课堂、进师生头脑"为根本抓手，系统提升思政课教师的知识水平，要求教师做到"政治要强、情怀要深、思维要新、视野要广、自律要严、人格要正"。通过教学与科研相结合、理论与实践相结合，让教师能够以学理讲知识、以情理讲价值、以法理讲法治，不断增强讲好思政课的信心和底气。思政课教师应充分了解大学生的特点，分层分类定制个性化教学方案，精准制导、靶向施教，对在大学生思想政治教育实践中取得的经验进行系统梳理、总结、深化，并上升为理性认识，推动教与学的互动，提升教学效果。根据学校办学情况和教师教学特长，组建校内或跨校的高水平教学团队，通过教师集体备课、参加教学能力竞赛等多种形式，积极开展教育规律研究，争取高质量的科研成果，促进思政课教师教学与科研相长。

思政课教师要充分认识和把握高校思政课教学规律，不断加强运用新媒体提升思政课教学水平的能力与效力，充分利用"三微一端"等新媒体平台，根据新媒体的传播特点，创新思政课教学的呈现方式，优化思政课的教学内容，对接大学生的学习需求，深度契合大学生的心理特征，同时借助新媒体互动性强的特点，提高思政课的思想性、理论性、针对性，让新媒体技术为高校思政课增添活力，吸引大学生积极参与思政课的学习，从而切实提升到课率、听课率与"抬头率"。思政课教师要利用新媒体技术的即时互动性，构建良好的师生关系，实现课程线上实时提问和解答，还要在互动交流中言传身教，实现师生由"延时互动"向"即时互动"的转变。高校要深入挖掘思想政治教育资源，培育思政课的大师、名师，塑造思政课品牌，通过课堂教学与新媒体技术的高度融合，打造具有政治性、高阶性和创新性的思政"金课"。

4. 融入新媒体，全面实现高校思政课程与课程思政的同向同行

新媒体环境下，高校要正确认识和把握思政课教学规律，从国家意识形态的战略高度出发，不能就思政课本身谈思政课建设，要抓住思政课课程改革核心环节，解决好思政课教学中"最先一公里"和"最后一公里"问题。而"最先一公里"与"最后一公里"的协调发展，落实在高校思政课教学中就是理论与实践、目标与路径的协调发展。在"大思政"视域下，要找准思政课程与课程思政的契合点，建立思政课与专业课之间的生成性关系，推动思政课程向课程思政转化，打破思政课在课程育人中"单打独斗"的局面，实现课程系统性与协同性的耦合、课程理性价值和工具价值的统一。

在推动思政课程向课程思政转化的过程中，要树立新媒体思维，充分利用新媒体技术，推动思想政治教育传统优势同信息技术的高度融合，赋予专业课程价值引领功能，增强思政课话语体系的解释能力、转换能力与创新能力，不断丰富课程思政的内涵和形式，使学生看到、听到的内容更加生动、丰富、多样，切实增强思政课的感染力和实效性。要推进思想政治教育与专业教育高度融合，深入挖掘专业课程及各教学环节的育人功能，引导大学生用马克思主义的立场、观点、方法观察分析中国当前的历史方位和时代任务，从历史、理论、现实三个层面加深对客观世界的认识，帮助大学生养成理性客观看待个人成长和社会发展规律的态度。

为了有效地将中国共产党百年奋斗历程融入思政课教学中，我们要通过党史学习教育增强高校大学生对中国特色社会主义的认同，实现从思政课程到课程思政的实质性教育理念转变。并运用新媒体建立高校思政课的大数据评价体系，动态监测并客观评价思政课的实际效果。同时，基于知识传授和价值引领的融合，构建"大思政"格局，坚持立德树人，以全员育人凸显思想政治教育育人力度；明确育人目标，以全程育人凸显思想政治教育育人深度；坚持以学生为本，以全方位育人凸显思想政治教育育人广度。以此，回应新时代对思想政治教育提出的现实诉求，将理论内化为大学生的思想认同、情感认同和价值认同，使对大学生的思想价值引领与知识技能传授同向同行、相得益彰，形成协同效应。

第二节　高校思想政治理论课教学方法

一、新时代高校思想政治教学方法

思想政治教育是一项基础道德教育工程，为提高人们的道德水平、构建和谐社会提供精神动力。思想政治理论课是为处于拔节和启动阶段的学生播下真善美种子的媒介。它是坚持社会主义办学方向，落实立德育人根本任务的重要课程。世界信息正在变化，潜在的风险和挑战悄悄地影响着当代大学生的知识和行为。高校要着眼于思想政治课的内涵建设，把握思想政治课教学的关键环节，从系统思维、整体改革、整体推进的角度协调思想政治课教学的协同创新。高校要坚持运用习近平新时代中国特色社会主义思想造魂育人，不断提高思想政治教学质量和效率。

目前，思想政治课还没有一种权威的教学模式。许多高校在思想政治课教学中采用了案例教学、互动式教学等教学方式，构建了智能化课堂，取得了积极的效果。然而，高校思想政治课教学改革也存在着重形式轻内容、重形式轻质量、重宣传轻评价、重结果轻反思等问题。为此，我们需要在实践中予以重视，及时扭转不良倾向，在诚信的前提下、在人才培养的基础上进行改革创新。

（一）高校思政课教学方法的优化依据

1. 思政教学内容应丰富完善

随着时代的变化和党的思想政治理论的新发展，思政课的教学内容不断被赋予新的内涵。原有的教学方法可能不能完全满足现有教学内容传播的实际需要，因此需要根据实际情况对教学方法进行改进。思想政治教师要深入挖掘教材内容，组织更丰富的教材开展教学。只有这样，思想政治课教学方法的改进才能取得实效。此外，教师必须使用一定的方法将教学内容传达给学生。这就要求思想政治教师运用新媒体、新技术等多种教学手段，以学生喜爱的形式呈现教学内容，提高教学吸引力。

2. 思政教学对象的特点与需求

应用型高校思想政治课的教学对象具有强烈的主体性。他们期望参与课堂教学，表达自己的观点和观点；追求个性化价值，注重个体情感体验，对章节式的教学安排不感兴趣，热衷于问题的辩论和思想的碰撞。这就要求思想政治教师根据大学生的学习情况，用科学方法激发他们的积极性。高校要拓展实践教学类型，大力推进实践教学基地化，通过研究思政教育与专业教育的关联性，逐步探索立体式、多层次的全员覆盖型社会实践新模式。

3. 社会环境需落实

随着中国改革开放的不断推进，社会价值观变得更加多元化，面对复杂的国际形势和一些反华势力在中国意识形态领域的不断侵蚀和渗透，当代大学生极易受到影响，进而导致思想道德混乱，理想信念动摇。高校的基础在于道德建设和人的培养。开设思想政治课，是贯彻落实和坚持以德育人为中心的重要体现。育人是一个艰难的过程，一个人思想品德的培养更为复杂和重复。尤其是当前思想政治课教学中存在的科学与价值的统一、政治与主体的统一、主导与多样的统一等问题，制约了思想政治课主渠道作用的发挥，影响了德育育人任务的完成。

4. 新时代信息技术得到迅速发展

随着信息技术的不断发展，我们早已进入大数据时代。当代大学生的世界观、人生观、价值观发生了巨大变化，对教育的需求呈现多元态势，学生要依靠互联网、移动智能终端、在线社交网络来生活和工作。在高校思想政治课教学中充分利用互联网是思想政治课课程适应时代发展的表现和要求，将网络因素融入思想政治课教学，可以增强学生的主体地位，适应最新的教学理念。

（二）高校思政课教学过程中存在的问题

1. 创新型教学工具的应用不足

在数字化与全球化的融合共生中，信息化进程进一步推进，信息技术在具体教学实践中的应用越来越广泛。这不仅为思想政治教师信息获取和资源配置提供了技术环境支持，丰富了思想政治教学资源，而且为思想政治教学信息传播搭建了新的平台，使思想政治教学形式更加多样化，教学内容更加直观。然而，在实际教学中，多样化教学工具在教学中的应用也面临着许多问题。一些教师在使用多媒体进行教学时，不善于细化教学内容，不善于处理和制作课件，他们经常以纯文本的形式呈现教学内容。一些教师甚至简单地将教材中的文本复制到课件中，并没有很好地利用图形和视频材料来实现教材文本的转换，多媒体教学工具的应用仍然停留在基本的演示水平，这限制了教学内容的展示效果。

当前的网络教学主要是在教师的组织和指导下进行的。学生在网络教学平台上阅读相关教学课件，观看部分视频资料，完成相应的练习和测试，以获得学业成绩。一些学生认为，教师使用现代教学工具相对简单，更方便教师教学。在教学中，由于部分教师对技术本身认识不足，对技术与自我的关系定位不科学，出现了技术异化现象，进一步限制了现代教育技术在教学中的应用水平。

2. 学生主体性受教学方法程序限制

教师在教学中注重单向互动，这在一定程度上限制了学生主体性的发挥。这往往是教师主导地位的突出表现，但学生处于被动地位。即使学生对教师教的内容感兴趣，想表达自己的想法和观点，教师也没有抓住机会及时进行课堂互动和交流。现实中，大多数教师在思想政治课教学过程中尝试和总结了多种教学方法，并在实践中积累了一定的经验，但一些教师在实际应用中仍存在机械化、狭隘化的倾向。例如，在教学过程中，他们只关注课前准备的内容，很少根据课堂的实时动态灵活组织教学，学生只是被动地跟随教师的想法，而且在教学过程中，缺乏学生参与教学的互动环节，如提问和讨论等，这限制了学生对教学内容的接受和理解。

此外，一些教师没有根据课堂动态灵活调整教学步骤，创造积极的教学情境，导致课堂教学过程单调，学生难以始终保持注意力。学生在课堂教学过程中容易分心，这不可避免地会影响课堂听力的效果。反过来，学生的听力状态也会影响教师的教学积极性，使课堂教学气氛单调。也有一些教师选择了没有受众的教学方式，不同学习层次的教学班的运作模式是统一的，这使得教学效果并不理想。一些教师在不同教学水平的课堂教学方法的选择和操作上几乎没有差异。因此学生在学习和理解教学内容方面仍然存在困难，教学效果往往不理想。

3. 理论联系实践程度不足

虽然把实践教学作为思想政治教育的重要环节已成为高校的普遍共识，高校也努力组织各种形式的实践教学活动来推进思想政治教育，但思想政治课实践教学与理论教学在目标和内容上的衔接还不够连贯。理论教学的目的是让学生从理论层面接受与马克思主义有关的理论教育，而实践教学则注重对抽象理论的直观生动的实践解读，在积极参与实践教学活动的过程中，促进学生将理论应用于生活实践，发展和完善自己的思想和行为。然而，从现实的角度来看，一些教师在实践内容的定位和设计上仍然不尽如人意，主要是因为实践定位不够，对实践教学中需要解决的问题没有很好地理解，这往往使实践活动的形式生动多样，但并没有有效地加强理论的应用。

（三）改善高校思政课教学方法的路径

1.促进现代信息技术与思政课深度融合

建立教师与科技的共生关系。高校要促使思想政治教师从心底选择师生想用、爱用、习惯的技术工具，使其成为师生广泛参与的常规教学活动的正常应用，为大学生提供高质量的学习体验。教师可以利用云计算和云服务、大数据分析、人机交互等技术，通过记录学习过程、识别学习情境、感知学习状态、实时统计分析，为学生的学习提供智能化的学习指导和帮助，促进学生的个性化学习。高校思政理论课实践教学应始终贯彻现代职业教育理念。很多高校思政课教师把课堂教学作为一种宣读教材的任务，很少在思政课教师课堂外与学生互动思考。新时代下必须转变观念，促进理论教学与实践教学有机结合，转变教学思想，创新实践教学管理模式，选择切实可行的实践教学内容和形式，整合教学资源，突出思政课实践教学特色化。此外，高校应加大对信息化教学环境建设的投入，不仅要完善硬件设施，还要加强信息化教学资源库建设，整合优质教育资源。

2.发挥学生主动性，解放教学方法限制

教师不仅要向学生传授知识，还要帮助学生掌握恰当的学习方法，激发学生内在的学习动机，促进学生积极参与学习。从重教轻学的以教师为中心的教学理念，到以教学方法改革促进学习方法改革，挖掘大学生的自主学习能力和学习积极性，创造和谐的学习环境，组织学生在良好的环境中进行实验学习、自主探索、合作学习，让师生共同探讨，在探索的过程中相互沟通、相互提问，实现教学方法参与者从单一向多方位的转变，在师生的合作与互动中促进教学

目标的实现。通过开展研究性教学，教师和学生围绕教学中的某个问题进行研究和讨论，表达自己的观点和理解，在辩论和解释中找到问题的答案，并解释学生理解的偏颇之处。另外，教师应始终关注学生的课堂表现，对学生的言语和反应交流进行即时评估和反馈，提升学生的积极性，帮助学生树立自信。对于学生来说，在课堂互动的过程中，他们希望得到教师的认可和表扬。同时，我们也应该针对学生的不足表现进行批评和建议，尤其是我们可以在课后单独进行沟通和指导的时候。

3. 积极开展实践教学，做到理论联系实践

要坚持理论与实践的统一，用科学理论育人，注重思想政治课的实践性，把思想政治小班与社会大班结合起来，教育引导学生立志奋斗。高校要注意开展多种形式的实践教学活动；根据当地资源开展走访活动，走访周边有代表性、有代表性的人物或社区；组织学生思想政治课竞赛、马克思主义理论知识竞赛、演讲竞赛等专题竞赛；召开思想政治主题报告会；通过引导学生阅读经典作品，了解思想，引导现实；开展时政讲解活动，使思想政治教学与日常思想政治教育相结合。通过组织和开展各种形式的教学活动，使学生加深思想认识；拓宽知识视野，积累经验，锻炼综合能力，有效实现课内外衔接。

综上所述，这一系列教学活动的开展，不仅使思想政治教学活动的组织形式更加生动，吸引更多的学生参与教学，促使学生通过自身的经验加深对理论的理解和感悟，也能磨炼学生的理想信念，在坚持内容统一的同时，增加教学特色，使教学内容得到有益补充，提高教学针对性，满足学生对思想政治课教学的更高要求和期望。开展多样化的教学活动，还可以扩大教学影响的覆盖面，使思想政治教学实现显性教育和隐性教育的结合，真正实现教育目的。

高校思政教育方法创新可以提高实际教育效果。首先，教育方法创新有着鲜明的时代特征和指导意义。对思政教学方法的探索与研究能帮助大学生树立正确的三观。随着当前国内外形势的变化，高校大学生意识形态的形成亟待教学方法的创新。为了使大学生免受外界因素的影响，增强高校思政课的亲和力和影响力，高校可将"三全育人"教育理念贯穿在整个教学环节中。其次，本着时刻以学生发展为中心的原则，高校在教育教学环节中，应坚持理论与实践相结合，使大学生在接受理论知识的同时，可以用自我理解的方式去强化，使能力得到全面的提升。高等教育是为社会主义培养建设者和接班人，高校应切实加强对大学生的政治领导。

二、高校思想政治理论课线上线下混合式教学模式

新形势下，我国高校开展思想政治教育应与多媒体技术融合起来，利用教学资源，促使高校教育走向信息化，推动我国高校教育不断前进。在信息化教育的发展过程中，高校应当充分利用信息化技术，创新教学内容和教学模式。高校思想政治理论课混合式教学模式的开展，将线上教学资源与线下课堂教学融合起来，改变了思想政治理论课的面貌，提升了高校思想政治理论课的教学质量和教学效果。

（一）思想政治理论课教学模式现状

1. 传统教学模式和线上教学

传统教学模式强调的是教师与学生面对面，教师传授知识，学生接受知识，教师在课堂中起着主导作用，需要掌控整个教学过程。在这种教学模式下，教师可以及时发现并处理教学中的问题，教师与学生可以及时沟通交流，发挥情感因素在学习中的作用，培养学生的语言表达能力和沟通能力。新时代下，传统教学模式的不足逐渐显现了出来，难以满足新时代的要求，不过该模式经历了上千年的实践，其优势是不可忽视的。以互联网和信息化技术为主的教学模式，在发展过程中同样存在很多问题，比如教学流于形式、学生主体作用发挥不充分、师生之间互动较少、教学有效性不强等，一些教师尝试将信息技术与思想政治理论课教学结合起来，运用翻转课堂等方式实现教育教学的改革目标。

2. 实际融合过程中存在的误区

（1）主体形式化

在探索新型教学模式的过程中，教师注重凸显学生在课堂教学中的主体地

位，从而体现出对学生的重视。但是在实践中，通常过于关注表面形式，认为增加教师与学生的互动交流，实现教学资源共享，教师与学生的地位发生了改变，就体现出学生的主体作用，保证了学生的主体地位，却忽视了学生作为课堂主体所应具有的主观能动性和自律性等特质，没有深层次地挖掘学生应当具有的学习状态。

（2）技术主体化

在教学中，放大信息技术作为教学辅助工具的作用，是高估了信息技术的效用，以为借助先进的技术可以解决学生学习兴趣不高的问题。因此，为了提高思想政治理论课教学的实效性，激发学生对思想政治理论课的学习兴趣，一些高校的管理部门要求教师设计内容丰富新颖的课件，运用多元化的教学手段，提高课堂的趣味性。实际上，这种要求导致教师过于依赖技术，使得技术工具成了教学主角，教师将教学工作的重点放在了知识的表现形式上，最终技术手段成了另一种灌输知识的工具，削弱了教师的主导作用，也给学生综合能力的培养带来了不良影响。

（3）教学目标片面化

新时代对人才素质结构提出了新的要求，相应的教育工作也应当紧跟时代发展趋势，及时更新教学目标。在知识时代背景下，学生不仅要掌握知识与信息，还要分析和处理海量的信息，并且需要具备将信息转变成知识的能力。新时代注重对学生能力和素质的培养，对人才的技能、品质等也提出了更高的要求。所以，高校的思想政治教育教学应当以培养学生的高阶能力为教学目标，并且将其渗透到教育教学工作的各个环节，培养学生自主更新知识结构和技能的能力，掌握多种学习方式和学习技巧，提高学生的思辨能力、理论思维能力以及团队协作能力。但是目前的教学目标侧重于理论知识，忽视了能力和素质的培养，具有一定的片面性。此外，高校思想政治教学组织形式较为单一，缺乏科学的教学评价体系，无法真实地反映学生的能力与素质，在一定程度上限制了学生的发展。

（二）线上线下相结合教学模式的现实意义

1. 时代发展的要求

随着"互联网+"时代的到来，人们的生产生活受到了深远的影响，也为高校思想政治教育的改革创新带来了机遇和挑战。只有积极运用新媒体技术，促使思想政治教育工作与信息技术深度融合，将二者的优势充分发挥出来，才能为高校教育注入新的活力，使得高校思想政治理论课富有时代感。因此，在思想政治教育教学中，教师应与时俱进，及时更新教学观念，利用先进的信息技术建立混合式教学模式。

2. 优化实践教学的重要途径

在互联网的助力下，将线下实践教学的优势与线上教学进行深度融合，不仅能够弥补课堂教学的不足，而且也能不断完善思想政治理论课的实践教学，提升高校思想政治教育的实效性。在互联网的基础上建立线上教学平台，不仅能够充实教学资源，拓展学生的知识领域，还能突破时间和空间的局限，让学生可以随时随地地学习知识，提升学习效率。此外，运用互联网还能够创新教学方法，激发学生的学习兴趣，让学生积极主动地参与到教学活动中，促使思想政治理论课的理论教学与实践教学实现无缝衔接。

3. 促进学生全面成长的必然选择

现下的大学生大多是"00后"，对他们而言，互联网已经成为学习和生活必不可少的一部分。在互联网时代，这些学生具有新的时代特征。他们非常熟悉网络，在网络世界中非常活跃，同时对网络的利用率也很高。他们活跃在各大社交平台上，关注网络论坛与时事热点，能够从多个渠道获取信息。可以说，他们的思维方式、学习方式都有了很大改变，自主意识比较强，不仅观看直播，而且还会自己直播。在这种背景下，传统的教学模式已经无法激发他们的学习兴趣。高校的思想政治理论课教师应当充分认识到这一点，关注学生的成长环境，积极创新教学方法，借助网络优势，通过线上线下混合式的教学模式，充分发挥学生的主体作用，以促使学生全面健康地成长。

（三）思想政治理论课线上线下混合式教学模式

1. 根据教学内容，分配教学资源

线上教学是基于互联网和信息技术展开的，不仅具有丰富的教学资源，还包括线上教学平台和教学系统，有着较大的教学优势。线上教学模式的表现形式是教学视频，与其他课程相比，高校思想政治理论课的性质比较独特，教材由教育部统一编写，教学内容也是统一的，这极大便利了线上教学的开展。但由于高校思想政治理论课的独特性，高校在运用混合式教学模式时，应当选用优质的教学资源开展教学活动。因此，高校在规划课程时，应当在时代价值理念的引导下，根据现有的教学内容，合理分配教学资源，实现线上与线下同步教学。

在慕课平台日益普及的背景下，我国高校的一些名师为思想政治理论课专门录制了视频，这解决了全国高校思想政治理论课缺少课程视频资源的问题，使得高校的线上思想政治理论课的教学起点比较高。由于各大高校的名师视频较多，在开展线上教学准备工作时，应当根据高校自身与学生的实际情况，选择最为适合的线上教学资源。此外，在思想政治理论课教学过程中，教师应当积极与其他院校的名师进行沟通和交流，充分发挥线上线下混合式教学的优势，从而满足学生的实际需要。

2. 构建教学情境，引导自主学习

目前，混合式教学模式还未得到各大高校的广泛应用。近年来，高校学生数量逐渐增多，而思想政治理论课涉及的内容较多，但课时较少，就使得课业任务加重。在此背景下，部分高校在思想政治理论课教学中仍然使用传统的教学模式，以教师作为课堂教学的主导，在课堂上单向灌输知识，学生处于被动接受知识的状态。在这种教学模式下，学生学习的主动性和积极性难以被激发出来，也无法发挥学生在课堂教学中的主体作用，教师教学与学生学习相脱离，最终导致思想政治理论课的教学目标无法高质量地完成。而线上线下混合式教学模式，通过将思想政治理论课的部分知识转为线上教学，有效弥补了思想政

治理论课课时少的不足，大大减少了课堂的教学时间，学生可以用充足的时间理解知识和消化知识。此外，通过混合式教学模式，教师可以采用情境式教学法，根据教学内容为学生创设不同的教学情境，让学生身临其境，这不仅能够增强师生之间、生生之间的互动交流，还能激发学生的学习兴趣，让学生可以全身心地投入学习，有效提升思想政治理论课的教学质量。而且混合式教学模式注重学生自主学习能力和创新能力的养成，将引导学生自主学习作为教学任务，引导学生在学习过程中发现问题，运用所学知识分析问题、解决问题，提高学生的自主学习能力，锻炼学生的思维能力，进而能够不断提升学生的思想素养和人文素养。

3. 发挥课堂优势，注重理论提升

在高校思想政治理论课的教学过程中，灵活运用线下课堂教学方式是混合式教学开展的重要环节。线下课堂教学是不可替代的，在实践教学中应当充分发挥课堂教学的优势，促使课堂教学与线上教学无缝衔接。在发挥课堂教学优势时，要重视理论知识的提升。

首先，高校应当根据教学大纲的要求适当调整课程内容，教师应当从全局把握思想政治理论课的内容，根据线上学习内容，及时归纳总结思想政治理论课的重点和难点，并且跟踪线上教学已完成的内容，有针对性地组织开展课堂教学。在线下教学中提出问题，引导学生分析问题、解决问题，促使学生将所学理论知识灵活运用到实际中来，从而提升理论教学的效果。其次，在线下课堂教学中，教师应当灵活运用多种教学手段，通过专题化的教学方式，鼓励并引导学生参与到专题讨论中来。例如，思想政治理论课教师可以将学生分成若干个学习小组进行分析和探讨，通过这种方式激发学生的学习兴趣，让学生主动参与到课堂教学中，从而提升教学效果。最后，教师要优化线下学习测试，根据线上教学内容定期进行考核，了解学生对知识的掌握情况，为下一步教学安排提供参考。

4. 构建多元评价，提升教学实效

在高校的思想政治理论课实践教学中，要想保障混合式教学模式的顺利开展，需要完善考核评价系统，运用多元评价方式，注重学习过程与学习结果相统一。首先，高校思想政治教育应当具有专门的考核评价系统，具备自身的特色，并且充分发挥该系统的测评作用，切实提升思想政治理论课的教学实效。思想政治理论课教学除了要传授理论知识，还需要定期组织开展实践活动，为思想政治理论课设计科学可行的实践教学方案，从而进一步提高思想政治理论课考核评价系统的实效性。

其次，通过多元化的内容进行考核评价。一方面，针对线上学习状况进行评价。目前高校需要完成的教学任务是讲授和传播马克思列宁主义、毛泽东思想等思想政治理论知识，帮助学生形成社会主义核心价值观。所以，在高校思想政治教育中推行混合式教学模式时，应当以思想价值理念为指导，建立完善的教学评价体系，针对学生在线上学习过程中的表现、学习态度、学习成果等进行综合评价，保障考核评价的客观性和全面性。此外，还应将思想政治理论课的教学内容与当前形势政策等结合起来，设计科学、合理的课程作业主题和实践活动主题。另一方面，针对线下课堂的教学质量进行评价。一是分别开展学习过程评价和学习结果评价，将这两种评价结果有机结合起来。比如，平时成绩总分是100分，包含课堂表现、课堂互动、课程作业、课堂小测、综合素质等项目，每个项目占有不同的分值。期末成绩总分是100分，包含单选题、多选题、判断题、简答题等题型，不同的题型对应不同的分值。根据这两类成绩的总分，综合评价学生。在评价过程中，还要考核学生的综合素质能力。二是分别对学生的理论学习成果与实践表现进行评价，将两种评价有机结合起来。比如，理论学习成绩占总成绩的50%，实践表现占总成绩的50%。通过多元化的评价方式，有效检测学生的学习效果，促使学生全面健康发展。

最后，运用多样化的评价方式，评价方式主要有观察、测验、沟通、实践等，在开展教学评价时，应当根据教学内容选择适合的评价方式，确保教学评价的综合性和完整性。

综上所述，高校在思想政治理论课的教学过程中，应当采用新型的教学理念，明确教学目标和教学任务，合理规划课程教学。高校要培养学生的思想政治价值观,并让学生正确认识到线上线下教学模式的优势。线上线下混合式教学模式是一种新型的教学模式,其结合多种教学模式的优点,具有独特的优势。在思想政治理论课教学中积极运用线上线下混合式教学模式,充分利用信息化技术,建立适宜的混合式教学体系,可以保障思想政治理论课教学质量的提高。在实践教学中,我们应合理分配教学资源,构建教学情境和多元评价,以发挥课堂优势,提升教学实效。

三、高校思想政治理论课中教学语言的应用

中国特色社会主义进入新时代,高校思想政治理论课也迎来了机遇,同时也承受着压力,把教学语言应用作为加强高校思想政治理论课建设的主要抓手,具有重要的现实意义。高校思想政治理论课的教学目的,在于帮助学生树立正确的世界观、人生观和价值观,这一思想体系的建立能够帮助学生应对学习生活中的复杂、多样的变化。高校思想政治理论课建设是一个复杂的系统,其中教学语言创新在课程建设过程中扮演着非常重要的角色。因此,在高校思想政治理论课教学中教师要根据学生的实际思想状况对其教育需求进行判断,结合教学内容,运用有效的教学语言展开引导。

(一)思想政治理论课中教学语言存在的问题

1. 教师对马克思主义的学习理解程度不足

在目前的思想政治理论课教学中,教师都具有相关的学习背景,经历过专业的理论教学训练,因此在教学中有自我理论体系。但思想政治理论课的教学与其他课程的教学存在区别,教师不仅需要关注教学内容,也需要时刻关注马克思主义理论在我国的最新发展,并且结合学生的实际状况展开教学。由于教师对于马克思主义的发展关注程度不足,因此在教学语言的更新以及应用上都存在问题,即使教师拥有专业的学科背景,如果停滞学习,也必将会导致教学质量问题。另外,一些教师在讲解课程的过程中,对于课程的理解也在一定程度上存在问题,这与教师学习跟进程度的不足具有密切关系。

2. 教学语言的幽默程度难以掌控

思想政治理论课由于与个人的思想成长以及国家的文化思想建设相关，因此在课程进行中充满了严肃意味，而学生的学习需要教师提供一定的语言吸引力来进行调节。由于课程的严肃性，教师对于语言的幽默程度把控较难。教师如果使用的语言过于轻松，会出现教师的信息传达与学生的信息接受不对等的现象，课程的严肃性受到影响。学生在学习以及课程情感的建立上如果采取相应的轻松态度，会使课程教学的目标受到影响。但在课程的进行中，一些教师仍旧跟随着课程中严肃的理论态度进行教学，对于学生的吸引力又较小。

3. 教学中案例与学生生活之间存在距离

思想政治理论课教学中应用的案例，经常涉及历史、文化、国际社会发展等不同领域。对于学生来说，这些案例中的内容距离其实际的生活较为遥远，因此，学生的学习，需要从一个抽象的内容走向一种相对具体性的内容，即这一具体事物与学生的理解能力、认知能力之间存在一定差异。教师的教学职业以及教学的生活与学生日常生活之间存在差异，也会产生对学生的生活了解不足的现象。

4. 教材体系向教学体系转变过程中语言表述准确性把握不到位

当前，党中央对思想政治理论课高度重视，思想政治理论课是立德树人的关键课程，教材的编写需严谨、准确。但在教学过程中，如何将教材体系向教学体系转变，提高思想政治理论课的实效性，需要思想政治理论课教师花大力气。在讲课过程中，教师们既不能照本宣科、只读教材，又不能脱离教材、随意发挥，必须将两者结合起来，这有一定的难度。有部分教师在语言表述时，由于没有吃透教材、没有及时领会党中央的最新精神，在讲授过程中就会对一些概念解读不够准确，或者不能表述清楚，甚至会出现一些偏个人情绪的非理性表达。这无疑会影响到思想政治理论课的实效性，让学生在学习过程中出现偏差、一知半解，而不能很好地理解马克思主义的先进理论。

（二）思想政治课程理论课程中教学语言的优化路径

1. 思政课教师需要坚持学习马克思主义理论

马克思主义具有实践性以及科学性，能够对于我国思想文化的整体发展起到促进作用。教师在进行教学之前，首先需要对自身马克思主义理论的掌握程度进行思考。马克思主义理论是随着社会的建设发展不断向前推进的，因此教师对于马克思主义的学习与理解，也需要随着时代的步伐前进，确保在教学过程中，能够将马克思主义的最新理论成果传达给学生。

教师在马克思主义理论的学习过程中，不仅需要重视最新理论的学习，也要在学习的过程中进行思考与吸收，并转化为可以直接应用的教学语言。教师需要结合自我已有知识系统对新的理论知识系统进行学习与思考，将自我知识体系的建设与完善作为学习目标。在完成了知识体系的更新之后，教师还需要结合自己思想的发展问题以及职业特性，对马克思主义的最新理论成果进行思考，结合自身体会，进行再度融会贯通。在此基础上，教师需要拓宽学习思考的范围，从学生角度对这些思想的内涵以及应用方向进行反复教量。教师需要注意的是，这一阶段的思考是模拟学生的状态进行的，因此其准确性以及现实的意义较为有限，这些思考的结果不适于在教学中直接应用，需要教师结合课堂的实际情况，进行再度规划。在这种反复的学习与思考之后，教师对于教学语言的应用将会进入到新的阶段。

2. 思政课教师应适度运用幽默的教学语言

目前的学生成长于一个多元化时代，大都个性鲜明，这对教师的教学无疑提出了更高要求。教师在教学过程中运用幽默的教学语言，不失为一种有效提升课堂教学效果的途径，但关键是如何把握度的问题。教师语言如果不够幽默，就无法很好地吸引学生听课；但如果教师语言过于幽默，完全为了迎合学生，上课变成了讲段子、抖包袱，华而不实，就偏离了思想政治理论课的初衷，违背了思想政治理论课立德树人的目标。教师对于幽默的教学语言的应用，需要根据教学的具体环境以及教学的阶段选择。在教学的最初阶段，教师需要引导学生对课程的内容进行思考，应用幽默的语言激发学生的注意力。

同时，在教学的初始阶段，教师需要为学生的思考与学习带来发散性引导，过于严肃、具体的语言将会使得学生的发散思维受到限制。应用幽默的语言进行教学，有利于学生的心理放松以及思维放松。教育学相关研究表明，学生的思想放松与其思想过程中的活跃程度具有直接的联系。在课程进行的中期阶段，教师需要根据具体的教学内容，对应用的教学语言进行选择，在严肃性较强的内容中，过多地应用幽默性语言是不适宜的。在教学的最后阶段，教师需要对课堂的教学内容做出总结，这一阶段应用的教学语言需要具有足够的严肃性，能够使得学生在精神集中的状况下，对教师的语言进行理解以及记忆。

3. 思政课教师应结合学生的生活经历进行教学

思想政治理论课教师话语权很重要，但如何从理论上把握教师话语权的内涵是值得深入思考的问题。这里首先涉及对话语权的理解。思想政治理论课教师的话语权实际上是教师在教育教学过程中的话语言说对大学生思想和行为的影响力。

例如，在思想政治理论课课堂上，教师可以结合自己的感受以及经历，向学生讲述文化自信在生活中具有的意义。在此之后，教师需要结合学生的生活，让学生展开探讨，以应用小组合作学习的模式进行交流与探讨。学生自我的表现意愿较强，但课程中的时间有限，小组探讨会使得每个学生的感受都得到他人的关注。在交流的过程中，教师需要进行巡查式倾听，并且及时加入学生的探讨中，对学生的正确想法进行及时肯定；对学生存在问题的想法，要引导学生从多个方面进行再度思考。教师需要在引导学生思考的过程中对自我态度进行规范，避免应用较为强硬的态度而使得学生产生逆反心理，从而难以从正确的角度进行思考。在小组探讨结束后，教师需要对学生的思考成果进行总结，选取小组中的代表进行发言，简要陈述组员的想法。学生的思考以及实例的内容，将成为教师进行教学的一手素材，应用在其后的课堂中或其他的教学内容中。

这一阶段，教师与学生的直接沟通较为频繁，教师需要重视自己的语言内容、语言态度，使得学生能够感受到教师对其看法的重视，从而以自我为基点，对多方面的教学内容进行展开性思考。思想政治理论课的学习，并非简单的知识积累，学生需要在其知识体系的内部，建立一套完整的、稳定的思维模式，并根据内容的更新，对这种思维模式进行再度完善。

4. 思政课教师应将教材内容与自我语言认知系统相互融合

在思想政治理论课教学中，需要避免不专业语言的出现。思想政治理论课教师的话语权表现为意识形态话语的主导力、课堂话语的感染力及个体话语，这是有主次之分的。教师需要根据教材的内容进行积极思考，将教学中的内容与自我语言讲述体系进行融合。在教学的过程中，教学语言的个性化能够使得学生对教师的教学产生更多亲切感。许多教师在教学中由于自我个性不明显，导致学生对教师教学内容的接受程度也较为有限。由于思想政治理论课教师经受过专业的学科训练以及职业训练，他们的自我语言系统的构成与此具有密切联系，但为了使学生具有更佳的接受能力，教师的语言应用需要考虑学生的语言接受习惯，根据学生的学习情感变化及时进行语言的调整。

思想政治理论课教学能够促进学生思维方式的转变，因此在课堂中不能简单认为只有学生与教师探讨的过程才是交流的过程。课堂中，教师在语言的输出应用过程中，学生也同步进行着语言内容的接收，教师需要根据其接收的效果以及肢体、神态中信息的传达，就自我语言进行调整。同时，教师需要关注学生的思维激发点，在教学的不同阶段，讲授能激发起学生学习灵感的内容。教师可以根据学生的具体学习表现进行判断，将不同教学语言运用于其中，并选择适合的手法进行课堂教学。用好课堂教学主渠道，上好思想政治理论课，锤炼教学语言，要求教师不断提升自身对理论的认知水平，根据对理论的认知展开实践。教师教学语言的应用需要结合学生的学习要求进行改进，根据学生的接受程度、课程的不同阶段以及课程的内容选择合适的教学语言。为了使得学生的学习得到较为直接的思考内容引导，教师需要与学生展开真正的自由交流，引导学生对生活以及思维内容进行应用。同时，随着交流沟通能力的增强，学生的表达内容也能够促进教师的教学。

四、高校思想政治理论课美育法教学

美育即审美教育，是利用美学思想和方法，在教育中侧重情感熏陶、智力启迪、解放思想，以追求个性成长为目的的教学方法。美育法强调学生在学习中的情感表达，也注重个体感受，提高学生的审美鉴赏能力并内化指导行为，美育法为高校思想政治理论课的教学工作赋予了新的使命和任务，思想政治理论课需要进一步推动课程改革，从而提高教学效果。

（一）高校思想政治理论课美育法教学的实践价值

1. 提升高校学生的美育修养

美育法与高校思想政治理论课的结合能够为思想政治理论课提供新的教学视角，能够作用于学生的审美情感，通过系统教学提升高校学生的美育修养。

2. 提升高校思想政治理论课的亲和力

美育法更为柔和，内容也更贴近生活，能够吸引学生的学习兴趣，在教学中也能够扭转传统思想政治理论课过于枯燥的现状，促进思想政治理论课的创新，增强亲和力，满足学生的学习需求。

3. 强化高校思想政治教学时代主题

科学运用美育法能够为高校思想政治理论课提供更多的素材，立足新时期美育教学目标，贯彻美学思想，提炼思想政治理论内容，紧密联系新时期社会发展变化，强化教育时代主题，从而提高教学的针对性。

（二）在高校思想政治理论课上实施美育教学的重要意义

美育主要是为了培养大学生的审美意识和审美观念，提高大学生的审美能力和审美创造力。美育具有思想教化的功能，虽说与传统思政课教学形式有差别，但与大学生思想政治教育在培养目标上具有一致性，在内容上具有相通性，在教育方式上可以相互融合、相互促进。因此，我们要灵活运用美育以实现学生思想政治教育的根本任务，培养德才兼备、以德为先的全面发展人才。在高校的思政课程中也可以进行美育教学,我们可以引入美育实现方向上的创新。高校思想政治理论课程实施美育教学的重要意义主要体现在以下几个方面。

1. 有助于实现学生德智体美劳全面发展的教学目标

"培养德、智、体、美、劳全面发展的社会主义建设者和接班人",落实当代中国马克思主义在党的教育方针范畴的最新理论和实践成果,为构建新中国社会主义教育基本制度指明了方向。美育是高校人文素质教育的重要组成部分,是立德树人的重要一环,是涵养社会主义核心价值观的重要路径。《关于切实加强新时代高等学校美育工作的意见》明确指出,新时代高校美育工作要"落实立德树人根本任务,引领学生树立正确的审美观念、陶冶高尚的道德情操、塑造美好心灵,切实改变高校美育的薄弱现状,遵循美育特点,弘扬中华美育精神,寓美于教、以美育人、以美化人、以美培元,培养德、智、体、美、劳全面发展的社会主义建设者和班人"。所以,在高校思想政治理论课程教学中,要创新式地加入美育因素,促进学生全面发展,提高学生的审美和人文素养,促进学生成为全面发展的合格建设者和接班人。

2. 有利于提高思想政治理论课的教学成效

过去很长一段时间内,我国高校的思想政治理论课程的教学形式过于单一、普通,并且教学方法老旧、缺乏创新,大多以教师单向传输理论知识为主要教学形式。但是单向传输的教学形式会导致学生丧失学习兴趣。因此,为了提高高校学生的思想品质,增强学生对思想政治理论课程的兴趣,提高高校思想政治理论课程的教学成效,就需要在教学过程中引入美育教学方法。就像孔子在《论语》中所写:"知之者不如好之者,好之者不如乐之者。"美育将运用其独特的功能及特点,将抽象的理论知识经由生动的、美的形象以及内容逐渐转向个体的审美意识以及观念。在此过程中,美育能够通过真诚的感情,触动人心,用情感感动人,让情和理相互渗透。这样的教学过程能够让学生产生对理论课程的共鸣情感,更好地接受理论教育中的内容。

现阶段由于受应试教育的教学目标影响,很多学校对于教学规划都存在一定偏差,注重学习成绩而对美育缺少关注,致使学生的审美能力普遍较弱。而在高校中，也只有文科专业的部分课程才会加入美育或者美学的教学课程，其他专业学科的学生只是选修关于美学或者美育的教学课程。因此，在高校思想政治理论课程中实施美育教学，可以在一定程度上补充学校美育教学的不足，有利于提高学生的审美能力，提高自身的审美境界，将在课堂中学习的真、善、美的思想应用到日常生活中。

3. 应对大众文化对高校大学生的消极影响

随着现代社会的不断变革以及我国市场经济大潮的兴起，大众文化目前在我国正在快速发展，已经成为现在文化中发展最迅猛、表现最激烈的文化势头。由于大学生的性格比较活跃，并且具有很强的创新意识，大众文化也正在以强劲的势头对准当今高校的大学生，强势进入他们的生活中。这会对大学生的思想政治教育形成一波很大的冲击。大众文化的主要影响虽说在一定程度上有积极的一方面，但是其消极影响方面也不能小觑。如果当今大学生被这些大众文化所影响，就会渐渐放弃理性思考以及对生命意义的追寻，停留在过于舒适的感性摇篮之中无法自拔。还有大众文化中的商业利益性质会时常充斥不健康信息和观念，这些垃圾内容都会对大学生的思想品质以及观念行为产生非常不利的影响，阻碍大学生身心健康发展和思想、心灵的纯净成长。为了应对大众文化对高校大学生的消极影响以及对思想政治理论课程的冲击，必须在思想政治课程中加入美育教学，使大学生的心灵得到净化、情感变得丰富，使其正确认识到真、善、美的思想品质，真正体会到精神世界的自由。

（三）以美育创新发展高校思想政治理论课教学

中华美育精神体系内涵丰富，具有时代指导价值，是我国中华文化繁荣的基础，同时也是中华民族情怀与价值的集中体现。以中华美育为基础，创新教育途径，符合高校思想政治理论课教学的创新发展趋势。

1. 渗透美学思想，挖掘美育元素

中华美育思想讲究美善统一，将美善作为一种文化品格，是自觉约束的行为代表，也是彰显理想、实现人生价值的一种境界。古人歌颂美善的例子比比皆是，如《墨子·尚贤中》中有云："是以美善在上，而所怨谤在下。"《论语》中也有"里仁为美，择不处仁"的记载，这些都反映了中华美育思想中对于善美的极致追求。在高校思想政治理论课的教学中，美育法的实施原则之一就是要展现美的形象，吸引学生，强化学生的感受，以美感人。但是在传统的美育法教学中，关于美的形象表达却过于匮乏，而思想政治理论课因其内容抽象，理论内容过多，晦涩难懂，导致学生无法理解，很容易产生厌倦心理，难以获得良好的教学效果。故而在挖掘美学元素中，应当结合中华美育思想和内涵，强化学生的感受，给予学生心灵上的震撼。在中华美育思想引导下，高校思想政治理论课教学应当多渠道挖掘美育元素，挖掘素材，包括诗句、视频、图片、书信、名言、名人逸事等，立体展示高校思想政治理论课的教学内容，强化课程的吸引力，让学生在学习中不断吸收美学思想，实现精神上的丰足。

2. 强化情感导入，满足情感需求

美育法实际上就是通过情感来柔化教学措施，利用情感产生共鸣，进而引导学生思想的形成以及行为的变化。中华美育的情感强烈，具有号召力，讲究的是家国同构的思想导向，赞誉个人的爱国情怀，是"修身齐家治国平天下"的崇高理念，也是"穷则独善其身，达则兼济天下"的高洁品格，君子应当有志存高远的爱国情怀。例如，在学习毛泽东推动马克思列宁主义中国化的过程中，发现毛泽东同志的思想也在发生变化，其诗句中富含的人生哲理都值得借鉴和学习。"怅寥廓，问苍茫大地，谁主沉浮？"表达的就是毛泽东背负起振兴中华的使命，将个人的愿望与国家的兴衰紧密地联系在一起。"为有牺牲多壮志，敢教日月换新天。"展现了革命人有革命魂、敢于斗争、不怕牺牲、不怕艰难、视死如归的气魄与决心。

高校思想政治理论课在运用美育法时，可以强化情感导入，让学生在学习中不断对美学内容进行评价和内化，在不断熏陶中，由感受变为接收，真正体会到心灵的震撼与情感的共鸣。在通晓理论知识的前提下，能够"怡情养性"，领悟并激发学习的热情。因此，在实践教学中，教师可以多方面收集与课程相关的内容，确定主题，从中华美育角度出发，让学生感受古今文人志士的爱国

大义，并立足于实践，从自身出发，贯彻爱国主义精神，发奋学习，拥护祖国。

3. 提升审美素养，培养全能人才

促进学生全面发展，培养全能型人才，不仅是高校教育的使命，同时还是思想政治理论课的教育目标之一。只有全面发展，才能够让学生心灵丰盈、精神饱满，才能以极大的热情投入高质量发展的建设工作中。习近平总书记曾在脱贫攻坚考察之路上提出："文明其精神，野蛮其体魄。"孔子亦曾有言："兴于诗，立于礼，成于乐。"这都从不同角度提出了综合培养人才的目标。故而应当在高校思想政治理论课教学中，实现以美育启智、以美育立心、以美育促行，将品德教育、智力发展、劳动教育以及审美教育相结合，提升审美素养，健全品质，完善人格，提升文化修养，培养全能型人才。

高校在思想政治理论课美育法的创新实践中，可以从以下角度来实现：首先，坚守中华美育立场。教师应当促进文化自信的不断深入，在教学中不断融入中华民族的审美情怀，提高学生的自觉性，尊重历史，感受历史文化的魅力，让学生养成良好的品质与宽广的胸怀。其次，活化教育内容，积极推动各项文化与实际生活的联系。思想政治教育理论课是一门综合性的课程，其内涵与中华美育紧密相连。在新时代的教育背景下，高校思想政治理论课应当秉持全面的教育理念，遵循教育基本原则，结合学生的实践教学，以开展多样化的活动为渠道，逐步发展成为特色学科。尽管该学科的内容偏重于理论知识，但是在中华美育的引导下，无论是社会实践，还是艺术活动都能够通过思想政治话语体系不断挖掘新的内涵，这也有助于高校思想政治理论课的创新发展。

和谐与共、求美向善、求真务实不仅是新时期思想政治理论课的主题，同时还是中华美育的基本思想。在推动高校思想政治理论课教学的创新发展中，教师要科学运用美育法，结合中华美育的内涵，不断挖掘美学元素，渗透美学思想，丰富教学内容。同时思政教师要加强美学引导，以情感作为驱动力，满足学生的情感需求，提升学生的审美素养，培育综合型人才，不断优化教育措施，从而实现高校思想政治理论课教育水平的提升，推动高校学生全面发展。

第三节　高校思想政治理论课改革创新

一、工匠精神融入高校思想政治教育

工匠精神是以爱国主义为核心的民族精神和以改革创新为核心的时代精神的生动体现，是鼓舞全党全国各族人民风雨无阻、勇敢前进的强大精神动力。高校要想落实立德树人的根本任务，培养德智体美劳全面发展的社会主义建设者和接班人，就必须加强和改进思想政治教育工作，在坚定学生理想信念、培育学生社会主义核心价值观、加强学生品德修养、提升学生综合素质等方面下足功夫。工匠精神是一种职业道德，是对从业者职业品格的要求，从属于思想道德范畴，它所体现的爱岗敬业、精益求精等精神特质与高校思想政治教育具有内在契合性，即二者都具备价值引领、道德规范、行动指南等功能。将工匠精神融入高校思想政治教育，有助于引导学生树立正确的世界观、人生观、价值观，培养学生热爱与追求、执着与专注、坚守与敬畏的职业操守以及高度的责任感，这对大学生未来职业的选择与发展具有重要的指导作用。

（一）工匠精神融入高校思想政治教育的重要意义

1. 契合新时代应用型人才培养的内在要求

当下，人才队伍快速壮大、人才效能持续增强、人才比较优势稳步增强的良好局面要求我们再接再厉，继续广泛团结各方面人才为党和人民服务。与此同时，也要看到，当前我国的人才培养工作在新形势、新任务下还有很多不适应的地方。例如，伴随着经济社会的不断发展，各行各业的竞争日趋激烈，对人才的要求不断提高，备受用人单位青睐的掌握核心技术和具备工匠精神的应用型人才供不应求。然而，目前的思想政治教育缺乏工匠精神培育，部分高校思政课教师囿于传统教学理念和教学模式，在思政课教学改革创新方面做得不

够，过于注重理论讲授而忽视了实践技能的培养。学生的职业道德教育的缺失，导致少部分大学生未能树立起执着专注、精益求精、一丝不苟、追求卓越的工匠精神以及良好的择业观、职业观，乃至滋生了浮躁、功利等不良心态。因此，研究工匠精神、培育和弘扬大学生的工匠精神刻不容缓，这是对新时代人才培养工作要求的回应。

推动工匠精神融入高校思想政治教育，既契合当前我国建设制造业强国的战略性要求，不断为社会输送技能型人才，又有利于深入挖掘工匠精神所具备的哲学思想、人文精神、价值理念、道德规范，传承和赓续中华优秀传统文化，推动其创造性转化、创新性发展。大学生作为创新创造的重要主体，如果能在丰富和提升自身专业基础知识、实践应用能力的同时涵养工匠精神，自觉发扬与时俱进的学习精神和创新精神，养成爱岗敬业、勇于创新的道德品质，精益求精、追求卓越的工作作风，就能切实提高自身的就业竞争力，对个人未来的职业发展也会大有裨益。

2. 新发展阶段实现高质量发展的应有之义

深入推进经济结构转型升级和经济高质量发展除了需要汇聚众多知识型、技能型、应用型人才之外，还需要加快推进产品质量提升。随着我国进入新的历史时期，人民生活水平得到了极大提升，居民可支配收入较以往有所增加。收入增长带来了消费升级和消费模式的转变，人们在追求产品和服务数量的同时，更加注重产品品质与服务质量的提升，更加注重产品的个性化、独特性以及创新性需求的满足。

党的十八大以来，我国国内生产总值大幅增加，经济总量稳居世界第二，但我国经济发展的质量和效益还不高，经济产品的创新能力不足，部分企业追求投资少、周期短、见效快带来的即时利益，忽视产品的品质。因此，当前社会更需要大力弘扬新时代的工匠精神，坚持把质量摆在首要位置，深化供给侧结构性改革，把握供给体系主攻方向，着力提高产品生产质量，促进产业结构转型升级。只有弘扬工匠精神、厚植工匠文化、持续改进产品，才有可能突破中国制造的"困境"，推动我国工业产品增品种、提品质、创品牌，为经济社会持续健康高质量发展提供不竭的精神动力。

3. 有利于高校提升人才培养质量、促进大学生全面发展

高校思想政治教育要满足学生成长发展需求和社会的共同期待。大学生由于思想尚未成熟、意志尚不坚定，很容易受到虚假信息和不良文化的迷惑和影响，个别学生甚至出现了价值取向扭曲、道德素质滑坡、行为失范等问题。此外，新冠肺炎疫情的全球大流行造成了世界范围内的经济衰退，国际环境日趋复杂，不稳定性、不确定性明显增加，再加上国内高校毕业生数量持续增加，就业形势较为严峻，如何提升大学生培养质量、助力大学生提高就业竞争力成为高校亟须解决的重要问题。要突破这一重要问题，既离不开工匠精神的引导，也离不开思想政治教育的引领。工匠精神聚焦于人的价值观层面，是人们职业和工作伦理的敬业精神的集中体现，也是社会主义核心价值观中"敬业"的内在要求。将工匠精神融入高校思想政治教育，让学生在工匠精神的感染和熏陶下，不断提升自身的思想政治觉悟、道德文化水平和综合能力素质，成长为德才兼备、全面发展的人，是思想政治教育的重要目标之一。

（二）工匠精神融入高校思想政治教育的实现路径

先进的思想和崇高的精神从来都不是凭空产生的，而是需要不断涵养、培育和铸就的。培育和弘扬新时代的工匠精神是高校思想政治教育的重要内容，也是一项系统性工程。

1. 深挖工匠精神的实质内涵，构建彰显工匠精神的思政课程体系

将工匠精神融入高校思想政治教育，必须利用好思政课这一主渠道，从思政课中深挖工匠精神的价值内涵，以学生为中心，结合学生实际调整培养方案，设置与之相对应的教学环节，构建彰显工匠精神的思政课程体系。思政课教师要将工匠精神中蕴含的执着专注、精益求精、一丝不苟、追求卓越的品质与当前思想政治教育对人才培养的要求相结合，将工匠精神的内涵融入思政课课程设计之中。思政课教师应在充分了解学生思想动态和个人需求的基础上，结合学生所学专业特点，适当地对课程内容进行拓展和延伸，科学改进思想政治教

育方法和形式，使各种教学活动能够契合学生的认知架构，进而将工匠精神的价值内涵分年级、分阶段、分过程、分内容贯通落实到思政课的教学过程中，提高学生的思想认识，使其准确认识和把握工匠精神的实质和内涵，真正理解工匠精神的社会价值。

例如，思想道德与法治课包含理想信念、价值观、道德观等课程板块，教师可以具体解析工匠精神的内涵外延，为学生培育和践行工匠精神提供明确的指引；形势与政策课教师要结合时代发展的要求，通过对热点问题、当前形势实事求是、全面深刻地剖析，让工匠精神在高校思想政治教育中走深走实，让学生在潜移默化中充分领略富有时代特征的工匠精神，通过事实判断和价值判断，最终形成培养新时代工匠精神的价值共识。

2. 培养具有工匠精神的教师队伍，提升工匠精神培育能力

将工匠精神融入高校思想政治教育，教师是关键。学高为师，身正为范，教师的教学能力、品德涵养直接影响到学生对工匠精神的理解与学习。教育者应先受教育，高校应努力提高教师队伍的思想道德素质，不断增进教师对工匠精神的价值和行为认同，使每一位教师认识到树立工匠精神的必要性和重要性，做到爱岗敬业、精益求精，切实提高教学水平，以身作则地引导学生，自发将工匠精神融入教学和日常思想政治教育工作。

具体而言，首先，各教学单位要加强对教师的培训，通过定期举办工匠精神研讨会以及组织外出交流学习等方式，收集整理生活中体现工匠精神的案例，开展集体学习、集体备课，将理论内涵和实用案例融入课堂。其次，教师应坚持以学生为本，加深对学生的了解，只有充分了解学生的诉求，才能在工匠精神培育的实践中充分调动学生的积极性，才能以高超的技艺征服学生、以高尚的德行感化学生，成为学生的楷模，进而使学生在未来的职业生涯中自觉践行工匠精神。

3. 营造校园文化氛围，将工匠精神融入日常思想政治教育

推进工匠精神融入高校思想政治教育，必须营造培育和弘扬工匠精神的校园文化氛围，依托校园文化建设，将工匠精神与日常思想政治教育深度融合，

使学生全方位、立体式地感受精神文化的熏染。

首先，高校要挖掘特色校园文化，汲取其中和工匠精神相契合的地方，将这些作为宝贵的教学资源，以便教师在课堂上可以有的放矢地进行教学，能够吸引学生学习了解工匠精神，提升工匠精神情感感染力和理论说服力。还可以通过开展形式多样的校园文化活动，如定期邀请各行业优秀的、具有影响力的"匠人"进课堂，分享匠人的故事，从贴近生活、贴近实际的角度对工匠精神进行阐释。其次，社团组织是丰富校园文化、培育工匠精神的重要载体。高校可依托学生社团组织开展有针对性的课外实践活动，组织学生走进田间地头、走进特色企业、走访民间匠人，走出思政小课堂、融入社会大课堂，领悟工匠精神的魅力，在潜移默化中培养学生尊重劳动、热爱生活、敬业奉献的精神。最后，加强校园文化基础设施建设，将工匠精神的培育纳入校园环境的构建，统筹设计校园各类人文景观，通过营造良好的工匠精神学习氛围，培养学生核心职业素养，开展"第二课堂"教育活动，让学生在校园文化长廊中感受工匠精神的魅力，真正将工匠精神内化于心、外化于行。

4. 打造共建平台，拓展工匠精神培育方法

随着互联网时代的快速发展，大学生的思维习惯和学习方式也逐步发生了变化。基于此，工匠精神融入高校思想政治教育需要顺应形势，积极利用互联网平台、校企合作平台、党建工作平台，把工匠精神培育与各类平台结合起来，不断丰富工匠精神培育的方法，提高育人实效。

在"互联网+"的大背景下，高校要积极抢占网络阵地，以"大思政"格局为依托，充分发挥互联网的积极作用，提升思想政治教育优质教育教学内容的传播力，着重对工匠精神进行宣传、报道，积极借助微博、微信等平台帮助大学生了解工匠精神的具体内涵，运用新媒体传播方式宣传弘扬工匠精神，使思政课教学与工匠精神宣传同向同行、协同发展。高校应立足产学研一体化的现实，加强校企合作，创新实践教学方式，构建校园课堂和企业课堂双向联动机制，实现优势互补、资源共享。高校教师可以带领学生到实习基地和合作企业观摩、实习，通过访企拓岗、建立大学生就业实习实践基地等方式深化校企合作，为大学生提供更多的实习、实践机会，鼓励大学生通过顶岗实习、工学结合等方式感受技术工人对职业的热爱和坚守，在实践职业活动中培育自身的工匠精神，把匠心的铸造变成行动上的自觉，加快自身专业技能和职业素养的提升。

二、人工智能时代高校思想政治教育创新

以人工智能为核心技术的第四次工业革命引领人类社会进入新纪元，对人类社会生活产生了深刻的影响，对新时代我国教育事业的发展，尤其是高校思想政治教育的创新提出了新的挑战。习近平总书记指出，要"高度重视人工智能对教育的深刻影响，积极推动人工智能和教育深度融合，促进教育变革创新"。因此，基于大学生全面发展的本质要义，通过树立新理念、优化机制、规范伦理三个方面实现人工智能时代高校思想政治教育的创新，这是高校思想政治教育面临的重大课题。

（一）人工智能在高校思想政治教育中的应用价值

1. 理论价值：丰富和发展了马克思主义教育学说

思想政治教育是人的精神生产实践和精神交往实践，是人的全面发展的重要途径。恩格斯认为要实现共产主义社会，不仅要提高工农业水平，"还必须相应地发展使用这些手段的人的能力"。只有与工业水平相匹配的教育，才能够使人摆脱社会分工带来的片面性，实现全面发展。因此，当下提倡以人工智能理论指导高校思想政治教育创新是对马克思主义"教育是一种生产力的再生产过程"的理论阐释。另外，中国的高等教育是全面的、充分的教育，自1957年毛泽东第一次提出"使受教育者在德育、智育、体育几方面都得到发展，成为有社会主义觉悟的有文化的劳动者"的教育方针，到1999年我国实施素质教育促进"德智体美有机统一"，再到习近平总书记强调"德智体美劳全面发展"，在习近平新时代中国特色社会主义思想的指导下利用人工智能进行高校思想政治教育创新，将人的信息素养纳入"全面发展要素"，实现马克思主义教育学

说中国化的理论升华。

2. 实践价值：提升了高校思想政治教育的实效

在高校思想政治教育中融入人工智能技术，打破了教学与管理的空间和时间限制，能够快速提升教育的实效。利用人工智能具有强算力、大数据、深度学习的优势和特点，通过物联网感知、智能爬虫、网络学习平台等技术手段感知、采集、分析高校学生思想、学习、工作、生活全过程中的数据，为教学评价、画像描绘、精确供给和数据研判提供保障，能够在学生的学籍信息管理、教学、生活、就业、心理健康教育等诸多方面进行需求侧的精准预判，从而推动了高校思想政治教育供给侧改革，提升了高校思想政治教育工作的有效性和准确度。

3. 科学价值：为高校思想政治教育科学决策提供依据

在人工智能技术广泛应用之前，传统思想政治教育工作主要依靠定性的文字描述、片面性的样本数据和个人的历史经验进行决策，其决策过程往往缺乏全面的数据支撑和有力的科学分析。人工智能"用数据说话"，"利用大数据结合历史经验分析优化其决策的质量"。基于数据分析的决策能迅速将受教育者的活动轨迹、行为方式、表现状况等大量碎片化信息转换为数据，有助于学校充分把握受教育者当下的思想状态，挖掘出数据背后受教育者的个性特征和行为规律，从而预测受教育者可能存在的思想困惑、学习状况、心理问题以及行为轨迹的变化趋势，为科学决策提供依据。

4. 发展价值：为高等教育强国创新建设提供保障

人工智能是技术的集成与创新，其人机协同、深度学习、智能算法、精准推送等特征凸显了创新的要素，有助于高等教育实现方法、手段、资源和平台的创新。比如，为减轻突发的新冠肺炎疫情对教育教学的影响，国家教育部门基于雨课堂、超星学习通等智慧学习平台开放几十门专业课程，实现了"停课不停学、学习不延期"。由此可见，利用人工智能技术实现线上教育，就可能减少不同情况、不同地域、不同学校的教育差异，促进教育创新、教育公平。

（二）人工智能时代高校思想政治教育面临的现实困境

1. 思维困境：运用理念和环境尚未形成

一方面，由于部分高校思想政治教育工作者对人工智能融入思想政治教育的重要性认知不足、创新意识淡薄，以及信息素养、媒介素养欠缺，应用技术能力不足，整体环境不成熟，以致人工智能技术运用受限。另一方面，相较于施教者群体而言，当今大学生作为互联网的"原住民"，自带互联网"基因"，其使用科学技术的观念意识和能力都很强，这些因素在一定程度上削弱了高校思想政治教育工作者的影响力、感染力乃至生命力。

2. 情感困境：教育方式亟须改进

人工智能归根到底是科技，人的情感等人类本质赋予了"智能"现代化的意义，机器无法完全模拟脑电波及其物理化学反应，也无法自主产生复杂的情感。此外，机器的智能化，尤其是在对象识别、工作规则判断以及利用"算法"技术的预测功能等方面具有比人更高效的优势，使得高校思想政治教育易对机器产生依赖，陷入固定程序设定的思维而忽略大学生的主体能动性和发展性，进而导致教育方式机械化。

3. 话语困境：话语主体异化及其权威性弱化的危机

高校思想政治教育的对象是人，而人工智能的运用使得以往"人—人"的沟通模式向"人—机—人"的沟通模式转化，以致人与机器的责任边界变得模糊。同时，具备强计算、大数据特征的人工智能不仅拥有丰富的思想政治教育资源库，而且可以不受时空限制满足教育对象自主获得资源的需要，使高校思想政治教育出现话语主体泛化，甚至去主体化的倾向，并造成大学生思想政治教育话语逆反性强、渗透率低、时效性差等问题。所以，人工智能就如一把双刃剑，它在为思想政治教育工作带来便利的同时，也引发思想政治教育工作者对未来身份的担忧，即思想政治教育工作者角色未来是否存续，又以何种形态、何种角色存在等，这也进一步加剧了高校思想政治教育话语主体异化、权威性弱化的风险。

4. 伦理困境：道德法律安全问题有待审视

在人工智能技术广泛应用于高校思想政治教育时，有关道德、法律和安全方面的问题有待进一步审视，尤其自算法成为人工智能核心技术后，由此引发的伦理风险也愈发凸显。例如，在建立高校大学生各类数据库时，大学生学习、生活、行为等原始数据的采集、挖掘、分析直接涉及个人的身份和行为，技术的过分使用可能导致个人信息泄露甚至诈骗现象的发生。可见，高校思想政治教育工作者使用学生信息的责权、边界、身份问题，隐私数据的保护、知识产权、侵权责任、人权保护以及机器人法律地位认定等，都是需要事先考虑的问题。

（三）运用人工智能创新高校思想政治教育的实践策略

人工智能时代高校思想政治教育创新，需要基于大学生全面发展的本质要义，通过树立新理念、优化机制、规范伦理三个方面实现。

1. 树立以人工智能创新高校思想政治教育的理念

一方面，要始终坚持以人为教育主体、以立德树人为"道"、以技术为"器"的正确理念，努力避免在运用高科技过程中丢失本应有的教育旨向，强化人的情感因素在人际关系中的积极作用，利用人工智能技术的同时确保高校思想政治教育充分尊重人的情感和意志。另一方面，需要坚持"人的全面发展"这一根本教育理念，从内在逻辑出发，利用智能技术观测学生特长、挖掘学生潜能、发掘学生多维度发展条件，从而帮助学生实现"人的自由发展"。同时，要充分利用人工智能技术数据解析的真实、全面和精准的特征，解析教育对象的行为动态转化为数据后所呈现出的个性化诉求，以此开展个性化思想政治教育，促进人的全面发展，提升人工智能时代高校思想政治教育工作成效。

2. 优化以人工智能创新高校思想政治教育的机制

第一，搭建多元学科共同发力的"大思政"格局。高校要充分利用人工智能综合多元学科的优势，借助其"算法"技术，通过多元学科共同发力、跨学科成果共享、跨部门数据组接，构建集教学、管理、科研多功能、综合性大数据思想政治教育平台，牢牢掌握思想政治教育的主体话语权。第二，明确责任机制。学校党委要承担起领导职责；马克思主义学院、教务处负责组织协调，制定"一院一策"的人工智能思想政治教育教学方案，确保人工智能技术在第一课堂主渠道发挥作用；学工部、团委要善于发力，调动辅导员积极性，把人工智能广泛应用到学生日常管理工作中，扬长避短，形成良性的人机共同负责的"智慧思政"教育管理模式；信息化中心等其他部门要积极响应并提供技术支持。第三，优化保障机制。高校要建立完善的评价机制，对以人工智能创新高校思想政治教育工作做出合理评估，及时修改和调整存在的问题；健全激励机制，对人工智能技术应用于教学、科研和管理工作业绩突出的高校思想政治教育工作者，给予适当激励。

3. 规范以人工智能创新高校思想政治教育的伦理

《新一代人工智能发展规划》明确指出，要建立人工智能政策体系、法律法规和伦理规范，形成人工智能安全管控和评估能力。人工智能运用于教育领域，必然要构建法律和伦理的长效机制。第一，要做好顶层设计，完善人工智能技术规范和法律约束，规范人工智能相关应用要求。政府及相关职能部门作为高校思想政治教育大政方针的设计者，必然要进行全国高校思想政治教育的总体规划和政策制定，尤其是如何规范人工智能的运用，相关过程理应受到政府相关部门的指导和监管，要全过程管控针对高校大学生思想、生活、学习、行为等数据的采集、存储和应用环节。第二，规范人工智能伦理。高校要明确人工智能应用于思想政治教育领域的伦理原则，制定指导性文件，避免道德困境。科学技术是推动人类脱离物质贫乏、促进社会发展和实现人类解放的关键，但同样存在科技异化的风险。人工智能创新高校思想政治教育需要不断审视科技伦理，提倡善用、慎用智能教育产品，做到既要发挥人工智能最大作用，又能有效防范科技异化风险，从而保障高校思想政治教育创新健康发展。

三、高校思想政治工作协同机制

对大学生进行思想教育工作可以让大学生更好地理解马克思主义，也能让他们更好地理解国家为什么要走中国特色社会主义道路，这对他们之后步入社会更有帮助，可以更好地让他们面对社会中的问题，找到属于自己的梦想，提高自己的能力。在很早之前，青年人被比喻为"祖国的花朵""初升的太阳"，这些比喻都非常贴切，他们是国家未来的希望，对高校学生进行思想政治教育尤为重要，让他们学会应该如何为人处世，这才是现在一些高校应该做的事情。

（一）高校思想政治工作协同机制

每一个走进大学校门的学生，都希望自己在大学期间有所作为，如果只学习专业知识，是远远不够的，这样最终会让他们变成只会刻板运用专业知识的"怪物"，所以，对学生进行一系列的思想教育是非常有必要的。而现在很多学校都面临着同样的问题，即对构建高校思想政治工作协同机制的了解不够充分，所以在这方面迟迟不敢下手、不敢落实。

思想政治教育可以体现在很多方面，但它对人们的影响是相同的。虽然很多高校属于理工科院校，不需要学习文科知识，但是理工科的学生不单单要学习和自己专业相关的知识，还应该积极地学习思政课程，只有这样，才能做到全面发展，才能成为国家真正需要的人才。一些高校在对学生进行思想教育时，认为学生在学校学习的时间非常有限，他们应该把更多的时间用在对自己专业的研究和学习上。这种想法是非常错误的，正在毁掉一个又一个优秀的人才。国家真正需要的是全面发展的人才，而不是仅仅在某一方面很擅长的人。正如"短板效应"一样，只有将短板补齐，才能做到最好。学生学习也是这个道理，学生不能只擅长某一科，只有全面发展，才能达到最大效益。

（二）构建高校思想政治工作协同机制的重要性

1. 理论的支持

高校对学生的思想教育不是一蹴而就的，而是一个非常漫长的过程。在刚开始的时候，学校并不能立刻找到适合自己学校学生的教育方法，都是在摸索中前进，慢慢找寻，慢慢适应，这就体现了马克思主义从感性认识上升到理性认识、再由理性认识到能动地改造客观世界的辩证过程。各个事物之间的联系是有很多种的，但是，其中有一种是非常稳定的，那就是协同机制。所谓协同机制，就是两个事物相互合作、相互帮助、相互促进，以达到更高的目标。校园内的协同机制即将日常的教学与思想教育相结合，将思想教育融入教师的课堂中。

2. 社会现实的支撑

我们不难发现，思想教育成为国家会议提到的高频词汇，国家也陆续出台很多政策为这一机制形成提供强有力的支撑。随着时代的不断发展，我们发现，社会需要的不是在某一方面特别突出的人才，而是需要全面发展且不存在思想问题的人才。

（三）促进高校思想政治工作协同机制的措施

1. 规范学校教育的引导团队

引导团队在一个学校中是非常重要的，他们主要负责学校内的一些政策的制定。只有领导队伍将这一机制的精髓理解通透，才能制定出适合自己学校、自己学生的政策，才能使这些政策更好地落实、更好地适应。学校既可以借助外部资源，也可以通过邀请有名的专家等方式，来更好地了解自己学校的情况，然后通过对学校自身情况的分析，组建专业的策划团队，进行组织策划。学校可以用电子调查问卷，面向全校进行提问，让学生说出自己的想法，并尽所能，将学生回复中可行的答案安排在这次的策划中。这样做也是有一定的好处，例如，可以让学生觉得这个策划有自己的参与，学生便会积极地参与学校的各种活动，也可以使这一机制更好地在学校落实。

2. 规范教师的教课，提高他们的思想水平

一名优秀的教师，不仅仅要在自己擅长的方面保持优秀，还需要全面发展，不仅要擅长教学，还要做到能用自身的所作所为来深深地吸引学生、感动学生、感染学生。教师需要将学校的政策弄懂、弄透，做到烂熟于心并深刻理解，将那些文字转化为自己的想法，以另一种形式传递给学生。这才是一个优秀教师所要做到的事情。当然，他们对学生的感染并不是天天在他们的耳边说着那些刻板的话，而是以身作则、身体力行，在潜移默化中教会学生应该怎样做人、应该怎样待人。首先，教师应该对自身提高要求，积极地接受学校的各种思想教育。这样才能对学生进行最有效且高效的人文素养培育。其次，教师也要有吸引学生眼球的能力。这就在情操、胸怀、品格等方面对教师提出很高的要求。最后，教师要多用自己的思想高度来关怀学生，对学生给予高度的尊重，对学生能够深入了解，关注学生的成长，对学生宽容，并及时对学生的坏情绪进行处理。

3. 调整和增加教育方式

在校园里对学生进行思想教育可以有很多种形式，例如，建设专门的社团、举办相关的活动等。学校不仅是一个教书育人的地方，也是一个具有文化感召力和思想感染力的地方。很多高校有意识地为学生构建一个充满人文思想的校园氛围和校园环境，促使学生能够在这一良好的校园氛围中学习人文素养、提高自身、成就自身。高校如果想让校园更加美好，就应该尽自己所能做好以下四个方面。

第一，要让学生在校园中感受到人文思想，同时要让学生感觉到自己被"有高度的思想"所包围。第二，就是要增加一些人文景观来增加氛围感。同时，可以和图书馆的相关教师做好沟通，让图书馆的相关教师做一些相应的工作来帮助学校，这些都会为学生学习人文素养和"有高度的思想"提供便利。第三，让学校的每一个角落都能感受到政治思想的存在。例如，组织学生画海报、做手抄报，进行收集、评比，并将获奖的作品张贴在专门的区域内，供全校师生阅读浏览，让教师和学生同时感受、同时进步。也可以组织演讲比赛，征集演讲稿，并进行张贴。激励学生和教师在这一浓厚的氛围下积极学习人文精神。第四，开办一些丰富多彩的活动来吸引学生和教师，为更多学生和教师接受人文素养教育提供机会。例如，在校园内举行以红色文化为主题的文艺演出，帮助学生和教师由内而外地感受这一氛围，在这一氛围下提升自己，更好地学习人文精神。以上方式并不唯一，每个学校都有自己的特色，学校可以按照自己的想法来组织和策划一些活动，让学生积极参与到这一活动中来。

4. 将想法积极地融入课堂中

首先，高校在进行思想政治教育的同时，可以通过一些课堂教学来对学生进行思想政治方面的教育。思想政治理论课对学生很多想法的形成有很大的帮助，这些课堂的教学内容能教会学生一些伟大的精神品德和为人处世方式。开设思想政治理论课有很多好处，例如，可以使学生找到自己的理想，可以培养学生拥有高尚的精神，可以让学生掌握丰富多彩的文化知识，可以让学生懂得更多的规矩，学会遵纪守法。这些课程在很大程度上能够起到帮助学生学习人文素养的作用。

其次，给学生一些相关的课程供他们选择。《中共中央国务院关于深化教育改革全面推进素质教育的决定》指出："高等学校应当要求学生在一定时期内选修包括艺术在内的人文学科课程。"很多高校学生学习专业知识的任务已经非常繁重，加之学生在校时间有限，没有更多的时间和精力来学习与专业关系不大的课程；也有很多高校虽开设了与人文精神相关的课程，但只将它们作为公共选修课程，并没有给予足够的重视，以至于这些高校的学生在人文素养上面并没有比别的院校表现突出。高校教师要学会在课堂中融入与人文精神有关的知识，让学生即使没有身处思想政治理论课课堂，也可以学习到与人文精神有关的知识。教师也要学会在教学内容中寻找与其相关的内容，并且在讲课的过程中融入进去，这样既能帮助学生学习自己的专业课内容，也可以帮助他们开动脑筋，和同学互帮互助，培养能吃苦、追求卓越的良好品质，让专业课在提高学生人文素质方面能够发挥作用。

5. 融入创新思想

国家在很多方面都积极鼓励人们创新，而需要改造的地方其实就在我们身边，只要我们积极地去寻找，这些是不难发现的。比如，我们可以跨越学科来对学生进行思想教育工作，可以将教育层和管理层相结合来进行思想政治教育工作等。每一所高校中都有很多的专业和学院，它们学习的内容和侧重点都不尽相同，所以，如果各个学院之间相互合作、相互帮助，交换教师进行教学，也会达到更好的思想政治教育效果。

四、融媒体时代高校思想政治教学改革

新媒体技术的发展对传统媒体造成了较大的冲击和影响，在互联网与媒体行业融合后新媒体应运而生。新媒体作为一种全新的媒介，对学生的学习方式和学习理念产生了一定的影响。目前，新媒体正在与传统媒体融合，多个媒介融合在一起打破了媒体间的边界和限制，媒体呈现出相互交融、相互依赖的趋势。融媒体时代特质给新一代大学生的价值观念和思想观念带来了一定的冲击，高校必须对其影响给予高度重视，重新审视大学生思想政治教育工作。因此，利用融媒体时代特点开展思想政治教学改革已经成为高校教学工作内容的重中之重。

（一）融媒体时代高校思想政治教学改革的意义

高校思想政治教育是大学生形成正确"三观"的主要途径，同时也是新时代高素质人才培养的关键。融媒体时代背景下开展高校思想政治教学改革的意义主要有两点：

第一，有助于提升高校思想政治教学质量和水平。在融媒体时代背景下开展教学改革，势必会运用新媒体技术对现有的教学方式和教学手段进行创新，思想政治教学工作与新媒体技术高度的融合可以改变高校大学生思想政治理论学习路径，丰富高校大学生思想政治理论知识，提高高校思想政治教育资源的利用率，进而更加有效地引导大学生形成正确的思想政治观念，从而使高校思想政治教学工作达到新高度。

第二，融媒体时代为高校思想政治教学提供了一个全新的教学理念。融媒体时代的到来为高校教育工作带来了一个新的发展机遇，高校思想政治教育领导者应有效把握这次机会，顺应时代发展潮流，以正确的态度看待融媒体时代的复杂性和多样性，将融媒体理念与思想政治教育理念相融合，改变传统的教育思维方式，为高校大学生提供个性化的思想政治教学方案。通过以上分析可以看出，融媒体时代高校思想政治教学改革是社会发展的需求，具有一定的必

然性，这对新时代教学工作的开展具有重要的推动意义。

（二）融媒体时代高校思想政治教学现状

1. 教学过程缺乏互动性

教学工作的开展需要讲究一定的方式和方法，合理地选择、使用正确的教学方法和手段能够取得事半功倍的教学效果。但是目前高校思想政治教学工作仍旧采用传统的"灌输式"教学方式，这种教学方式易使学生完全被动化。教师在教学过程中通过讲授的方式向学生传递思想政治理论知识，本身部分思想政治理论知识具有一定的哲学性和抽象性，学生理解起来有一定的难度，如果再使用这种灌输式的教学方式，必然会使学生的学习兴趣减退，进而导致学生学习态度散漫，长此以往，将不利于高校思想政治教育工作的开展。

2. 教学载体有待完善

思想政治教育工作具有一定的传播性，教育的目的是将思想政治理论传播给大学生，使大学生能够形成正确的思维观念。因此，高校思想政治教学工作必须借助一定的传播载体，才能实现最终的教学目标。目前，高校思想政治教学载体主要为马克思主义理论讲座、课堂教学、纪录片、广播、发布会以及研讨会等。传统的教学载体主要由学校和教师掌控，学生在受教育过程中缺乏载体的选择空间。此外，在当前融媒体时代背景下，高校并没有将传统载体与新载体融合。微博、微信、百度论坛、短视频客户端等新兴载体逐渐受到当代大学生的喜爱，传统教学载体对学生的吸引力逐渐减退，进而导致思想政治理论传播效率下降。因此，融媒体时代背景下高校思想政治教学载体还有待进一步完善与丰富。

3. 教学理念落后

教学理念是在长期教学工作中逐渐积累教学经验并通过不断的总结形成的，教学理念对教学工作的开展具有一定的指导意义，良好的教学理念能够正确地指引高校思想政治教育事业的不断前进和发展。目前大部分高校思想政治教学工作由于受传统教学习惯和经验主义影响，仍旧沿用传统的教学理念，以传统课堂"满堂灌"的教育方式为主,以教师为思想政治教学中的主体。在融媒体时代背景下,这种教育理念已经无法再发挥其意义和作用,已经与时代发展相背离。

传统教学理念忽视了学生的自我学习能力,不注重学生在思想政治教学过程中的感受,这也是融媒体时代下高校思想政治教学效果较差的主要原因。解决这一问题的关键在于高校要落实融媒体时代教育理念,教育部门多次强调"高校思想政治教育工作要因时而变、因事而化",而一些高校领导者没有使用发展的眼光看待问题,也没有将融媒体时代的教育理念转变为实际行动,忽视了教学理念的创新,从而导致融媒体时代思想政治教育理念没有得到有效的落实。

(三)融媒体时代高校思想政治教学改革

融媒体时代高校思想政治教学改革,要针对融媒体时代高校思想政治教学存在的问题,提出融媒体时代高校思想政治教学改革内容。教学改革内容包括高度落实新时代教育理念、融合传统教学载体与新载体、整合课堂教学与线上教学三个部分,对于如何建立融媒体时代高校思想政治教学体系,以下将从三个方面进行详细说明。

1. 高度落实新时代教育理念

新时代教育理念主要包含两点:第一,"创新发展"教学理念;第二,"以学生为主"教学理念。高校需要摒弃传统教学中不符合时代发展的理念思维,保留部分优秀的教学理念,将其与"创新发展""以学生为主"的新时代教学理念相融合,再结合高校自身实际情况以及学生个性化需求,树立全新的融媒体时代高校思想政治教学理念。创新是社会发展和进步的基础,是时代发展的必然要求。根据新时代发展要求,高校需要以创新的眼光和态度对待融媒体时代思想政治教学工作。在教学过程中要坚持教学创新的主体意识,把握思想政治教学工作的话语权和领导权,促进和鼓励教师在教学工作中创新教学方式和教学目标。另外,高校还要树立以学生为主导的教学思维,注重学生的自主学习能力,不断优化和创新教学内容,根据学生需求引入新的思想政治理论,提高学生学习的积极性和学习兴趣，在课堂上融合新的技术、理念、方式、手段，吸引学生的注意力，高度落实"以学生为主"的教学理念。

2. 融合教学传统载体与新兴载体

融媒体时代要求高校丰富和完善现有的教学载体，在传统载体的基础上添加新兴载体，有效融合传统媒介与新时代媒介，建立一个完整的思想政治教学载体结构，从而发挥出教学载体在高校思想政治教学工作上的真正价值和作用。融媒体时代的到来，对传统载体在高校思想政治教学工作中的地位和作用造成了一定的冲击，传统载体的思想政治理论知识宣传功能逐渐衰退。虽然新兴载体更受学生欢迎和喜爱，互动性和主动性更强一些，但是新兴载体具有一定的局限性。因此，在高校思想政治教学改革工作的推进过程中，不能完全摒弃传统教学载体，而是要将两种形式载体有效融合。要想实现两种形式载体的融合，需要做到以下两点。

第一，传统教学载体包括讲座、课堂教学、纪录片、广播、报纸、发布会以及研讨会。教师在使用传统载体向学生宣传思想政治理论知识时，可以利用新兴载体互动性强的特点，在教学中通过组织活动、情景化游戏以及问题讨论等，积极与学生进行互动和沟通。在采用新兴载体向学生宣传思想政治理论知识时，可以借鉴传统载体的信息传播特点，推出电子化网络论坛、讲坛、报纸等，有效利用网络资源，提高学生的学习兴趣。第二，高校需要建立与思想政治教学相对应的微信公众号、微博、博客以及短视频账号，充分利用新兴载体的传播功能，向学生传播思想政治理论知识，提高高校思想政治教学工作的话语权。

3. 整合课堂教学与线上教学

除了要对教学理念和教学载体进行改革创新之外，高校还需对原有的教学方式进行优化，将传统的课堂教学方式与线上教学有效整合，创建个性化教学方式。首先，高校要建立符合自身特点和实际情况的思想政治教学平台，将教学平台作为思想政治教学的主要阵地，将现有的教学资源有效融合，提高教学资源利用率，在教学平台上开展线上教学。其次，高校要根据融媒体时代的教学需求，对现有的教学环境进行完善，配备与线上教学平台相对应的教学设施，如投影仪、计算机等，加大资金投入，完善教学基础设施，为学生思想政治理论知识学习提供一个良好的学习环境。最后，高校教师要不断提高自身的专业能力以及信息技术和新媒体技术应用水平，保证能在思想政治教学工作中够熟练运用教学平台和教学软件，合理搭配教学方式，将课堂教学与线上教学有效衔接，以提高思想政治教学质量。

第五章　企业思想政治与德育教育

第一节　企业思想政治建设与创新

一、国企思想政治工作和企业文化建设的融合

企业文化对企业来说是其竞争力与形象展示的主要环节，也是企业运营阶段的重要构成部分，优质的企业文化建设也是保障企业稳定发展的关键因素之一。我国国企与私企之间存在着较大不同，国有企业思想政治工作大多具有较高水平。但是企业文化应呈现多样化的特征，一般来说，包含团结、奋进以及发展等充满正能量、积极向上的内容。对于国有企业来说，思想政治工作是其指导思想，而企业文化则是企业管理的重要构成部分。在我国社会经济快速发展的背景下，企业之间的竞争也愈发激烈，当企业具备正向的富有价值的企业文化时，才能够有效提高企业的竞争力水平。因此，对企业发展来说，必须注重企业文化建设的实际进程。

（一）国企思想政治工作与企业文化建设工作概述

1. 国企思想政治工作

国有企业在其发展过程中，既要兼顾自身的经济效益，也要考虑社会效益。因此，国有企业的经济发展进程要将思想政治工作摆在重要的位置上，只有这样，才能营造出较为理想的氛围，使国有企业发展壮大。现实中，国有企业的思想政治工作必须做到及时，并与党建工作创建起理想的关系；企业文化的内

容也要呈现出更加纯粹的向党特征,使国企工作人员保持较好的精神面貌。此外,对于开展思想政治工作与企业文化建设的工作人员来说,要借助多元化的手段,提高员工的思想水平,激发他们的热情,并使得企业内的员工可以在党的指导思想的引导下展开生产相关活动,以更为积极的工作态度,推动企业的良性发展。

2. 企业文化建设工作

国企的发展过程需要在既定的规则以及日常行为规范下进行。规则与行为规范的制约会逐步形成企业独有的氛围,这也是企业文化形成的开端。对我国企业来说,其企业文化的形成需要经过多个步骤与较长的时间。首先,要依据其经营范围来确定经营目标;之后依据企业具体的发展情况与基本特征,将多个环节以及主体连接,从而形成企业独有的精神理念与行为准则,这些因素在其发展过程中逐步形成文化理念。但是这个周期相对较长,需要经过漫长的时间积累,并需在各级员工的共同努力下形成。与此同时,企业文化也对员工的行为起到了规范作用。对企业本身来说,文化建设可以使员工的价值观以及作风与企业发展的实际情况相适应,从而推动企业向更好的方向发展。

(二)一般企业与国企之间文化建设方面的关系

1. 一般企业与国企在文化建设方面存在的差异

一般企业与国企的文化在多个方面都存在较为显著的差异,比如文化内涵及核心性质等,这些差异的存在既造就了其性质之间的不同,又对其发展方式造成了一定的影响。从性质方面来说,国企所展开的文化建设主要是为了推动员工在企业发展过程中自觉转变自身观念,帮助员工构建起正确的三观,培养员工的自觉性与思想性,从而实现维护企业稳定发展大局的作用。企业文化的建设重点是依靠文化与相对应的主体,依托于具体的力量,对人进行感染并做出一定的改变,借助企业自有的行为规范与规章制度对员工的行为做出有效的监管,推动员工思想与企业发展相一致,实现人为己用的效果。这样一来,企业就可以依托于员工的自发行为得到快速发展,从而提高市场竞争力。这样的方式是依赖于规章制度强迫员工接受企业文化，并依据企业自身的行为准则展开工作与生活，缺乏一定的自主性。

在文化内涵方面，国企主要从精神与思想层面对员工进行改变，通过帮助员工构建良好的三观，从而提高自身的竞争力。而从内容层面来说，国有企业的企业文化大多是依据党的原则展开的，而私企的企业文化大多是基于其自主的行为准则进行的。企业在落实文化建设工作时，需要从管理制度、奉献精神以及企业行为准则等多方面入手，表现出实际的效果。

2. 一般企业与国企在文化建设方面存在的联系

虽然私企与国企在诸多方面存在较大差异，其企业文化的侧重点也有所不同，但是在某些方面也存在一定的相似之处，主要在方向与途径等方面体现了一致性。从文化服务对象来说，不管是私企还是国企，都是以企业员工为主体，通过多种方式的思想文化改进与传输，在潜移默化中对相关人员展开思想上的指导与改变。而从文化发展方面来说，私企与国有企业都是在实际发展的基础上，结合社会发展潮流而形成自身独有的文化，具有一定的先进性与优越性。而在目标培养方面，不管是私企还是国企在进行文化建设时都依托于思想文化上的教育，从而使得员工保持积极向上的动力，展现出较好的上进心，从而推动企业经济效益逐渐提高。从途径方面来说，两者的培养都是通过一些企业文化活动来展开的，通过内外部的共同努力，营造出较好的氛围。

（三）实施国企思想政治工作与企业文化建设工作融合的意义

1. 创新了思想方面的工作形式

在社会经济不断发展与创新工作进程中，员工需要积极向上的文化作为自身的提升路径，企业也需要更加先进的文化内涵来更好地展现企业形象。而思想政治工作为企业文化建设注入了新的活力，可以帮助企业实现思想方面的统一，从而促进员工加强党性原则。这样一来，在党性原则的指引下，企业就可以得到快速发展。因此，将企业文化与思想政治工作融合是企业发展中的需求，也是其未来发展的必经之路。

2. 形成符合企业发展的文化内涵

企业文化的形成往往需要长时间的积累，而这些文化虽然在发展前期可以促进企业快速成长，推动企业不断进步，但在社会经济发展繁荣的今天，有些企业文化已经很难适应现代社会经济的发展需求。企业在激烈的市场竞争下，需要形成新的适应社会发展的文化。随着企业文化与思想政治工作的有效融合，以及企业行为准则的进一步明确，员工可以逐步树立起先进的党性思想，以此可以充分发挥企业员工的积极性和创造性的优势，推动企业的发展进步。此外，两种思想的相互融合，也有利于形成更适合企业发展的新文化。

3. 促进企业的全面发展进步

社会的快速发展势必带动经济市场的改变，而市场的快速发展也要求企业实现合理的转变。只有优化相对应的文化建设方案才能确保企业文化满足市场竞争的需求，才能在激烈的市场竞争中取得一定的优势，推动企业可持续发展，并实现圆满的效益目标。两种思想文化的融合已经是现代企业发展的必经之路，也是现代企业形成的关键步骤。现代企业的发展离不开先进的文化，两者之间相互补充，既可以确保员工思想道德感的提升，同时也适当充实了企业文化内涵，进而从整体上优化了企业形象。

（四）国企思想政治工作和企业文化建设面临的问题

当前，国企思想政治工作与企业文化建设所面临的主要问题是企业文化建设力度不够。随着时代与社会的不断发展，传统的企业文化已经难以满足时代的需求。而线上线下的广泛结合，也成为当前企业文化与思政建设的主要形式之一。但是在企业文化建设的实际过程中，仍存在着信息化滞后的问题，部分企业在实际的文化宣传中更依赖于传统途径，并不注重互联网的价值。此外，在互联网时代，信息的传递更加快速，而且职工思想变化也呈现出更为复杂的状态，但传统的思政工作与企业文化建设都呈现一定的滞后性，难以适应复杂多变的内外部环境。对于国企来说，不仅在企业文化建设过程中容易出现各种问题，在其思政建设时也会出现不同的问题，具体来说主要存在以下两个问题：

一是缺乏科学的工作计划与安排。现阶段国企的思政工作较为老套,依然依据陈旧的政治观念展开思想洗涤与管理;二是思想政治普及不全面,缺少普及的方式与方法。缺乏系统化、专业化的工作规范,导致思政工作与企业文化对企业生产经营造成了一定的负面影响。

(五)国企思想政治工作与企业文化建设工作融合的对策

1. 提升两者的融合度

随着我国经济社会的不断发展,经济也处于不断转型的阶段,这就要求思想政治工作必须以满足企业发展为己任,并将企业员工的实际需求作为重要参考,从而不断提升员工的归属感与认同感。在企业思想政治工作中,不能站在较高的政治角度对经济发展进行考虑,必须基于员工的现实状况,对文化建设展开综合考虑。通过强化文化建设与思想政治工作的融合,以企业的生存、发展与目标作为切入点,不断提升企业的文化竞争力。只有两者之间形成合力,才能使员工更加认同企业文化及发展目标,也才能从某种程度上提升企业的竞争力,推动企业的长久稳定发展。

2. 构建综合性工作计划

在依托于企业文化促进思想工作的创新改革时,将思政引导与企业文化之间实现融会贯通,是企业发展改革的总方针。思想教育与文化引导必须以实现纲领性企业总体的工作规划为目标,以强有力的执行方案以及科学具体的班组实施计划,更好地发挥其文化的引领作用,从而形成思政教育与文化建设的合力。比如,在企业党委的主持下讲好党课,研究时代变迁对企业文化的基本影响等相关课题,要依据时政热点来对思想建设方式进行创新,从而展示文化对企业的引领价值。在文化建设过程中,也要从企业各部门的工作特性入手,结合部门实际工作需要逐步构建其显性或隐性的企业品牌文化、营销文化以及服务理念等。企业各具体班组作为文化建设的关键点,可以借助企业的绩效考评、员工激励等方式优化员工思想。并通过贯彻正确的文化理念来引导员工思想价值观念的改变,保障工作目标的实现。

3. 增加文化因素

当前，国有企业在改革中面临着各种各样的困难，归结起来主要有以下几点：如何保留传统商业模式的本质？如何依据当前市场的新要求来实现改革目标？为了进一步加快国有企业改革的步伐，就需要融入一定的文化元素来实现国有企业的快速发展。例如，通过进一步提升企业文化与国企发展目标之间的兼容性来解决按劳分配的问题。从国企未来发展的角度出发，增加文化元素不仅可以推动国企改革进程目标的快速实现，同时也能更好地使新的企业文化与旧的企业文化相融合共存。

4. 坚持党的基本路线，统一价值观

不管是国企还是私企，都具有自己独特的发展方向。国企思政工作的发展方向就是要将思想政治工作融合在企业文化建设中。作为国企，想要引领行业前进就要不断地进行自我创新与改革。企业需要紧随经济起伏的外部市场，使自己在市场中保有足够的竞争力；也要推动企业在自身发展壮大的同时，拥有较强的核心凝聚力，使得企业文化与员工精神思想和工作目标相一致，真正做到思政工作与企业文化之间相互融合，员工与企业共同发展。因此，国企的发展必须依托于一个正确的思政路线指引，走向光明的未来，而党的基本路线就是照亮企业前进路线的最好灯塔。国企要想做好思想政治工作，就必须深入基层做细做透，借助科技手段，围绕社会主义核心价值观，促进员工政治思想与企业文化发展统一，推动企业生产发展，提升企业经济效益。

5. 利用新媒体，提升宣传教育的针对性和有效性

随着信息技术的发展，企业在进行文化建设与思政工作时，必须结合新形势、新环境、新政策的要求。一是在借鉴优秀传统做法的同时，创新互联网时代的新工作机制，将互联网作为开展企业文化建设与思政工作的重要阵地，充分发挥微信公众号、微博、小视频平台等新工具的作用，积极探索，借助互联网、大数据等技术手段，构建良性互动的工作平台，实现凝聚员工思想的目标。二是要善于利用新媒体平台对员工的意见建议进行广泛收集，并对员工提出的意见建议做出准确判断与合理采纳，要积极创造出更为民主、和谐、宽松的工作

环境。三是充分运用主流媒体和新兴媒体，推出更多图文并茂、可读性强、传播面广的宣传报道。四是进一步增强新媒体宣传的传播力和话语权。企业文化建设和思想政治工作应紧贴员工工作和生活，要及时发现、宣传、表彰积极向上、爱岗敬业的先进模范典型，用榜样的力量激励员工，提高传播内容的可读性和感染力，提升宣传教育的针对性和有效性。

6. 创新思政教育与文化建设形式

使用新技术、新手段展开文化建设，是突破传统文化建设的必经之路。随着信息传播的多样化，新闻阅读的可视化，传统的广播、报刊、理论课已经很难适应新时期思政工作与企业文化建设的需要。因此，国有企业需要大力构建符合新媒体时代特征的思政教育与文化建设，比如通过搭建 OA 办公系统、企业微信公众号、企业抖音号以及员工微信群等方式来积极开展文化宣传，运用身边的工作场景，构建起接地气、有人气、树正气的文化宣传氛围，充分发挥视频、图文等多媒体形式的作用。文化建设必须从员工抓起，优化员工思想教育培训机制，有效引导企业员工积极参与文化建设。新时代的企业文化需要具备互动性，在线化的文化建设将成为其未来发展的重要部分，更强调企业与职工之间的在线联系，只有确保企业内的员工始终保持积极健康的思想状态、较为理想的工作态度，才能实现企业的稳步快速发展。

二、企业文化建设与企业思想政治教育的关系

在时代不断进步的过程中，企业内部管理悄然发生转变，面对新形势带来的挑战，企业应当重视思想政治工作的开展，对企业文化建设与思政教育的关系进行合理协调，充分发挥二者在企业内部管理中的作用，实现对企业建设的推动作用，有效维护企业的长远发展。

（一）相关理论

1. 企业文化建设的内涵及要素

企业文化建设是在"以人为本"的基础上，努力培养员工对企业的责任感

与使命感，让员工逐渐将促进企业的发展当成自己的事业。企业文化建设实质上是规范员工思想与行为的一种方式，是企业未来发展的目标与方向，它是企业全体员工共同认可和接受，并进行传承的道德准则、行为规范、企业形象以及价值观念的总称，同时也囊括了企业的经营理念、规章制度、精神风貌等内容。

企业文化建设的要素包括价值观、企业环境、文化仪式、文化网络以及英雄人物五大要素。其中，英雄人物是企业文化建设中的中心人物，可以起到榜样作用；价值观是企业文化的核心，价值观做到统一，员工在对自身行为进行判断的过程中就会具有统一标准；企业环境是企业经营的内部和外部环境，包括企业性质、发展方向等因素，它是决定企业行为的一大要素；文化仪式通常指企业内部开展的各种文娱活动、奖励活动、企业团建等，这些活动可以对企业价值观进行宣传，可以让员工进一步明确企业文化的内涵；文化网络是企业独有的非正式信息传递渠道，主要用于传递企业文化信息。

2. 企业文化建设的特征功能

企业文化具有独特性，不同企业的企业文化存在一定程度的差异，其往往会受企业发展历史、战略目标、企业性质等因素影响。个性鲜明的企业文化是伴随企业的不断发展而逐渐形成的，能够对企业的未来发展进行指导，促使企业内部全体员工心往一处想、劲往一处使，能够使企业与员工的价值观处于同一层面。企业文化建设目标的实现不仅是员工个人价值目标的实现，也是企业发展目标的实现。总的来说，企业文化建设具有以下五大功能。

一是导向功能。其主要表现是企业文化建设能够对企业未来发展进行有效指导，企业之所以需要在发展过程中形成具有鲜明特色的企业文化，是因为企业需要保证员工的思想观念、价值观念与企业战略发展相统一，这样不仅可以实现员工的个人价值，也能够更好地推动企业发展。

二是凝聚功能。凝聚功能，即企业从各方面将所有员工团结在一起，从而形成一种向内集中、凝结的合力。优秀的企业文化有着强大的凝聚力，对员工正确价值观的养成有较强的指导作用，可以让全体员工逐渐具备爱岗敬业、团结互助的美好精神，在企业内部营造一种和谐、团结、互帮互助的工作环境。

三是约束功能。该功能主要通过企业内部规章制度体现出来，包括职业道德行为规范等内容。企业文化的形成代表着企业规章制度的不断完善，这对企业员工的行为、思想具有很强的规范和约束效果。

四是激励功能。企业在建成优秀的企业文化之后，可以加强对员工价值观念、道德准则以及行为规范的教育，能够在悄然之间提升员工对企业的认同感以及归属感。一旦在企业内部形成良好的企业文化，员工就很容易与企业精神产生共鸣，那么企业文化建设就可以充分发挥优势，使员工为企业创造更大的价值。

五是辐射功能。企业发展与社会发展有着十分密切的关系，良好的企业文化不但可以促进企业的可持续发展，还可以通过企业这一桥梁，将企业的价值观、优秀文化传递给其他企业、市场、消费者，将健康、积极的文化观念辐射至社会各大领域，这对社会健康发展会起到积极的促进作用。

3. 企业思想政治教育的内涵

企业思想政治教育，是对企业员工进行爱国主义教育、理想信念教育、职业道德教育以及人生观教育的一种方式。尤其是职业道德教育，当前已经逐渐成为维护企业健康发展的必要条件，在实际对员工进行教育的过程中，应当重视员工职业道德意志以及职业理想的养成，只有将思想道德教育与实际工作进行有效结合，才可以更好地促进员工发展，员工也才能够为企业的发展做出更多贡献。

4. 企业思想政治教育的内容功能

企业思想政治教育有着强大的育人功能，可以对企业全体成员之间的关系进行调节，帮助企业积极营造一个良好的工作环境，确保在发生冲突时全体员工能够保持大局观；同时思想政治教育也为企业各项政策的实施提供了重要的保障。思想政治教育还具有强大的激励功能，通过培养的方式可以提升员工的潜在价值和整体素质，充分调动员工的创造性及积极性，这对促进企业健康发展有很好的作用。

（二）企业文化建设与企业思想政治教育概述

1. 企业文化建设与企业思想政治教育的共同性

企业文化建设和企业思想政治教育都是以调动员工积极性为建设目标，都是以员工为工作对象，都需要以员工的思想意识为中心开展工作。此外，二者都是在思想意识层面开展的，便于形成一致认知，这对提升企业核心竞争力、促进企业可持续发展均有很好的效果。

从工作内容来看，企业文化建设与思想政治教育都是以思想意识为中心开展的，通过对员工进行教育、熏陶、灌输等，在潜移默化中对员工进行精神教育。也就是说，企业文化是作用于员工及其精神层面的文化，其中包括企业形象、道德、精神以及价值观念，通过这种方式对员工的思想道德进行塑造，使得员工的思想、行为变得更加规范。二者实际上都属于软教育，在工作内容上存在相互融合的关系。

从工作开展的方式来看，无论是企业文化建设还是思想政治教育都是围绕员工的思想认识、行为规律，运用典型示范、精神感染、情感激励等方式，在积极改造员工世界观的同时，发挥对主观世界的改造作用。它们都是通过实践的方式对员工进行教育，比如通过开展文体活动的方式，让企业管理者、员工参与其中，从而便于在企业内部营造一个良好的竞争氛围。企业可以通过定期进行业务技能培训的方式，提升员工的整体素质。在这个过程中，企业不仅可以邀请专家召开讲座，还可以鼓励优秀员工上台演讲，充分发挥优秀员工在企业内部的榜样作用，通过这种方式充分挖掘员工的潜能。

2. 企业文化建设与企业思想政治教育的差异性

企业文化建设与企业思想政治教育除了理论依据不同外，二者具体的实施手段也存在明显差异。其中企业文化建设更重视文化手段的运用，最终可以形成以价值观为核心的良好文化氛围，其产生的影响主要作用于员工的思想和行为两个层面，有助于企业对外良好形象的塑造。思想政治教育主要是通过各类宣传工具和手段，加强党的理论的宣传和教育，其教育作用的发挥主要体现在员工的思想层面。企业文化建设主要以提升企业效益为目的，而企业思想政治教育不仅需要关注经济，同时还具有较强的政治色彩。思想政治教育工作的开展，要求企业全体员工在思想上达到高度统一，以便充分发挥对企业经济效益提升的支撑作用。

3. 企业文化建设与企业思想政治教育的相互作用

企业可以通过各种文化活动的开展为思想政治教育提供相应的物质基础，通过营造良好的文化氛围影响员工思想和行为。企业在了解员工思想状况的情况下，要善于发现员工思想层面存在的问题并有针对性地进行解决，营造一个良好的氛围和环境，让员工主动进入工作状态。

4. 企业文化建设与企业思想政治教育存在的问题

长期以来，我国许多企业领导者高度重视对经济利益的追求，而忽略了精神文明建设的重要性，导致思想政治教育工作淡化。同时许多企业领导对思想政治教育工作的认识还存在一定误解，只重视满足员工的物质需求，习惯利用规章制度约束员工行为，没有充分认识到精神层面的激励对员工的促进作用。

5. 企业文化建设与企业思想政治教育存在问题的原因

总的来说，思想政治教育和企业文化建设具有相互促进的关系，开展思想政治教育工作主要是为了让员工正确认识到企业文化的价值，而思想政治教育又是企业文化建设的重要内容，所以二者是辩证统一的关系。但是我国许多企业对二者之间关系的认识存在误区。对企业管理层来说，他们更重视利益的获取，不太愿意追求这些精神层面的事物。

（三）企业文化建设与企业思想政治教育对策

1. 加强企业员工正确认知企业文化建设与企业思想政治教育

正确认知企业文化建设以及企业思想政治教育，是企业管理层引导员工认知社会主义核心价值观的一个过程。而认知又是认同与践行的前提，企业管理应当从员工的实际出发，充分发挥企业文化建设以及思想政治教育的作用，在企业管理层的引导下，确保员工可以形成对文化建设与思想政治教育的正确认知，从而正确认识社会主义核心价值观。在具体操作过程中，需要充分借助企业文化建设与思想政治教育的手段，有针对性地开展社会主义核心价值观教育，通过召开讲座、文体活动、专题讨论等方式，使全体员工认识到只有始终坚持中国特色社会主义才可以推动中国社会发展，才能够实现全体中华儿女共同的价值目标。

2. 加强企业员工高度认同企业文化建设与企业思想政治教育

认同是员工在参与企业工作、活动的过程中，以某种价值观念为标准，对自己的行为进行规范的过程。只有高度认同企业文化建设以及思想政治教育，员工才会将企业文化建设以及思想政治建设中涉及的内容自觉转化为自己的价值取向。要想增强企业员工对企业文化建设以及思想政治教育的高度认同，就必须发挥社会主义核心价值观对各项工作开展的指导作用，尤其是企业在进行制度建设的过程中，一定要重视对员工行为的规范，从而在企业内部创造一个公正、平等的竞争环境，为员工自由发展创造良好的空间，通过这种方式进一步增强员工对企业的认同感。

3. 加强企业员工有效践行企业文化建设与企业思想政治教育

一切理论只有在有效践行的基础上才能发挥指导实践的作用。企业在践行企业文化建设以及思想政治教育的过程中，一定要将企业文化以及思想政治教育相关理论融入工作的各个环节中，充分发挥理论对企业文化建设以及思想政治教育的指导作用，发挥社会主义核心价值观的带头示范作用。企业领导者要做思想政治教育中的带头人，带领全体员工努力工作，将个人幸福与集体紧密联系在一起，重视员工物质与精神两个层面的发展。

综上所述，企业在开展思想政治教育的过程中，应当结合经营发展情况，重视对传统教育形式的创新，进一步促进企业文化建设，充分发挥思想政治教育在企业文化建设中的导向作用。

三、新时代互联网企业思想政治工作

企业发展要坚持党的领导，构建良好的企业文化，企业思想政治工作就是在党的领导下构建企业文化。习近平总书记指出："要把思想政治工作作为企业党组织一项经常性、基础性工作来抓。"而新时代互联网企业涉及领域新、关联群体新、发展模式新，关乎经济社会发展、关乎民生福祉、关乎党的前途命运、关乎中国的国际地位，因此其思想政治工作值得深入探究、发展和完善。

（一）企业思政工作的现实意义

在中国特色社会主义语境下，思想政治工作是以社会主义、共产主义思想体系教育人民、启发人民，用马克思主义理论及中国化成果来武装头脑，提高人们认识世界和改造世界的能力，指导人们进行社会主义实践。在企业中，思想政治工作表现为运用马克思主义理论及其中国化理论成果，有目的、有意识地对员工的思想和行为施加影响，围绕企业的发展目标，对企业员工进行宣传教育，促进企业目标的实现。

近年来，经济发展向高质量转变，新发展阶段、新历史任务、新环境条件，对企业内部管理提出了新的挑战。加强企业思想政治工作，可以优化企业生产经营管理、增强人力资源开发、培养企业文化、夯实企业信念，使企业在思想上坚定理想信念、在文化上增强自信心、在心理上排除压力，以更好地适应新的发展阶段。思想政治工作的本质就是一种培养人、造就人的活动。企业思想政治工作有助于提高企业员工素质，促进员工了解企业愿景，对企业产生认同感，提升企业凝聚力和向心力。

（二）深刻认识互联网企业的特征

推进互联网企业思想政治工作要讲究"因地制宜"，要了解互联网企业的基本特征，以便"对症下药"。互联网企业目前并未在国民经济统计明确分类，一般认为，互联网企业是指以计算机网络技术为基础，运用互联网平台向用户提供各类产品或者服务并因此获得收入的企业。

1. 互联网企业是新兴的经济力量

工业和信息化部电信研究院的报告显示，2021年，我国上市互联网企业总市值约为 18.8 万亿元。2021 年全球十大市值最高的企业之中，互联网企业有 7 家，其中我国的腾讯公司和阿里巴巴集团分列第 6 和第 8 位。我国互联网企业渗透零售、物流、金融、教育、工业、安全等各行各业，并不断开拓新的领域。互联网企业的蓬勃发展不仅为社会提供了各种便利和大量就业机会，还为我国在新科技发展中占据有利位置提供了保障。如果能利用好互联网企业的发展，将有力促进我国的科技创新和产业升级转型；反之，如果任由互联网企业无序发展，则会给社会带来巨大的负面影响。

2. 互联网企业是新型经营管理模式的载体

互联网企业内部组织扁平化特性突出，一般最高管理层与基层员工之间不超过五层关系。各业务部门自主性较强，横向联系紧密，业务部分的分拆合并频繁。互联网企业在人力资源管理、公司策略制定等方面体现出明显的数据化特点，在诸如绩效评价、新员工招聘及录用等环节中，互联网企业主要依据准确记录并存储的人力资源数据，完成人力资源管理工作。在互联网企业的决策过程中，数据成为最主要的依据凭借。数据化特征对思想政治工作既是挑战也是机遇，如果能借用互联网企业的数据管理方式，充分利用信息资源，效果将事半功倍。

3. 互联网企业从业人员特征有别于传统行业

互联网企业作为新兴产业的载体，其从业人员整体年龄较低。2021 年脉脉数据研究院发布的调查结果显示，大型互联网企业员工的平均年龄从 27 岁到 33 岁不等，远低于传统企业员工平均年龄。年轻人普遍具有较强的自我意识，其较高的文化程度与较低的思想政治素养呈现出不匹配的现象。而且，互联网技术通用性强，企业之间争抢人才竞争激烈，共同导致了互联网企业的员工流动率高。据中国信息通信研究院统计，互联网产业员工年平均流动率高达 30%，远高于传统行业。这种流动性决定了思想政治教育需要考虑统一性，要尽量使个体员工所接受的思想政治教育具备接续性。

(三) 互联网企业思政工作的方式方法

在互联网企业中开展思想政治工作是新事物，相比之下，国企中思想政治工作已开展多年，从企业管理的规律性出发，国企思政工作的丰富经验值得互联网企业借鉴。在借鉴国企思政工作形式和经验的同时，也应该注意结合互联网企业自身的特点，有针对性地调整思想政治工作的机制。具体可以从如下几方面入手。

1. 推动党建工作写入企业章程

建立科学的制度是各项工作开展的基本前提，思政工作制度化是其规范化、科学化、可操作化的前提和重要保证。作为企业内部的"根本大法"，首先要将党建工作内容写入互联网企业章程中。各级网信部门要发挥业务主管部门的作用，履行抓党建促发展的责任，统筹区域内互联网企业章程修订工作。各级市场监管部门要积极履行工商管理职能，对企业章程的修订进行指导和监督。对于以民营经济为主要构成的互联网企业，已成立党组织的可以通过上级主管部门（街道或园区）的组织部门委派党建指导员或党建专员，对企业章程中党建工作以及思想政治工作具体内容予以指导；对于尚未成立党组织的，要充分发挥统战部门的作用，借助企业党组织完成企业章程的修订。

2. 推动思政工作纳入企业运行机制

以企业章程中的党建内容和思想政治工作内容为依据，思政工作在互联网企业的岗位考核评价制度、激励约束机制、沟通交流机制中应有充分的体现。建设考核评价制度时，互联网企业应结合业务特点、员工特点，制定思政工作的短期、中期、长期目标，并明确衡量目标达成程度的关键指标，其考核结果与员工工作业绩相结合，共同成为职级评定和薪酬福利的衡量指标。建立激励约束机制时，要充分考虑思政工作因素，引导员工积极参与其中。注重对员工的精神激励，采用全员邮件表扬、头衔授予等方式满足员工的精神需求，营造良好的思政工作氛围。要对做出重要贡献和积极参与的员工给予公正评价，不因员工职级不同而发生偏袒现象。建立沟通交流机制时，要贴近员工实际生活，加强企业管理人员与员工的思想交流。互联网企业可以充分利用日常业务沟通会和党组织生活会，让员工提出建议和诉求，企业管理人员进行答疑和回应，以促进信息在企业内部双向流动，培育民主平等和谐的氛围，消除企业内因沟通不足而引发的误解。

3. 引导企业明确归口部门和责任人

互联网企业通常面临较为激烈的竞争，生存和发展压力较大。党建工作主管部门和指导部门，要积极引导互联网企业明确思政工作的归口部门和责任人，明确工作目标和要求，并提供相应的经费保障。如设置企业内部党群工作部门，统管党务工作和群团组织工作，把思政工作纳入部门职责；也可以依托企业的人力资源部门，将思政工作的具体内容归口到员工关系模块，辅以绩效、薪酬和培训模块。思政工作效果评价纳入部门和相关岗位人员的绩效考核，同时纳入上述部门分管负责人的绩效考核之中。党建工作主管部门或指导部门要创新工作模式，可以在下拨党建工作经费中（含党费返还部分）设置思政工作专项经费，或是对互联网企业思政工作以年度为单位开展评估，通过以奖代补的形式，为互联网企业设置专人专岗开展思政工作提供经费支持。

4. 发挥基层党组织的引领作用

作为独立于企业行政组织的特殊组织形式，互联网企业党组织要按照党章的要求，真正"成为宣传党的主张、贯彻党的决定、领导基层治理、团结动员群众、推动改革发展的坚强战斗堡垒"，使思想政治工作成为贯穿企业经营管理战略与员工队伍建设的纽带。同时，要重点加强企业党组织的自我建设。一方面，积极开展组织生活，树立党组织、党员在企业中的良好形象；另一方面，注重加强党员教育，从党员中培育业务骨干和先进模范，充分发挥示范作用。企业党组织还要通过党务公开、发展党员以及扩大化的组织生活等形式，加强工作的透明度、提升基层组织的吸引力。互联网企业党组织要按照网信部门要求，吸纳非党员企业管理人员参与组织生活，党组织领导班子（党委、总支委、支委成员等）要积极参与到企业目标战略的制定过程中。互联网企业思政工作要围绕企业发展大局，做好企业战略目标的宣贯工作，时刻关注骨干人才队伍的思想政治情况。

5. 发挥群团组织的纽带作用

互联网企业开展思想政治工作，要在坚持政治性的基础上"因地制宜"，充分发挥工会、共青团、妇联等群团组织在互联网企业中的作用，突出思想政治工作的生活性和趣味性；要以基层党组织为核心，构建连接企业与员工的交流渠道和情感纽带。同时，党组织和群团组织要形成合力，党组织把方向、谋大局，群团组织按照分工具体施策，通过员工合法利益的维护和拓展性需求的满足发挥作用，尤其要按照互联网企业员工年轻化、高知化和流动性强的特征，从员工个人诉求和发展诉求出发，营造关注员工、关心员工、关爱员工的良好氛围，从情感上帮助员工提升思想政治素质，从能力上帮助员工提升工作技能，增强企业的人才的吸引力。

6. 注重思政工作队伍的建设培养

互联网企业开展思政工作要充分发挥主观能动性。各级党委宣传部门（思政工作主管部门或政工师评定部门），要协助企业建立严格的思政人才筛选程序，完善思政工作考核标准，用流程管事，用标准管人；要按照思政工作的规律和要求，加强对企业思政工作岗位人员的教育培训，可采取集中培训或轮训的形式，帮助思政工作者提升工作能力。

互联网企业内部思政工作人员选拔，要扩大范围，优先从技术岗位、业务岗位的青年骨干中发现人才，尤其是要注重发掘思维活跃、群众基础好的人才；要避免过分强调"专职专岗"，因为这会导致思政工作流于形式，与基层员工产生隔阂，与企业发展形成"两张皮"。在互联网企业开展思政工作，要特别重视"数字化思维"，要学会用信息化工具和网络平台，采集汇总能够反映企业组织变革、发展经营状况和员工发展轨迹的信息，运用数据技术多维度对本企业思政工作对象加以分析。阶段性的变化要用数据形式呈现，对思政工作的有效性做出科学判断。与此同时，思政教育要以"互联网原住民"喜闻乐见的形式开展（内部论坛、积分商城、互动小程序、网上知识竞赛等），时刻铭记"在网谈网、在网用网"的方法。

7. 以开放性思维推进思政工作

互联网的特征是开放、协作、共享,这也是互联网企业开展思想政治工作应当着重考虑的。思想政治工作讲究典型示范,互联网企业开展思政工作也要学会"看齐",发掘"头部企业"的成功经验。不仅如此,互联网企业开展思政工作也要发挥"平台思维",由头部主体或区域内发展较好的企业,参照行业党委、行业党建联盟、产业链党建共同体的模式,推动生态伙伴、产业联盟、行业协会等团体积极发挥平台或纽带的作用。借助互联网企业思政交流互助平台,推进企业家群体和企业思政工作者的互动交流,学习分享互联网企业思政工作的有效做法和实践经验,结合业务探讨产业以及合作生态的整体战略、发展策略和目标落实,构建以互联网企业为主体、以互联网产业为依托的"大思政"工作格局。

互联网行业是新兴行业,也是最前沿、最活跃、最具创新意识的市场主体。互联网思维是推进企业思想政治工作的宝贵财富和先天优势。新时代下,互联网企业的主管部门和业务指导单位,要高度重视互联网企业思想政治工作,创造符合信息时代和从业者特征的思政工作模式。围绕互联网企业高质量发展的目标和要求,各方主体凝聚共识、形成合力,探索以思政工作带动高质量发展的新思路,互联网企业在思想政治工作上将大有可为。

四、新形势下企业思想政治建设

思想政治工作是社会主义精神文明建设的核心推动力,在整个经济建设中的作用无可替代,是一系列实践工作的生命线。企业之所以能够在市场发展中凸显自身的竞争优势和价值,很大一部分原因在于强有力的思想政治建设工作,只有这样才能够真正引领员工团结,创造更多的经济价值和社会价值。

(一)企业开展思想政治工作的重要价值

1. 思想政治工作能够进一步提高员工的素质

就企业自身的建设来讲,思想政治工作主要涉及两个方面的内容。一是党的基本路线教育。企业需要激发员工的爱国主义情怀，增强员工的团队意识和集体主义精神。二是岗位建设。企业要引导员工懂得爱岗敬业和遵纪守法，把个人利益与企业利益充分结合在一起。思想政治工作的成果能够直接影响员工队伍素质建设的成效，企业只有让员工用先进的思想武装自己的头脑，才能真正激发出员工的内在价值和潜力，为企业的建设提供更加有力的智力支撑。因此，思想政治工作的有序开展能够提高员工的素质，进一步激发出员工的积极性和主动性。

2. 思想政治工作能够增强员工对岗位的归属感和自信心

党组织始终是维系企业和员工关系的重要纽带，能够进一步保障员工的基本权益，协调矛盾和冲突，维持企业内部运转的秩序和纪律。在党组织的引导下开展持续性的思想政治教育能够让员工进一步了解企业的定位和价值追求，并认同企业的核心理念，塑造员工的人生观和价值观，引导员工为企业的目标共同努力，从而增强员工的归属感、责任感以及使命感。

3. 开展思想政治工作能够进一步提升企业的管理水平

开展思想政治工作能够让企业跟随党组织的脚步，弘扬优良传统，传递社会主义核心价值观。在思想政治工作的引导下，企业可以构建更为完整且全面的员工管理制度，打造更加现代化的先进队伍，为后续的市场竞争奠定坚实的基础。

（二）企业思想政治工作开展现状

1. 重视程度有限

我国社会经济体制改革不断向纵深发展，企业面临的市场形势尤为复杂，竞争也愈发激烈，在这一态势下，很多企业盲目追求经济利益的提升，忽略了对员工的思想和行为的引导。这足以说明企业外部环境的变化能够直接影响企业内部工作的调整。有部分管理者会认为思想政治工作的开展并不能带来实际收益，也不能真正推动经济发展，即便展开了一系列的实践和尝试，取得的效果也不理想，这就导致思想政治工作形式化。少数企业领导更是完全以市场为准，直接忽略了思想政治建设工作，没有加大对活动的资金支持力度，无法引领员工的思想。同时，在互联网时代，部分员工会受到西方理念的影响，滋生功利主义和利己主义的心态，为人处事完全以实用性为准则，不能真正认识到党员的基本义务，也没有认真履行自己的职责。

2. 工作内容稍显落后

在新形势下，员工的思想观念会受到许多因素的影响，但很多企业的思想政治工作只是停留在表面，没有跟上市场经济发展的脚步，忽略了对员工思想的分析，也忽略了员工的个性化发展需要。也就是说，企业对思想政治工作的定位十分模糊，目标也不够明确，内容过于浅显，取得的效果并不理想，不能真正激发员工的积极性和主动性。并且，大多数企业都采取宣传教育的形式向员工灌输理论知识，导致思想政治工作内容缺乏新意和生动性，严重脱离社会实际。同时，在这一过程中，年轻一代的员工思想更加活跃，当他们面对过时的思想教育活动时，往往也会产生审美疲劳和抵触心理。

3. 机制不够完善

当下，企业并没有对思想政治工作的开展投入足够的资金，因此无法建立完备的思想政治建设体系，并且，在各种条件的限制下，企业的思想政治工作大多沿用传统的机制，这与实际需要存在严重的冲突。以上这些都会给思政工作的开展带来极大的阻碍。一方面，工会的工作会受到限制和束缚。工会本身就是企业和员工之间的润滑剂，运行的目的就是稳定企业内部的工作秩序，为员工和企业的协同发展搭建更加稳固的桥梁。然而就实际操作来讲，工会的任务过于繁重，而且在思想政治建设上投入的精力相对有限，因此，工会的运行很难获得充足的人力和物力支撑。另一方面，基层思想政治工作的开展难以落实。由于人力和物力不足，在实践的过程中依旧沿用传统的机制，缺乏行动力和号召力。

（三）企业思想政治工作改革的措施

1. 积极转变意识和思维

领导干部是企业一系列工作的组织者和引领者，所以必须以身作则，提高对思想政治工作的重视度，深度开展理论学习，充实自身的知识框架和体系，树立更加坚定的理想信念；要明确共产党员的精神追求，始终用先进的理论来武装自己的头脑；要深入学习习近平总书记系列讲话，领会其中的实质和要义，坚定自身的政治立场，明确意识形态主阵地；要发挥良好的示范和引领作用，鼓励员工争相学习。在领导干部的引领下，企业党组织也应紧跟时事，分析新形势下思想政治工作开展的基本需要，并结合内部的形势变化，探索思想政治建设的目标和新方向。企业也要引导员工调整自身的思维和理念，让员工学习新的思想，拥有更多学习的机会和平台。同时，企业也应当认真分析员工的基本关切，给予员工足够的鼓励和支持，建立相应的奖励和表彰机制，激发员工的创造力和想象力。

2. 完善工作制度

企业必须建立健全领导机制，把那些思想政治觉悟高、工作能力强的领导干部集中到一起，构建现代化政工领导组，而且还要构建思想政治工作新体系，明确党组织的领导地位，并指挥专职政工干部负责，发挥行政干部的带头作用，激发基层员工的积极性，推动党政工团齐抓共管，凸显出领导体系的立体化特征。同时，企业也应当构建完善的保障机制，加大人力、物力、财力等各个方面的支持力度，拟定思想政治工作明确的标准和原则，构建更加先进的信息反馈机制，及时跟进广大员工的思想动态，了解其思想政治诉求，及时捕捉苗头性问题，排查潜在的风险和隐患。

3. 创新内容和方法

企业必须打破思维定势，结合现实需要更新思政工作内容，针对企业发展的目标和水准，逐步提高思想政治工作水平，逐步提升员工的业务能力，增强员工的责任感与使命感。企业应当开展多元化的教育，让员工树立正向的道德观和人生观，树立大局意识和整体意识，把个人价值的实现和企业价值的增长充分结合在一起。另外，企业也要充分利用现代化的技术手段，针对思想政治工作展开宣传和推广，充分利用社交平台和网络空间，让员工迅速获取思政工作的最新资讯和动态，并及时传递学习内容，让员工能够根据自身的需要灵活选择，及时补充自己的知识框架和体系。

第二节　企业德育资源建设

一、应用型高校企业德育实践基地建设

中国近年来应用型高校发展非常迅速，应用型高校学生在校生人数已超过本科生在校生人数，对应用型高校学生职业素养的培养已引起各应用型高校的高度重视。一些应用型高校已将学生职业素养的提升作为学生德育教育的核心内容，建立了企业德育实践基地，这为学生德育工作的实践提供了便利，提升了应用型高校学生德育教育效果。应用型高校在企业建立德育实践基地，必须明确德育实践基地建设的目标、原则、思路，作为应用型高校德育教育的重要载体，德育基地建设必须与时俱进、努力创新，真正发挥企业德育实践基地在学生职业素养培养中的功能。

（一）企业德育实践基地建设在应用型高校学生德育工作中的价值

1. 有利于完善应用型高校学生德育实践体系

要提高应用型高校学生的德育工作效果，就必须科学有效地开展学生德育实践活动，让学生参加各种德育实践，以提升德育工作的实效。在企业建立德育实践基地，是应用型高校德育基地建设的重要组成部分，有利于完善应用型高校学生德育实践体系。

2. 有利于丰富应用型高校学生德育实践活动

目前，许多应用型高校的德育实践活动有参观革命纪念馆、博物馆等文化基地，主要进行红色文化教育。建设企业德育实践基地可以使企业参与到学生德育实践活动中，让学生更全面地了解社会，这有利于丰富应用型高校学生的德育实践活动内容，提升学生德育实践活动的质量与效果。

3. 有利于推进校企合作开展学生德育工作

在企业建立德育实践基地，让企业主动地参与到应用型高校学生德育工作中，利用企业有效的德育资源来补充丰富应用型高校学生的德育教育工作的内容，调动企业参与应用型高校学生德育工作的积极性，促进校企双方的高度融洽，有利于推进校企合作学生德育工作的开展。

4. 有利于培养高素质的"企业人"

应用型高校教育的目标是为企业培养既有"做事"能力，又有"做人"能力的技能型高素质人才。在企业建立德育实践基地，可以让学生提前接受现代化企业的熏陶，有利于培养出高素质的"企业人"。

（二）应用型高校校企合作共建企业德育实践基地的目标

1. 实现企业德育资源的"育人功能"

校企合作要做到"产业文化教育、工业文化进校园，企业文化进课堂"。企业的德育资源非常丰富，同时这些企业文化对应用型高校具有非常强的育人作用，企业文化凝聚着企业核心价值观、发展观，是企业的核心与灵魂。所以，在企业建立德育实践基地，可以实现企业德育资源的"育人功能"。

2. 实现校企合作的"深度融洽"

应用型高校在发展过程中，非常重视校企合作的办学模式，但是目前大量应用型高校的校企合作模式对学生的实训、实践非常重视，而对教学生如何"做人"重视不足，一个完整的校企合作应是既教会学生"做事"，又要教会学生"做人"。在企业建立德育实践基地，可以提升学生的职业素养，实现校企合作的"深度融洽"。

3. 完善应用型高校"德育工作体系"

应用型高校"德育教育工作体系"是由一个个德育教育项目组成的。在企业建立德育实践基地，作为一个全新的德育工作方法，将有利于提高应用型高校学生德育教育工作的效果，丰富应用型高校学生的德育实践活动的内容，完善应用型高校的"德育工作体系"，使应用型高校的德育教育体系更趋于完整。

（三）应用型高校校企合作共建企业德育实践基地的原则

1. 以社会主义核心价值观为主导的原则

一切思想政治教育都要围绕社会主义核心价值观来展开。而企业的行为准则更多的是围绕企业运行及企业利益的最大化展开的。所以，在企业建立德育实践基地，必须强调以社会主义核心价值观为主导的原则，这是所有德育教育的根本。

2. 以应用型高校为主体的原则

在与企业合作共建德育实践基地的过程中，应用型高校必须主动出击，引导企业参与并支持基地的建设，在工作中绝对不能处于被动的地位，而应占据主动，因为学生的教育归根结底主要是应用型高校的责任，而不是企业的任务。所以在企业德育建设过程中，必须以应用型高校为主体。

3. 校企合作双赢的原则

任何一个合作，如果只对一方有利，而对另一方不利，都是不会长久的。要实现校企双方的长期合作，共建企业德育实践基地，就必须坚持真正的校企合作双赢的原则，既要有利于应用型高校学生的培养，又要有利于促进企业发展。应用型高校应用适当的方式回报企业在学校人才培养方面的支持，让企业的付出得到回报，以吸引更多的企业参与到共建德育实践基地中，从而实现校企合作双赢。

4. 有利于学生健康成长的原则

学生的健康成长是应用型高校教育的终极目标。所以，在建立企业德育实践基地的过程中，无论是内容、方式、活动等都必须围绕学生健康成长来展开，必须采用最有利于学生健康成长的内容、方式、活动，只有这样，才能真正体现企业德育实践基地在学生培养中的功能价值。

5. "扬弃"原则

"取其精华、去其糟粕"的"扬弃"原则是一切行为的准则，企业中的文化既有有利于学生培养的精华，也有利益至上、不利于学生成长的糟粕。所以，在企业建立德育实践基地，必须坚持"扬弃"原则，把握好利用企业资源的"度"，从而更好地为学生健康成长服务。

（四）应用型高校校企合作共建企业德育实践基地的实现路径

1. 建立政府主导机制

在企业建立德育实践基地，政府主管部门的导向作用非常大，应建立相应的政府主导机制。政府有关部门的态度是企业是否愿意积极参与校企共建德育实践基地的关键，要做好并发挥企业德育实践基地的实际价值。政府有关部门应通过出台有关政策、文件的方式，明确企业建立应用型高校学生德育实践基地的义务与责任，让企业承担起培养人才的社会责任，只有这样才能促使德育实践基地工作顺利开展。

2. 企业转变观念，应用型高校主动出击

在建立企业德育实践基地过程中，企业的态度与观念非常重要，只有让企业积极主动地参与基地的建设，该项工作才能有效地开展并发挥作用。所以企业应转变观念，意识到参与应用型高校学生德育工作是其义务与责任，企业必须担当起这种社会责任，才能促进此项工作的有效开展。在校企合作共建德育实践基地过程中，应用型高校不应被动应对而应主动出击，取得企业的支持与理解，让企业自愿地、积极地参与到应用型高校学生德育工作中来，双方建立良好的沟通渠道，实现校企双赢。

3. 建立科学的评价体系

在企业德育实践基地建设中，应用型高校必须有目的地选择德育资源丰富、条件好的现代化大企业，否则宁缺毋滥。所以，必须建立企业德育实践基地评价体系，制定企业德育实践基地评价标准，对企业德育实践基地进行定期评估，在评估的基础上及时进行调整，做到企业德育实践基地的最优化。

4. 出台相关政策、文件

事实表明，企业德育实践基地在应用型高校学生素质提升过程中作用越来越大。而要使企业德育实践基地规范化、合理化、科学化，却缺少相应的政策、文件支撑。所以，政府有关部门必须深入调研，出台相关的政策、文件，从而使企业德育基地的建设更科学规范。

5. 挖掘企业德育基地的育人价值

在企业建立德育实践基地，应用型高校不能流于形式，而要充分认识到企业德育实践基地在学生素质提升中的实际效果和作用，发挥德育实践基地的育人价值，让企业德育实践基地在学生德育工作中真正产生作用，这样才能保持企业德育实践基地的生命力。

（五）校企合作共建企业德育实践基地存在的问题

1. 如何调动企业积极参与的问题

在企业德育实践基地建设过程中，企业参与的积极性是关键问题，尤其是一些大型企业会担心德育实践基地的建立影响其生产、效益、员工的管理等，不太愿意参与或被动参与的现象较多；如果没有企业的积极参与，单纯靠应用型高校的一厢情愿，是达不到预期目标的。所以，校企合作共建企业德育实践基地的首要问题是如何调动企业积极参与的问题。

2. 应用型高校对建立企业德育实践基地重视程度的问题

在校企合作共建企业德育实践基地过程中，有些应用型高校一开始搞得轰轰烈烈、热火朝天，当基地挂牌结束之后，缺乏后续的跟踪、沟通、使用，挂完牌子了事的现象经常出现，这种形式主义的现象，往往也会引起企业的不满。所以，应用型高校在企业德育实践基地建设方面的务实态度也是影响企业建立德育实践基地工作推进的重要问题。

3. 通过教育技术推进教学模式变革

通过教育技术推进教学模式变革已是不可避免的趋势。借鉴国际远程大学的发展理念，中国开放大学利用教育技术并不是要单纯地追求技术上的最先进，而是要立足需求、明确定位，基于现实和学校的核心发展战略推进教育信息化，进而促进教学模式的变革。

4. 利用教育技术确保远程教育的质量

教育技术在课程教学、课后辅导、学习交互和学习成果评价等方面具备突出的优势与价值，是确保远程教育质量的手段之一。广泛利用教育技术的远程教育课程具备与传统教育课程同等的属性与地位，不仅不会影响教育质量，还会更好地满足学习者的学习需求。

二、新时代企业道德建设

中国特色社会主义进入了新时代，经济发展也从高速增长转向了高质量发展，这一历史性转变不仅对宏观的经济建设提出了要求，同时也对企业的高质量发展提出了要求。企业的高质量发展不仅依靠于现实的生产资料，更需要重视其价值上的道德精神。

（一）前提：企业道德的内生性与外生性

在现代的经济社会中，一般认为，企业与道德是两个风马牛不相及甚至是相互排斥的东西。其实不然，企业虽然是一个经济实体，它的活动是为了发展生产力、提高经济效益。但不能把企业看作是一个单纯追求利益的行为主体，这不仅不符合企业自身的生存和发展诉求，也没有认识到新时代对企业道德建设的迫切需求。

1. 内生性：企业高质量发展离不开道德

道德是企业高质量发展必须考虑和关注的因素，其重要性不亚于任何一项现实的物质利益，在企业向内的管理、向外的经营以及其整体社会定位上，始终内含着道德的要求。

（1）道德是企业内向管理的协调手段

企业内部管理的实质就在于以有效的内部协调实现各类资源要素的合理配置，而在各种资源要素之中，主要包括物的要素和人的要素问题，后者是最根本的问题。那么，企业在管理中就要以调动人的劳动积极性为根本，除了硬性的企业制度外，还要发挥一切软性的精神要素，如道德、情感等，对企业内部人员进行深层次管理与协调。在新时代背景下，企业想要获得发展，就必须重视内部管理程序和手段的道德要素，以职工为中心进行管理，尊重职工的工作需求，实现职工的人生价值，促进企业和人员共同发展。

（2）道德是企业外向经营的竞争资本

企业经营是以企业为主体，以外部环境为范围的一类交往活动，因而它并不等同于企业管理，从道德关系上讲，前者偏向于对外的道德关系，后者偏向于对内的道德关系。企业的目的就是追求利益，利益的获取必然牵涉市场上的其他经济主体。因而，企业必须调动其所能利用的一切资本来参与市场经营，抛开企业的现实物质基础。在企业丛林中，企业的道德形象是企业赢得市场的重要因素。随着经济物质生活的不断丰富，人们对企业的评价已经不单纯是产品的技术性，而是包含了更多的价值和道德内容。新时代企业的高质量发展更是面对着前所未有的竞争压力，消费者在市场上的选择的多元化为企业的经营提出了难题。而企业要想赢得消费者和市场，就必须将道德作为资本纳入经营范畴之中。所以，道德不仅能规范企业与其他市场主体的利益关系，也是企业赢得市场竞争的无形资本。

（3）道德是企业社会定位的本质要求

习近平总书记在2020年企业家座谈会上说："企业既有经济责任、法律责任，也有社会责任、道德责任。任何企业存在于社会之中，都是社会的企业。"从宏观意义上讲，我国企业是社会主义市场经济中的活动主体，企业的发展目标与社会主义市场经济的发展目标是统一的。因此，新时代企业的高质量发展要求企业坚持社会价值本位的生存发展理念，将自身置身于整个社会发展大局之中，以参与解决社会问题、创造社会价值、促进社会进步作为企业生存和发展的出发点。在新冠疫情防控期间，我国各行企业的基本运转都遭到不同程度的重创，但也有企业积极参与物资捐赠、扩大公共服务、保证供应链稳定等工作，这些企业不仅为自身的发展赢得了广大消费者的敬佩与信任，同时也为社会秩序的稳定贡献了自己的一分力量。因而，企业的成功不仅在于获得自己既得的利益，更重要的是通过自身的发展促进整个社会的发展与进步，而其利益的获得只有在这个大前提下才是合乎道德的，同时也是合乎理性的。

2. 外生性：新时代新征程离不开企业道德

走入新时代，企业面临着新的发展机遇，也背负着新的历史使命，经济的高质量发展、社会主义核心价值观的践行以及人民美好生活需要的满足都离不开企业道德的作用。

（1）企业道德是新时代经济高质量发展的基本要求

马克思在《德意志意识形态》中指出："思想、观念、意识的生产最初是直接与人们的物质活动，与人们的物质交往，与现实生活的语言交织在一起的。人们的想象、思维、精神交往在这里还是人们物质行动的直接产物。表现在某一民族的政治、法律、道德、宗教、形而上学等的语言中的精神生产也是这样。"即同物质生产一样，精神生产亦是人类生产实践的基本形式之一，是现实社会生产的重要方面，更是促进社会生产迈向更高水平的一大重要因素。

新时代下，高质量的经济发展不仅要求物质生产的进步，同时也要求精神生产的进步。作为经济生活的基本单元，企业的道德、品格和文化等精神生产要素不仅对企业自身的发展起着直接作用，还对整个社会生产力的发展起着间接作用。在中国经济实现转型，社会实现转轨的过程中，企业道德生产力作用愈加明显。相反，如果企业没有道德，企业就不能实现良好的经济效益和社会效益，社会经济生活也会陷入扭曲和混乱。"互不信任、徇私舞弊、姑息养奸、坑蒙拐骗犹如流沙，在流沙上面不可能建起任何经济体制的大厦。"因此，在现阶段加强企业道德的建设，不仅有利于企业自身在市场上的生存和发展，而且也能促进新时代经济的高质量发展。

（2）企业道德是社会主义核心价值观的践行内容

社会主义核心价值观是马克思主义价值观在新时代的新发展，也是中国特色社会主义在思想文化、意识形态和道德规范方面的集中体现。因此，社会主义核心价值观本身，就包含着道德建设的基本内容。而社会主义核心价值观的培育和践行，最终定然落在社会政治生活、经济生活和文化生活的方方面面。

在经济生活方面，随着新时代经济的发展，经济领域的思维方式和行为方式正在不断渗透和支配着越来越多的社会领域，包括社会的政治、教育、文化和家庭等各个方面。不难看到，出于利益驱动，很多缺乏道德建设的企业在市场化经济潮流中不断沉沦，造成了一系列危害人民生命财产安全和社会安定和谐的现象，在一定程度上变成了社会主义市场经济健康运行的绊脚石。同时，这种经济上的非道德现象也助长了社会上享乐主义、利己主义和拜金主义等不良风气，导致社会道德崩塌、社会秩序不稳甚至社会发展停滞。因此，在经济领域充分发挥社会主义核心价值观不仅是必要的，而且是迫切的。作为社会主义道德的基本内容，企业道德的实现不仅依赖于社会主义核心价值观的影响和带动，同时，企业道德的建设也为促进习近平新时代中国特色社会主义思想的贯彻和落实提供了助力。

（3）企业道德是人民美好生活需要的满足条件

新时代背景下，人民美好生活需要是社会主要矛盾的一个重要方面。什么才是美好生活？"只有人际和谐和美、人我共生共在的生活才是美好生活，而人际和谐和美、人我共生共在的生活是建立在自由和道德的基础上的，因此，作为一种全面自由发展的生活，美好生活必定是崇尚自由、遵守道德、合乎伦理的生活。"也就是说，"美好生活"一词不仅代表了对人们在经济、文化和精神生活等方面的评估，更代表了人们在经济、文化和精神等生活世界里对求真、向善、崇美的价值诉求。因此，我们对"美好生活"的实现不仅要落实在高水平的物质基础建设上，也要重视"美好生活"的道德维度。

在现阶段，企业道德建设的不完善给社会带来了大量不良风气，使人陷入"非人"的异化状态，大大降低了人们生活的获得感和幸福感。在中国特色社会主义市场经济条件下，财富生产的最终目的是创造可实现人的自由而全面发展的社会条件。就此而言，社会主义市场经济的发展不只关心物质利益的积累，它同时也在乎人的精神世界的充分与完善。新时代下，我们必须以道德规范来调节经济行为，解决我国经济发展中的非道德现象，以使我国新时代社会发展更好地满足人民日益增长的美好生活需要。

（二）困境：企业陷入道德贫困化

1. 道德贫困化的现实表现

（1）不尊重职工

从内向管理来看，企业的道德贫困化表现为企业不尊重职工。近年来，部分企业为了压缩劳动成本以获取最大化的市场利益，忽视了企业内部劳动关系的道德性与和谐性，企业与员工的关系问题成为社会的热点问题。

企业不尊重职工的表现主要有以下几个典型方面。一是企业没有按照相关劳动法规对待员工，没有尊重和保护员工的合法权益，甚至做出一些有损员工生命与健康的决策。如企业与员工签订不平等合同、强迫员工加班且不按规定支付相应报酬、让员工在有损健康的工作环境中工作等。二是企业没有协助员工制定和实现职业规划，对员工的职业生涯表现出冷漠旁观的态度，只注重员工业绩给企业带来的短期效益，对员工采取放养态度、没有制定合理的员工上升渠道等。三是企业将员工当作企业盈利的工具人，仅关心员工的工作效率，而不关心员工的生活和心理状态。据国内媒体报道，贵州某企业对业绩不佳的员工罚吃蚯蚓、湖北某企业员工排队被领导扇耳光、江苏某企业发员工证件时随手扔在地上，此类事件在市场上不胜枚举，这些行为不仅造成了企业与员工的对立，更使其自身的发展陷入桎梏。

（2）不诚信于市场

从外向经营来看，企业的道德贫困化表现为不诚信于市场。"诚者，圣人之本，百行之源也。"从本质上来说，企业和其他市场主体之间的关系是一种交易关系，但在新时代，这种交易关系并不表现为纯粹的钱货两讫，相反，它要求各市场主体必须发挥道德作用，以此来建立交易双方的互相信任。因此，企业对市场的诚信是企业得以立足的生命所在。

其一，企业对市场的不诚信体现在企业对消费者的不诚信。企业在产品生产时疏于质量管理，销售假冒伪劣产品，或者对所卖产品进行虚假宣传。但是如此举动必然遭到消费者的抵制。要想赢得消费者的信赖，企业一定要靠产品的好质量吸引消费者，而不是靠花哨的广告包装。

其二，企业对市场的不诚信还体现在企业对其他企业的不诚信。一般来讲，企业双方或多方达成合作是为了节省资源以获得共同的利益。但是，仍有企业在合作中为牟取自己利益的最大化而不顾及合作方的利益，存在不及时履约、拖欠款项等行为，甚至有部分企业在与同行竞争时利用伪商标、恶意收购等不良手段，这些不仅影响自身声誉，同时也严重影响市场生态，得不偿失。

其三，企业对市场的不诚信还体现在企业对政府的不诚信。政府对市场有宏观调控的职能和作用，和谐的政企关系能为企业生存与发展建立良好的外部政治环境。但是，依然有企业试图挑战政府权威，偷税漏税现象日益严重，财务失真情况也较为普遍，这些现象不仅使国家流失了大量税收，还干扰了正常的经济秩序。

（3）不履行社会责任

从社会定位来看，企业的道德贫困化表现为企业不履行社会责任。我们并不苛求于对企业社会责任划分出清晰的概念范畴，但可以肯定的是，企业的社会责任所面对的对象定然是与企业发生关系的所有利益相关者。

作为社会的一分子，企业的道德性是由其所创造的社会价值来体现的，企业在追求自己的正当利益、体现自身经济本性时，应该发挥道德作用，重视社会公共利益，履行自己的社会责任。然而，《企业社会责任蓝皮书（2020）》显示，中国企业300强社会责任发展指数只有36分，整体处于起步者阶段，超四成企业社会责任发展指数低于20分，仍处观望状态。这说明，在现实社会中，部分企业在利益的诱惑下并没有承担并履行相应的社会责任，这也表现在了企业日常的内部管理和外向经营活动之中。除了上文中提到的一些不道德行为外，企业不履行社会责任还表现在企业发展严重破坏了自然生态环境的健康，企业要发展就必须从自然中获得资源，合理开发和利用自然资源理应是企业生产经营活动的重要道德原则，但是部分企业只顾私利不顾后果，在生产中滥采滥用自然资源，排放工业生产的废气废料，不仅破坏了自然生态环境，也危害了周围人的身体健康。

2. 道德贫困化的深层原因

（1）内因：企业自身道德意识淡漠

从内部原因来说，企业自身道德意识淡漠。新时代以来，我国市场经济活力不断被激发，创造了前所未有的经济财富，但与此同时也导致了社会道德意识淡漠，助长了各经济主体的功利思想，这一点在企业的发展中尤为明显。而在企业内部，企业领导者是企业经济活动运行的指挥者和决策者，"作为主要决策的制定者，管理者比其他人有更多的机会为公司建立伦理形象。管理者特别是顶层管理者所秉持的价值，将为在公司其他人树立榜样"。

实际上，摆在企业家面前的不仅有法律底线，也有道德底线。一方面，很多企业家错误地认为，逾越法律底线为法律所不容且必须承担一定的法律责任，而打破道德底线则不是"不可承受之重"。出于利益的驱动，部分企业家轻易越过了道德底线，不仅毫无心理负担，反而认为道德不是企业经营该考虑的内容，做出一些损害职工权益、行业环境和社会发展的非道德决策。另一方面，企业内部道德文化建设对企业整体的道德责任意识也会产生一定的影响，道德的企业文化能够约束企业领导者和职工的行为与理念，为企业的经济活动提供调节和导向作用；非道德的企业文化放纵了企业领导滥用自身职权以满足私利，导致企业职工遭受压迫严重，劳动关系愈加对立紧张。因此，当企业领导者自身的道德素质较低，企业内部文化低劣时，企业的道德更是无从可谈。

（2）外因：法律机制、公共舆论和社会道德风气的影响

从外部原因来说，法律机制、公共舆论和社会道德风气都在一定程度上影响了企业道德的贫困化。法律能够对企业等经济组织在市场上的生产经营活动产生最有力的约束效果。企业要生存与发展，必须始终敬畏法律、坚守底线。

但是在当前市场经济体制下，有关企业经营活动的法律机制并不完善和健全，法制对企业经济活动的约束具有一定的滞后性。同时，严肃的执法过程也遭到了来自各方因素的压力和挑战，有法不依、执法不严的现象仍然普遍存在，这些都在一定程度上会导致许多法律和法规在现实生活中无法发挥其功能，为企业的非道德生产经营活动提供了通道和空间。

公共舆论是另一个影响企业道德贫困化的社会因素，它指的是社会公众公开表达的某些言论和意见，因此公共舆论天生就带有对社会事件的导向和监督功能。新时代背景下，现代信息技术的发展更加放大了公共舆论的影响能力，当企业陷入道德贫困化，公共舆论不仅充当了揭露此类事件的传播工具，更能作为一种强有力的社会影响对社会公众产生导向和压制作用。然而，舆论传播总有一定的滞后性和模糊性，在网络信息爆炸的今天，人们通常难以分辨舆论的真假，也容易被资本运作的舆论带偏方向，对企业不道德行为做出错误的判断和认识。

此外，个体的道德意识根植于社会整体的道德风气，而社会整体的道德风气也能够塑造企业的道德理念和经营活动。改革开放以来，市场经济的发展虽然带来了社会的繁荣发展，但是也在一定程度上对社会道德风气产生了负面影响，助长了各种不良社会风气。在这种大环境下，企业很难做到"出淤泥而不染"，反而与社会不良道德风气"同流合污"，明目张胆地采用非道德的管理和经营手段，成为助长社会不良风气的"帮凶"。

（二）出路：价值驱动与法制调控

道德首先是一种精神性、意识性的存在，但是道德并非某种神秘主义的东西，它为人的生活和行动提供向善的规范和准则，并通过人的学习和生活影响人、塑造人，因而它又是一种实践性的存在。所以，道德不仅要求人的精神上的认同，还要求人们在现实生活中充分地践行道德要求。因此，企业要走出道德贫困化的困境，一是要通过社会主义核心价值观构建和渗透企业价值观，使企业做到道德自律；二是要通过法制调控促进并落实企业道德法制化，使企业行为受到道德他律的约束和管控。只有自律和他律双重并举，才能真正在精神层面和实践层面重建道德坐标，走出道德贫困化。

1. 价值驱动：道德自律

价值驱动，即在精神文化的层面对企业的价值观进行审视和构建，从而以向好的价值力引领企业发展。企业价值观是企业高质量发展的精神支柱，纵观古今中外，没有哪一个成功的企业不具备自己的价值观，而价值观有良性与不良性之分，良性的企业价值观犹如船之双桨，始终为企业的发展蓄力引航，不良性的企业价值观则会将企业的发展引入歧途，伤人损已。

（1）前提条件：企业价值观的内容构建

发挥价值驱动作用的前提，即需要企业构建符合社会主义核心价值观的基本价值观念。党的十九大报告提出，社会主义核心价值观是当代中国精神的集中体现。作为基本的价值规范、价值目标和价值尺度，社会主义核心价值观将国家层面、社会层面和个人层面的道德要求统一在一起，它的培育必然要落实在每一个社会主体的实践之上。因此，培育和践行社会主义核心价值观是新时代企业不可推卸的责任和担当。早在2013年，中共中央办公厅印发的《关于培育和践行社会主义核心价值观的意见》就已经指出要把培育和践行社会主义核心价值观落实到经济领域中去。具体而言，面对当前复杂的国际形势和市场环境，企业要爱国守信，树立大局意识，将自身的小发展融入国家和民族的大发展之中，用实干将企业转化为助推国家和民族发展的新力量。同时，企业应坚持以人为本，对内体现为以职工为中心、尊重职工的主体地位、关心员工的身心健康；对外体现为以消费者为导向，重视消费者的需求，真诚服务、质量至上。另外，企业还应积极承担社会责任，企业有所得，理应回报社会，促进社会的和谐发展。

（2）必要条件：企业价值观的制度渗透

发挥价值驱动作用的必要条件，是企业价值观念的实践性渗透。一方面，是企业个人的素养渗透。习近平总书记的公开讲话和文章中多次提及"企业家精神"。而在企业道德的价值驱动方面，"企业家精神"的培育必不可少。新时代企业领导者需培养和提升自身道德素养，发挥企业领导者践行企业价值观的模范作用。企业职工同企业的领导者一样，也是企业价值观的践行者，如果没有员工对企业道德价值的认同和践行，那企业道德建设就只能是空谈。因此，必须注重对企业职工的道德培育。

另一方面则是企业规范的制度渗透。毕竟"成功企业经验证明，一个企业的成功，5%在战略，95%在执行"。企业需要建立完善、规范的道德伦理制度，使企业领导者和职工的道德行为由以内在的价值观念来约束和调节的方式，转变为以外在的制度规范来加以约束和调节的方式，从而为企业领导者和职工的道德意识打上有形的规范和制度的烙印。企业价值观制度化的同时，也在实现制度的价值化，使职工行为既有价值观的导向，又有制度化的规范，以此来引导和规范他们日常的工作方式，发挥价值驱动的导向作用，帮助企业培育和践行蕴含社会主义核心价值观的基本价值理念，在精神层面上走出企业道德贫困的困境，从而维护社会主义市场经济的和谐发展，促进社会秩序的完善。

2. 法制调控：道德他律

法制是成文的道德，在社会上没有纯粹无道德的法制，也没有纯粹无法制的道德。实践证明，企业要走出道德贫困，既要有价值上的道德取向，也要有道德上的法制保障，这两个方面缺一不可，否则孤掌难鸣。这是因为企业的自我约束能力是有限的，需要外在的共同认可的法律制度来保障自身的合法权益，同时矫正自身的非法非道德行为。走入新时代，必须以法制承载道德观念，弘扬社会主义道德精神，将社会主义核心价值观的道德要求体现到完善立法和严格执法之中，以法制的力量引导和监督企业的道德实践，从而巩固法制尊严，维护全社会的和谐稳定。

（1）前提条件：企业道德法制化

法制建设的不完善导致了企业道德贫困化的产生和恶化，不断健全和完善我国的社会主义市场法制建设是企业走出道德贫困化困境的重要条件之一。随着新时代市场经济的发展，我国相关企业道德的法律法规制度已经基本健全。2021年1月1日起，我国正式实施《中华人民共和国民法典》，从总则编到物权编、合同编、侵权责任编等，民法典不仅确立了公平、平等、诚信、绿色等基本道德原则，也对企业运行、劳工、合同、借贷等行为的道德化、规范化提出了更高的要求。然而，民法典虽然在一定程度上加强了对企业的法制约束，但是它始终不是专门针对企业经济行为的企业法典，而像公司法、劳动法和消费者权益保护法等也同样只是对企业的相关活动进行了宏观规定，对企业道德建设的具体实践规定仍有一定制度上的缺失。因此，应该推进企业道德行为法制化，以促进企业道德建设为中心制定专门针对企业的企业法典，以改变我国企业道德贫困化严重的现象。

（2）必要条件：法制的行之有效

"天下之事，不难于立法，而难于法之必行。"法制的生命在于实施，法制的有效实施是矫正企业不道德行为的必要条件。但在目前法制实践中，执法人员权钱交易现象严重，有法不依、执法不严、违法不究问题仍旧突出。执法人员在公共事务中的随意性和功利性夸大，会导致司法和政府的公信力降低、公众对司法和政府的信任度降低。因此，加强执法人员的公正执法意识是十分必要的。"执法人员是具体执法过程中的主宰，以其自身的执法理念指导着执法事件，因此执法人员只有坚持公正执法理念才能在自身的价值选择和面对利益冲突时选择正确的立场。"而要提高执法人员的道德水平和执法水平，有关机关应当对执法人员的思想政治、工作作风、遵纪守法等情况进行管理和监督，要定期开展奉公守法教育，建立日常培训和考核制度。无论执法人员故意与否，只要在执法过程中出现失德违纪行为都应该追究其责任。

此外，法制落实的关键还在于加强监督和奖罚力度。监督行为是奖罚行为的前提，奖罚行为是监督行为的后果，这两者是保障法制有效实施的"守护神"。一方面，企业是社会的企业，企业在社会上的一切经营活动，都应该受到公众和法制的监督。因此，不仅要加强各级人大、公检法和行政部门等机关的法制监督功能，还要发挥公众监督的作用，对企业不道德行为公开曝光，使企业承担相应的后果。同时也必须清楚，企业发生不道德行为的根本原因在于企业对经济利益的狂热追求。面对频繁发生的企业道德贫困化现象，应该抓住这一利益痛点，通过立法加强赏罚的权威性和实效性，对守德守法的企业要通过立法明确规定给予褒奖，对违德违法的企业要在法条中明文规定其应受到的惩处。以此才能从根本上震慑违德违法企业，约束这些不良企业守德守法。

第三节 企业德育模式创新

一、校企合作中现代学徒制的实践性德育模式

中职生作为我国未来产业大军的重要力量，其道德素养直接影响我国劳动者的整体素质，影响到我国现代化强国目标的实现。《中等职业学校德育大纲》中明确指出，要通过"德育课堂、道德实践、校园文化、学校家庭社会相结合、队伍建设"五个方面的育人渠道，加强中职生的道德素养。中等职业学校教育在道德教育的过程中应贯彻四个原则：一是发扬传统的同时发展创新；二是知行合一的原则；三是走近实践真相，走进学生内心的原则；四是引领与自省的原则。现代学徒制是一种通过学校与企业的互动结合，教师与师傅共同教授加传习，以培养专业技能学生的人才培养模式。现代学徒制是一种应用型人才培养模式，它更加注重职业技术技能技巧的传承，由学校教师和企业成熟技术负责人共同引导学生的学习和实践，在贯彻该模式教学时，主张制定明确的课程标准和可行的考核方案，这是在校企合作深度进行的大背景下发展起来的人才培养模式。

（一）实践性德育模式的特点

实践性德育，即德育的出发点和终点都是实践性，在德育的过程中注重的是实践性，使用的德育方法也具有实践性。首先，德育的起点是实践性的。将学生放到真实而完备的实践活动中，使其自然、自主、自觉地去感知道德问题，这一点，完全不同于认知性德育。其次，实践性德育的途径与方法具有实践性。

在德育过程中，教育者尽可能使用完整且丰富的实践方法，与学生共同体验，以实践中传帮带的方式方法，在遇到问题时思考问题、解决问题，不断提升学生的道德能力和素质。在实践性德育过程中，教师和师傅要有目的地创设具体、真实的道德情境，使学生在体会、感悟中获得道德经验和道德认知。最后，实践性德育的最终目标是实践。实践性德育不仅仅是要形成道德认知，还要让受教育者具有正向的道德行为。实践是检验德育的标准。相比传统的认知性德育，实践目标没有空泛和抽象的道德理论，也没有道德理想主义，而是在具体的行为中使学生形成高级的道德觉察能力和高尚的道德品质。

（二）实践性德育模式的策略

现代学徒制的校企合作模式提供了足够的资源和环境让中职学生在实践中养成道德素养。

第一，要利用好两种资源。一是教育体制内的资源，以学校资源为主，包括教师、图书、校舍及先进的信息化教育平台，丰富的制度优势，教育理念及教育实施经验。二是教育体制外的资源，以企业资源为主，包括企业师傅及企业文化、社会性完整丰富的制度、经验与管理等。在教育过程中，有着丰富经历和经验的优秀企业人员到学校来以讲座的形式谈自己的切身经历和实践经验，教师也可以到企业中去，针对学生们在实践中遇到的问题，给予理论疏导，合理地将两种资源渗透到学生的道德教育中，构建新的有机的实践道德培育模式。

第二，要突出企业的作用，充分发挥好"第二师"对学生职业生涯的终身影响力。能否适应企业环境，能否在企业环境中迅速成长，是检验我们培养的人才的质量的标准之一。企业师傅对学徒的社会观念、行为方式、道德品格的形成，特别是对学生职业道德理念的树立具有非常直接的影响。学生在实习的项目活动中和企业师傅不断交往，甚至是朝夕相处，企业的良好氛围对学生有潜移默化的影响，学生渐渐理解价值理念和职业道德等，不仅提高了学校德育的效能，还有利于提升学生的德育实践能力。

将职业教育的主要阵地转移到企业，学生的学习场景从插秧式教室学习的模式中脱离出来，他们的主要引导者是师傅，师傅的陪伴时间等于或大于教师，学生观察与模仿师傅，参与实习实训，参加真正的企业活动，参与企业的竞争。在新模式下，学生会积累更多的知识，获得更多的经验，但是也会面临一些新的问题，不仅仅是理论技术和经验不足，还在沟通、合作、为人处事上存在问题，这些都会促使学生不断自觉丰富自己的道德知识，养成良好的道德行为，企业的制度、文化和经验将对学生的德育教育产生催化作用。

在校企合作模式下，学徒制的引领者是师傅，学生的学习场景在企业。企业的第一目标不同于学校的第一目标，企业第一目标是追逐利润效益，有可能造成企业在人才的培养过程中缺乏长期计划和长远目标，因此加强学校和企业的联系，达成可持续发展的人才培养的战略规划，是不容忽视的。作为校企合作的主要角色，将眼前利益和长远目标、自身利益和社会责任结合起来考虑是不容易的。但是，如果在合作中，以不影响企业的正常经营和生产为前提，以正确的思想引导企业文化，以恰当的方式参与企业建设，以有效的优势贡献企业，就有可能真正改变企业的发展理念，发挥对学生才干和德行塑造的积极作用，尤其是在职业道德素养的培养上更是会有直接的作用。通过长期的努力，也可以让企业认识到校企合作的好处，认识到校企合作可以培养大量的高素质人才，有利于确立企业的人才竞争优势，这与他们自身的发展目标是一致的。

第三，要夯实学校教育的作用。学校是文化养成的摇篮，即使是在师徒制的校企合作模式下，教师、学校仍然是人才培养的核心。

首先，在学生的实践过程中，教师的理论和思想指导不可或缺，这是国家和党贯彻社会主义教育思想和理念的保证。同时，学校应当培养"双师型"教师，让教师具备理论知识和教学能力，富有企业实践经历和经验，在学生的德育工作中发挥作用。当学生回到课堂，回到校园的"象牙塔"中，教师可以运用具有更多实践活动的案例去丰富德育课程资源与内涵。换言之，我们不能把德育教育简单交给企业。德育工作是中等职业学校教育的重要组成部分，在教学的过程中，如何将思想、政治、法律、道德和心理健康的观念和知识渗透给学生，一直都是中等职业学校教育工作的重要内容。因此，要不断优化德育形式，更多地采用实践型方式以及行为导向型的教育方法。学校可以从设置德育课程开始，将实践性的德育作为教学计划的主要部分，将校企合作中的实践活动分解成几大版块，将德育内容以各种方式专门列在其中，提升思想道德教育的效果。

其次，在德育的实施过程中，让学生们充分发挥自主性和自觉性，将学生作为主体，促进学生知、情、意、行四个方面的发展，重视学生在实践性德育中的主体作用，这对中职实践性德育工作的完成有着至关重要的意义。在校企合作的实践活动中，必须重视培养学生的主体意识，因为，学生既是德育的实施对象，也是德育的行动主体，要不断地加强学生的自我教育意识，培养学生参与学习的主动性。学生要理解实践性教育的用意和内涵，积极主动地规划个人的职业发展方向，明确个人的岗位选择，加强理论知识与技能，汲取企业文化中的道德因素，逐渐发展个人品质、道德和修养，养成良好的行为习惯。学校与企业还可以共建校内实训室，学校专职教师队伍全方位监护教导，以基础学科知识和德育、美育、体育的传统教学优势为本，发挥人才教化培养作用，并聘任企业负责人为专业导师，定期来学校给学生讲授前沿技术，指导学生实际操作和应用，培养学生的实践能力，这两个抓手、两股力量，势必会加速职业技术人才的全方位成长。

总之，实践性德育是一种新的德育培养模式，是一种在实践中摸索并在实践中完成。实践性德育是有助于提升实践成效的教育模式，对于中等职业学校的道德素质教育意义重大。如何更好地发挥实践性德育的作用，采用怎样的模式，对于职教教育工作者来说，仍然是个重大课题。

二、小微企业德育激励模式

传统的德育激励通常局限于物质激励、薪酬奖惩和精神激励，但新时代下，这无法有效地推进企业的持续发展。小微企业要想增强竞争实力，必须创新德育激励模式。随着市场竞争的加剧，技术创新大潮更是一浪高过一浪，小微企业遭遇诸多难点、痛点问题，加之缺少企业文化的凝聚，员工对企业缺乏认同感和归属感，企业管理基本处于"野蛮生长"的状态。因此，如何开展激励培训，激发队伍活力，引领规范管理，以调动员工的积极性，推动企业持续健康发展，成为小微企业运作的一个重要议题。

小微企业采用的传统激励模式一般包括物质激励、薪酬奖惩和精神激励等，其单一化、短期性的特点往往无法发挥高效作用，影响了激励教育的效用。而德育激励则是以社会主义核心价值观为核心，以社会公德、职业道德、家庭美德、个人品德的四德教育为重点，结合业务范围和岗位职责开展的旨在帮助员工形成正确的世界观、人生观、价值观，认可企业发展理念，端正自身工作态度，以适应企业时代发展需要的一种关于思想、政治、品德和心理品质的培训教育方式。

企业德育激励系统是一项错综复杂的系统，不仅表现在其中要素的反复和变化，而且表现在各要素之间的相互作用和相互影响。实际上，德育激励就是一个有机整体，简单点讲，就是由谁负责调动员工的积极性，调动怎样的积极性，用什么方式或者在什么条件下来调动。探索和创新德育激励模式，需要企业在注重生产经营硬性指标和经济效益的同时，关注员工综合素质的提升，加强德育激励平台的构建，有针对性地制订年度培训教育计划和实施计划，同时重点做好以下三方面的工作。

（一）优化德育激励环境

企业和员工都要修正对德育激励的认识偏差，不能将德育培训视作是一种额外成本甚至是经济负担，不能认为员工的道德品质和思想认识是个人行为，与企业无关，而应正确认识到，企业内部的人员构成、企业员工的行事与作风、企业软件建设包括员工的工作能力和思想素质直接关系到企业的经营宗旨与理念，进而影响着企业的管理水平。优良的德育激励环境应是员工得到充分尊重与信任，企业创造与竞争始终保持活力，企业内部互相学习互相帮助的状态，同时又是你追我赶比先争优的氛围，员工在德育激励环境中了解和习得基本的职业素养和科学的思维方式。

（二）创新德育激励载体

1. 企业制度

激励功能是企业制度的基础，也是员工开展工作的内在动力，制度越公平公正且奖罚分明，员工的努力与报酬越接近，那么激励就越能起正向作用。小微企业在制定制度时既要审时度势，又要高瞻远瞩，还要考虑其可行性和可操作性，更要确保其规范运行，要明确表现正向激励与负向激励，奖励与惩罚两个都要抓，两手都要硬。

2. 企业文化

企业文化也称组织文化，卓越的企业文化是企业健康发展的源泉和动力，它具有优秀的导向、约束、凝聚、融合和辐射作用；企业在成长与发展过程中，要注重并精心培育本企业的经营哲学与独特的文化精神，这些不仅需要管理者的努力，也需要每一名员工的参与和认同。只有努力营造团结协作、积极向上的良好氛围，不断强化企业和员工的抗风险能力和竞争能力，才能最大程度地创造出激励的价值。

3. 企业形象

通过公共关系活动，企业可以建立和调整社会公众与内部员工对企业整体的印象和评价。企业形象的构成要素很多，而其中最具有生命力和彰显力的就是员工形象，员工的职业道德、职业理想、职业责任甚至仪容仪表等精神面貌，都是企业形象的一部分；良好的企业形象是小微企业的无形资产和宝贵财富，它对企业外部经营和内部管理方面的作用和影响巨大而深远。企业形象好，本身就能对员工产生一种荣誉激励，员工在单位有优越感和获得感，工作热情自然高涨，企业便也会随之呈现朝气蓬勃的气氛。

（三）完善德育激励反馈

有制度不执行等于零，同样有教育不反馈归于无。德育激励要有动态的评价和反馈体系才能及时发现存在的问题，才能更好地因人施教。过去，小微企业德育激励系统更多的是一种静态的存在，常常"事后诸葛亮""亡羊补牢"，反馈机制如同虚设，对德育激励的改进和发展起不到丝毫的推动作用。激励周期应是循环的闭合环，一次激励的结束意味着另一次激励的开始，要及时对激励进行检验和评价，这是完善激励反馈系统的重要环节。培训教育中，对员工的考核应建立以形成性评价为主、总结性评价为辅的考核形式，综合运用多种评价方式、多项评价指标，形成多元化多维度的考核体系，同时要将考核结果有效传递给员工，使员工针对激励模式能做出有效反应，从而及时修正自己的工作态度和工作行为，使之朝着契合企业管理理念的方向前行。

三、新时代下企业文化建设模式

（一）企业文化建设实施的必要性

在很大程度上讲，企业文化的表现形式即品牌。企业文化的核心价值观是品牌要传递给消费者的，消费者感受或认识到的品牌带给目标消费者的独特利益，消费者想要选购的是满足其心理需求的产品。品牌化的本质是通过特定的创造和设计，反映产品所提倡的或其自身包含的文化，以影响或满足消费者的情感需求、思想意识、价值观和生活习惯等。企业最大的价值不是夸张和美化，而是要提高品牌竞争力，用特殊的人类精神力量来引导消费者识别文化，从而引起消费者与企业之间的共鸣。构建品牌文化的最终使命是创建和完善企业的社会、文化信息系统，以及打造更具文化性的产品销售链，使品牌可以受到精神、物质发展的影响。

企业文化的使命表明了企业经营管理存在的价值及其重要性、企业持续发展的方向等，其核心价值应体现企业行为的最高标准。企业愿景显示了企业在未来三到五年的商业战略、商业理念和商业模式的组合。经营理念是品质、创新、领导能力、沟通、才能、学习和服务过程中的基本原则。一个企业的文化因素影响着集体的行为方式，在制定人力资源政策的任何方案时都必须将其作为一个极为重要的因素加以考虑。许多企业，特别是大型企业，吸引了来自各个领域的许多人才。他们的教育水平、专业方向、思维意识、社会关系等多种多样，创造了多元化和复杂的人文环境。

（二）新时期下企业文化建设现状

我国企业在文化建设体系上不够完整、概念内涵不够具体、表达缺乏独立特性、模仿抄袭较为严重，这都是在企业文化理念建设方面所存在的问题，广大员工缺乏参与感。如何建设企业文化、建设什么样的企业文化等问题只是由企业高层管理者拍板决定，员工对其理解也就只是"领导要求"而已。正是由于这个原因导致员工工作缺乏执行力，企业文化建设受阻，甚至可能导致员工与管理者之间产生隔阂，激化矛盾，更不要说共同推动企业战略目标的实现了。虽然部分企业在管理过程中已经形成了自己的一套企业文化教育体系，但也只是进行了一些形式上的宣贯研究，比如文体活动、文化"上墙上线"等，企业文化没有与经营管理有效结合。只有将企业文化融入内部各部门、各岗位、各个员工的行为方式中，蕴含于企业管理的方式行为中，才能提高员工工作的积极性和归属感。

（三）企业文化建设实施的原则

1. 企业文化建设实施应与形象管理相互促进

企业文化是建立企业形象的内部基础，企业形象也是企业文化的外部表现方式。一家企业不仅应该关注经常与客户互动的员工的素质，还应该致力于在企业内部建立一种独特的文化。与客户的任何"外部"联系都会受到公司内部关系的影响，要通过与客户建立长期关系和创造独特的客户体验，使客户认同企业核心价值观和企业文化。

2. 企业文化建设实施要充分发挥领导群体的核心作用

领导者应鼓励员工尽可能多地组织公开活动，使其有机会进行互动，并了解彼此的想法。如果领导者不首先定下基调，那就没有员工敢于表达自己内心存在的问题。这将使新的企业文化难以普及，并使人与人之间文化的界限难以消除。总而言之，领导者是培养企业文化和人脉关系的关键点。企业文化核心因素是企业全体员工的愿景和价值观，它可以使全体员工同进退，积极致力于企业文化体系的建设与实施。

3.企业文化建设实施要与广大员工达成共识

企业由广大员工组成，文化系统改革和实施的最终完成，依赖于所有员工的积极合作和行动支持。文化建设是所有员工实现愿景一致的出发点。"共识"作为企业文化强调的重点，是由企业文化本身的性质决定的。如今，成功的企业不仅获得了员工的知识和经验，而且也获得了他们处理所有困难任务的意愿，这使员工在处理所有问题时更加积极。企业价值观、核心标准和工作习惯等方面都会影响所有员工的行动和心态。每一种企业文化都应有预期的设定，并以战略为导向，以便使其在企业发展过程中得以保持，使潜在客户更容易识别相应的产品。对于员工来说，要想获得成功，就必须承认和适应企业文化。

（四）新时代背景下企业文化建设模式创新

1.夯实企业管理基础，适时开展文化诊断

当前的经济社会形势复杂多变，企业的经营也更多样化、更复杂化。但不能忽略的是，企业内部控制体系中仍然存在许多薄弱环节和误解，而且它们还受到许多因素的影响。因此，必须建立适合中国国情并能有效指导企业经营管理的内部控制体系。作为企业竞争软实力的核心，企业文化越来越受到学者、管理者的关注。企业文化的构建，能让员工在潜意识中按照企业文化的要求行事。从文化观念到有意识的行动从来不会在一夜之间发生。企业有必要通过系统制约来规范全体员工的行动价值观。因此，需要建立健全系统的制度，保障企业文化能够一步一步稳健地落地实施，夯实企业文化对企业管理的基础深入。

企业文化是动态变化的，并且在随时代的进步而不断发展。在现代世界中，企业文化身份不能孤立地存在。要不断完善企业文化建设过程，才能提高管理水平。在推进企业文化建设实施的过程中，要在合适的时机进行文化诊断，以明确现阶段的管理系统水平及其在企业文化背景下的进一步提升空间。广泛传

播企业文化体系的概念，使其成为指导和规范公司行为准则的基础，成为支持企业生存发展和成长的基石。

2. 构建企业文化培训体系

许多企业都会进行企业文化系统培训，企业希望通过这种方法，有效提高员工的综合品质、增加员工的归属感、加强企业的团结，但通常只是以口头传述的形式进行。因此，有必要建立正确的方式，以培养员工对企业文化的完全认识以及经营管理中对企业文化的理解和实践方式。企业的骨干需要及时学习并践行企业文化所要求的行为准则、做事方法。新成员必须了解公司的历史和文化及先进的做事行为方式，应当按照不同的层级水平进行。培训计划的适应性、科学性、针对性是企业培训的重要特征。我们应当重视设计企业培训的理论和实践两方面的内容，在企业培训计划的课程之中，注意技能训练和职工劳动态度思维的训练。通过思想思维方式培训，员工能够获得必要的工作技能和知识内容，并在工作过程中能有效且及时地运用这些技能和知识。

3. 在企业文化构建中完善激励体系

我们可以通过激发全体员工的积极性，形成良性竞争环境，使人人参与到企业文化的建设中。激励体系的构建要正向引导，以目标达成和员工需求为本，充分考虑员工心智的可接受性。在世界经济共同体的背景下，国际竞争越来越激烈，而且各地的商业环境又复杂易变，企业未来的发展出路在哪里，是所有企业都必须考虑的大问题。这就要将企业的生产要素充分与人力资源储备巧妙地融合，发挥人力资源的价值。为此，企业必须创造浓厚的人才氛围，使人力资源能够发挥价值和潜力，有效地实现其愿望，并促进人力资源继续产生内部驱动力。这种针对个人需求并创造条件的活动会触发人们的内在动力，激励个人努力工作来有效地实现目标。

企业文化激励制度主要是借助鼓励、指导、限制、奖励和惩罚等方式，通过满足员工的各种愿望和需求，激发员工的热情。因此，要抓住激励机制设计的时机，促进企业整体管理水平的提高。企业文化激励机制的设计和实施将为企业整体管理理念带来巨大的变化。激励机制作为广大员工最重视的问题，企业管理者要以此为突破口，进一步提升企业的管理水平。公司的激励机制旨在最大程度地满足广大员工的不同需求，只有满足了员工的需求，他们才会为公司的发展尽心尽力，实现双赢。

4. 重视企业领导在文化构建中的重要作用

企业文化建设是一项系统性工程，企业负责人和有关企业文化部门必须长期践行和宣传这一体系。首先，"树立榜样、以身作则"是对企业领导者的要求，领导者应该与员工建立更加开放、和谐的关系，以便下属可以放心大胆地提意见、发表评论。其次，对企业文化体系的建设实施起着导向的作用。在众多企业发展历程中我们可以看到，企业的行为、道德、目标以及制定和管理方法的使用，这些通常是以公司领导者的坚强个性为特征，这是企业领导者在企业文化建设实施体系过程中的特殊作用。广大员工对企业文化建设实施体系的理解、感知和重视程度是由企业领导者文化意识的影响所决定，对企业具有一定的影响。

5. 取得全体员工支持

企业文化建设实施体系的完善不仅仅是领导者的问题。企业文化被认为是公司员工的内部指南针。员工的参与度在促进企业文化体系优化方面发挥了重要作用。只有充分调动员工的积极性，才能让员工"积极学习""积极改变""积极优化"，减少变革的阻力。只有当企业文化得到员工的认可、认同并在特定的实践中得到实施时，企业文化才能发挥作用，并建立"步调一致"的执行系统。企业需要通过教育、培训等方式渗透员工的思想和行为，使优化的企业文化逐渐由员工被动接受转变为自主的潜意识行为，从而使企业文化建设实施体系真正得以落地。

6. 企业文化建设与企业战略相匹配

企业文化有助于提高组织的竞争力，这要求有能力的管理层不仅要确保维持现有状态，更要在其经营活动中提高组织绩效。企业文化的变革，被理解为组织变革，是现代组织管理的一个重要方面。企业文化的复杂性源于企业文化的"双面"结构。一方面，它以维持现状为导向，目标是维持稳定。另一方面，它又体现在有助于本组织适应环境动态的变革趋势中。一个企业的管理和战略决策是使用相同的价值观、信念和原则来进行组织文化设定的。让员工了解企业的目标，而文化则通过将目标包含在企业的共同价值观和信念中来帮助员工和企业实现目标。企业的愿景需要在文化中被吸收，战略也只有在企业文化环境的支持下才能实施。

任何一家企业都不能保证在资本、技术和市场上持续保持绝对的领先地位。因此，只有通过企业文化体系真正建立起无法被模仿的竞争优势，才可以使企业顺利实现转型升级。一个完善的企业文化建设实施体系可以深刻影响员工的行为和意识，引导战略实施并改善内部管理结构。因此，企业要以保持现有的企业文化精髓为基石，联合使用有效的宣传和实施方法，使其深入人心，并在各层次上加以实施，通过企业文化体系促使全体员工行为自觉化。现如今，企业的竞争已由过去"资源为王、渠道为王、客户为王"转变为"心智为王"。我国企业应抓住这次机遇，结合博大精深的中国文化，建立健全企业文化建设实施体系。

第六章 基于核心素养的德育理论创新与实践

第一节 德育思想与价值

一、生活教育理论下的德育思想

陶行知先生是中国现代教育改革的先驱，也是现代教育理论的集大成者。在长期的教学实践过程中，陶行知先生发展、形成了一整套完整的教学理论，生活教育理论就是其中的代表。学校德育要在生活教育理论的指引下，完善德育思想体系，创新德育模式，有效解决教育与生活脱离的问题，提高德育的质量。

（一）陶行知生活教育理论的现实意义

20世纪初，陶行知先生在对教育本质、教育目标进行了全面的思考和研究后，提出了"生活即教育，社会即学校，教学做合一"的生活教育理论。在教学实践中，要充分认识到教育与生活不是分裂的，生活即教育。而且"要在生活中对学生进行教育，使教育回归生活并为生活服务"。在教学实践中，陶行知先生非常反对教育脱离社会生活实践的做法，主张顺应时代与社会需要，以生活为检验教学成果的有效途径，结合日常生活进行教学，让教育和教学生活化，以培养学生的实践和创造力。德育是培养学生的道德素养、生活观的重要途径。在学校学习阶段，更是学生的人生理想、价值追求的起步阶段。在新课标下，学校德育要根据学生的自身认知能力与思维水平，以陶行知生活教育理论为指导，将教学理论和教学实践结合起来，制定生活化教学策略，将生活中的案例应用到德育课堂教学中,促使德育教学回归社会,并引导学生将自己平时学习到的思想理论运用到实际生活中,促使学生在生活层面了解知识的实用性,提高学生的思想认识和道德素养。

(二)生活教育理论下的德育思想和路径

1. 发掘生活素材,丰富教学内容

传统的德育以课堂教学为主。在德育课堂上,德育教学紧贴教材进行,许多教学内容都与学生实际生活缺少关联。传统而重复的德育教学内容使德育显得苍白而空洞。加上学生缺少实践、应用德育理论的机会,所以他们对德育理念和目标都缺乏了解。现代教育理论认为,真正意义上的德育,应该是以拓展生活为基础而发展起来的课程,应该是与生活密切相连的。这一点,与陶行知生活教育理论的主张不谋而合。在生活教育理论指导下,学校德育要树立生活化教学理念,将德育置于生活这个大背景下,从生活中发掘素材,利用鲜活的素材丰富教学内容,改变学生对德育的看法,提高德育的有效性。

例如,在"网上交友"教学中,鉴于学生对网上交友都有一定的了解,而且许多学生在许多网络交友软件上都有自己的朋友圈。为此,教师可以在导入环节,结合学生实际提出几个有趣的问题:"大家了解网上交友吗?""你有网友吗?""你是如何认识网友的?""日常会与网友聊些什么?""网上交友需要注意什么?""网上交友是不是都是安全的?"在学生回答问题后,教师可以引出教学主题,并将一些关于网上交友受骗、网络犯罪的案例展示给学生,对学生进行网络素养、安全教育。在课堂教学中融入生活化素材,可以开阔学生的视野,培养学生的网络安全意识,促使学生树立正确的交友观。

2. 创设生活情境,激活生活体验

在新时代教育背景中,德育回归生活,实现生活与德育的高度融合,是学校德育工作改革的重点与发展趋势。如今,许多学校都在陶行知教育思想影响下,本着"生活教育"理念,对传统和现代教育资源进行了大力整合,并就如何增加德育的文化厚度、内涵和深度做出了积极的探索和研究。在生活教育理

论下,德育工作者也要与时俱进,积极探索德育新策略、新方法。情境教学法是一种以生活情境为动力源泉的教学方法,它在学习氛围渲染和营造、学习兴趣和热情激发上有着得天独厚的优势。在德育教学中,教师要以生活为学生道德品格形成的重要环境和路径,创设生活情境,以激活学生的生活体验,提升学生的认识和品格。

例如,在"社会公德"教学中,教师可以将生活情境和通俗易懂的语言、图片结合起来,讲述遵守公德的意义和重要性。在超市购物结账时,在地铁入口处、火车检票处,要自觉排队;在公园、景区游玩时,不能随便踩踏花草树木,要爱护公共设施;在公交车上,遇到老人、孕妇和小朋友时,要积极让座,为别人提供方便,尊老爱幼是中华民族的优良传统。这些都是生活中常见的情境,为什么要遵守公共秩序和社会公德?如果大家都不遵守公共秩序和社会公德,会出现什么情况?关于社会公德,你见过哪些不文明、不礼貌的行为?你想对那些没有公德心的人说些什么?关于社会公德,我们在日常生活中,要注意些什么问题?提出诸如此类的问题,创设生活情境,激活学生对生活的体验,可以深化学生的感悟,让学生从心底真正接受道德教育。

3. 开展生活实践,健全人格品质

在教育大规模普及以前,传统的学校教育都是以培养社会精英为目的的,教育带有鲜明的功能色彩。陶行知先生对传统的"教育人上人"的教育思想持批判态度,他提出"千教万教,教人求真;千学万学,学做真人",提倡教育要求真、求善、求美,以塑造完满的人格品质,培养"追求真理的人"为根本目标。生活是复杂的,但是生活也是真、善、美的源泉。根据陶行知教育思想,结合当下德育的时代特征,在学校德育中,教师要将理论教学与实践结合起来,以克服学生的依赖性和封闭性,促使学生成为具有自立精神的人。学生在实践中劳动,自我管理,体验人生和生活的真谛,以此健全品格,提高人格素养。

例如,在爱国主义教育中,根据学生的年龄特征,教师要有针对性地安排合适的教育内容,选择恰当的德育活动培养学生的爱国情感。如针对低年级学生开展歌颂祖国、歌颂党、歌颂社会主义的唱红歌活动,以活动激发学生的爱国主义情感。中年级学生已经有了一定的思辨和认知能力,可以带领他们参观革命圣地或历史博物馆,瞻仰革命先烈,让他们了解革命先辈的英勇事迹,对他们进行爱国主义教育。而针对有了一定创作和表达能力的高年级学生,可以让他们以小组为单位,开展歌颂祖国变化和英雄事迹的演讲活动,或者以赞美祖国、赞美英雄为主题开展征文比赛,在活动中抒发爱国主义情怀,立志为国争光,成为有用的人。

综上所述,德育源于社会生活的需要,德育也离不开生活。所以,学校德育要树立生活德育信念,要在生活教育理论引导下走向生活、回归生活。让学生在生活中体验和学习,以培养学生热爱生活的情感以及认识社会的能力,继而促使学生在生活中形成道德自觉,成为生活的主人。

二、课程思政的时代德育价值

(一)课程思政的中国道路:"德育"为先的教育思想渗透

课程思政既不是一门具备系统学科体系的学科课程,也不是一门以实践为主要形式的活动课程。它是一门体现社会主义核心价值的课程,强调课程内隐育人价值的挖掘、拓展与深化;它也是一种社会主义价值育人观,通过课程教学这个主渠道,真正意义上实现全方位、全过程、全员立体化育人目标。课程思政更是思想政治教育功能的转型,突破了思想政治理论课程单打独斗的育人理念局限,将学科知识传授与价值引领的育人目标深度融合,具备了一定的政治性,实现了思政育人的系统化、专业化与现代化。大学课程的功能应当体现在两个方面:第一,大学课程不论学科都应当至少同时具备学科知识培养与思想政治教育两个方面的功能;第二,大学课堂不单是知识与能力培养的场所,它还肩负着社会主义新时期大学生世界观、人生观、价值观培养的时代重任。

作为一种育人理念,课程思政最先由上海市于2016年在探索由思政课程到课程思政转变的实践中逐步提出的,其提出的课程思政教育理念是基于对2004年中央提出的关于加强和改进未成年人思想道德建设和大学生思想政治教育工作要求的思考，是高校思想政治教育工作的进一步落实与深化。其实，思想道德教育可追溯到春秋战国时期，在百家争鸣的学术思想盛况下，以孔子为代表的儒家思想和以庄子为代表的道家思想分别提出并肯定了道德教育的重要作用，认为道德教育对社会进步与个体发展有一定的促进作用，同时对于完整人性培养也有一定的辅助作用；在经历了魏晋南北朝时期思想文化大碰撞后，隋唐时代的崇儒兴儒特别是唐代以儒家思想为核心，各类思想兼容并包的举措提升了涵养德性与修身修德在社会进步与个人发展中的重要作用；而明清时代"知行合一""经世致用"德育思想观念既是对宋元时期伦理道德教育思想的升华，也为后来五育并举的提出奠定了思想基础。

作为五育中的核心要素，"德育是中国高等教育和基础教育的共同职责，是对学生开展思想道德教育和学校开展思想道德建设工作的统称"，是"教育者按照一定社会或阶级的要求，有目的、有计划、有组织地对受教育者进行系统的影响，把一定的社会思想和道德转化为个体思想意识和道德品质的教育"，在经历了"思想政治工作""思想政治教育""学科德育"的不同形态后，最终以"课程思政"的形态落地，成为当下及未来教育领域的价值引领。

（二）新时代课程思政内涵的双重维度

从《关于进一步加强和改进大学生思想政治教育的意见》的颁发到《高等学校课程思政建设指导纲要》的实施，中国在践行社会主义核心价值观和挖掘学科课程中隐性思政元素的育人价值方面已取得了举世瞩目的成绩。在"坚持把立德树人作为中心环节，把思想政治工作贯穿教育教学全过程，实现全程育人、全方位育人，努力开创我国高等教育事业发展新局面"的道路上开辟出了一条闪耀着中国文化特色的道路，课程思政作为课堂阵地中一双无形的手，紧紧将智育与德育连接在一起。总体来看，新时代课程思政的内涵主要体现在如下两个维度。

1. 它是体现社会主义核心价值体系的课程观

"课程观即关于课程现象和问题的基本观念"，是人们对于课程的基本认识，它包含了对课程本质的解析、对课程价值取向的认同、对课程要素及结构的剖析以及对课程中师与生角色的认知,"对指导课程改革、研制课程标准、开发教材与课程资源起着重要的引领作用"。21世纪是习近平新时代中国特色社会主义思想扎根中国大地的时代,更是马克思主义思想与时俱进的时代,在这样一个充满能量与朝气的时代,中国教育的根本即培养中国特色社会主义事业合格接班人,课程思政育人理念正是社会主义核心价值观在教育教学活动中的体现与践行,是时代对于课程的新要求,明确了课程的价值导向。首先,课程思政的本质是达到提升思想水平、政治觉悟、道德品质、文化素养的育人目标,它是学科课程目标的一部分;其次,课程思政是新时代思想政治观念的具体体现,具有时代特性,并进一步丰富了中国传统德育思想;最后,课程思政不是具体的某一门课程或某一类课程,它是各类学科课程与思想政治课程的相互支撑、相互协作,从而实现立德育人的目标。

2. 它是指导立德树人育人目标实现的方法论

自2004年中共中央出台一系列关于重视、加强、改进、落实当代高校大学生思想政治教育的相关制度及文件以来,"立德树人"育人目标被赋予时代定位,回答好"培养什么人、怎样培养人、为谁培养人"这一根本性问题成为当下高等教育的责任使命所在。作为学科课程过程中思想政治教育的融合与渗透,课程思政有效解决了思想政治理论课在德育功能与价值方面的局限性,让德育不再是思想政治理论课的独有特征,同时,深入挖掘了学科课程知识在德育方面的隐性价值,将学科课程功能最大化,实现了德育与智育的并存。而这一过程并不是简单地将思想政治教育与学科课程做加法,而是立足于思想政治教育功能的独特视角,将课程思政作为一种实现育人价值的方法论,通过学科课程与各项德育元素的融合,将思想政治教育渗透至传道授业解惑的各环节。例如,在具备显著意识形态属性的哲学社会科学类课程中,思想引领是推进课程思政的基础,该类课程蕴含的价值观、民族精神、文化底蕴是实现课程思政的有力工具。

（三）课程思政的时代价值

1. 明确了当下新时代高等教育战线的主要任务

实现人的全面发展是教育追求的最高境界，在马克思和恩格斯关于人的全面发展的理论中，提及了人的全面发展的三个方面，包括了个体能力的发展、社会关系的丰富与人的个性发展，并将道德发展作为个性发展的主要内容之一。

党的十八大以来，以习近平同志为核心的党中央不断提升高校思想政治工作在教育中的重要性。而习近平总书记围绕"培养什么人、怎样培养人、为谁培养人"这个根本性问题发表了一系列重要讲话，作出了一系列重要指示，这对高等教育提出了时代要求：即要"不断提高学生思想水平、政治觉悟、道德品质、文化素养，让学生成为德才兼备、全面发展的人才"。一方面，发展丰富了马克思和恩格斯关于人的全面发展的理论，在人的全面发展中体现出了中国特色。高等教育作为培养社会专业性人才的主要阵地，其发展与壮大必须植根中国大地。高等教育在发展进程中，必须坚持中国特色社会主义教育发展道路，要立足于中国高等教育发展现状，建设具有中国特色的高等教育思想体系。另一方面，在教育过程中融入社会主义核心价值观是由"德育"在人的全面发展中的首要地位决定的，高等教育要坚守为党育人、为国育才的教育理想，坚决完成培养德智体美劳全面发展的社会主义建设者和接班人的任务。

2. 明晰了新时代德育模式的发展趋势

立足于中国特色社会主义新时代，德育是新时代"五育"教育的重要内容，是高等教育人才培养质量的重要保障，更是个体成长与发展的重要基础。"课程思政"的全面推进，首先，创新了德育模式，"将各类课程所蕴含的思想政治教育元素和所承载的思想政治教育功能融入课堂教学环节，以实现价值引领、知识教育、能力培养的育人行为"；其次，充分发挥了思想政治理论课程显性思政与学科课程隐性思政的叠加育人效应，在强调思想政治理论课程育人必要性的同时，凸显了每一门学科课程中特有的德育元素价值，通过显性德育与隐性德育的共同作用，实现三全育人目标；最后，"课程思政"对课程与教学提出了新的要求，学科课程作为课程育人的主渠道，更加强调政治意识的培养，更加关注思想价值的引领，不论从课程目标分析到课程具体实施，还是从教师角色定位到教学方法变革，它都是对新时代课程价值的再审视、再思考与再实践。

3. 对学科课程价值的再认识

"课程思政"育人目标的实现，必须立足课堂，将德育元素融入专业知识传授与技能培养，实现全过程育人的教育目标。学科课程与思政教育的融合，其本质就是要在各门各类课程中渗透社会主义核心价值观，从具体的学科知识中引申出为人处事的基本道理，找寻学科知识与立德树人的结合点，而这一过程，不仅是对教学内容的重构，更是对学科课程价值的再认识。

21世纪，中国已经开启了特色社会主义新时代，高等教育肩负着为中国特色社会主义培养接班人的重要任务，一个国家只有坚定了理想信念，才能够依赖强大的凝聚力和向心力发展壮大。不论是新中国成立初期的政治思想教育，还是当下的课程思政理念，其出发点都是理想信念教育，引导学生将共产主义远大理想和中国特色社会主义共同理想与自身理想相结合，并充分发挥学科课程的隐性德育功能，实现中国特色高等教育目标。

三、新时代应用型高校德育育人工作的时代价值

应用型高校德育育人工作在"十四五"规划和职业教育高质量发展进程中承担着重要的使命和责任。德育育人是职业教育现代化不断健全和发展的重要体现，是党和政府体现以人民为中心的发展内涵、创新职业教育、深化育人使命的科学工程，也是文明发展的基础性工程。如何正确看待应用型高校德育育人工作的时代内涵，并将德育育人贯穿于应用型高校教育教学的全过程，是全面深化职业教育改革必须深入研究的重大课题。

（一）新时代应用型高校德育育人工作的科学内涵与时代价值

习近平总书记指出，要把立德树人融入思想道德教育、文化知识教育、社

会实践教育各环节，贯穿基础教育、职业教育、高等教育各领域。习近平总书记对德育工作的重要指示，充分体现了德育育人的重要性和紧迫性，应用型高校也理应从育人高度、深度和广度等层面进行审视。应用型高校是进行学生思想政治工作的主要阵地，要从顶层设计、践行路径角度来加强德育育人工作，将德育育人纳入新时代大学生素养提升、全面发展的总体布局，促使德育育人工作能更好地融入应用型高校教学内容中，明确应用型高校德育育人工作的责任主体和范围，为新时代广大青年学生的健康持续发展提供保障。

应用型高校教育是我国高等教育的重要组成部分，承担了我国绝大多数高技能复合型和应用型人才的培养责任，助力了我国制造业的高质量发展。同时，应用型高校是我国产业结构优化、转型升级的重要人才培养基地和摇篮。应用型高校要全面贯彻党的教育方针，坚持社会主义办学方向，加强德育育人工作，着力培养新时代中国特色社会主义建设者和接班人。应用型高校德育育人工作具有鲜明的时代价值，要顺应职业教育现代化的发展趋势，紧跟职业教育转型升级的步伐，以习近平新时代中国特色社会主义思想为指导，与应用型高校各项工作同向同行，协同育人，夯实育人工作基础，创新育人工作机制，激活育人工作活力，提升服务水准，为培养德智体美劳全面发展的社会主义建设者和接班人做出新的成就和贡献。

1.德育育人是职业教育高质量发展的时代命题

德育育人是服务于职业教育高质量发展的应然之举，是应用型高校学生思政工作的重要力量。加强应用型高校德育育人工作，对于人才强国战略和科教兴国战略都有着深远的影响。因此，应用型高校要充分发挥德育育人在教学工作中的显著特色和价值意义，深入推进德育育人常态化、科学化以及可行性建设，为促进应用型高校广大青年学生成长成才创造良好的条件和氛围。在推进职业教育高质量发展、促进应用型高校学生健康成长的过程中，应用型高校可以充分调动老干部、老专家、老教师、老模范以及老战士等老同志的积极性，发挥他们传帮带的作用。"五老"是党和国家的宝贵财富，是加强青少年德育育人工作的重要力量。应用型高校的老同志大多是已退休的老领导、老教师、老专家。他们曾经是专业的教育及管理工作者,不仅时间充裕,而且懂教育、爱教育,在工作中具有独特的亲和力、感染力和吸引力。把德育育人工作和发挥"五老"作用有效对接、统筹结合,是实现应用型高校德育育人的途径之一。

2. 应用型高校德育育人工作肩负着铸魂育人的崇高使命

未来的世界是变化的世界,是发展的世界,是需要不断调整、不断适应的世界。应用型高校青年学生恰恰处于世界观、人生观、价值观形成的关键时期,关心应用型高校青年学生的健康成长,是学校、教师、社会的共同责任,也是社会进步、国家富强、民族振兴的必然要求。应用型高校德育育人工作是基础性、系统性、持久性工程,涉及学校各个部门、各个群体,涉及工作的各个方面,需要形成合力,探索创新,久久为功,不懈努力。大学阶段是学生成长的关键时期,这一时期很容易受到外部环境的影响而产生一系列问题。针对学生在思想、心理、行动中有可能出现的状况,应用型高校要充分发挥在学生成长中引路人的作用。首先,从应用型高校中选出经验丰富的优秀教师担任学生导师,通过建立工作机制、创新教学形式等方式开展学生的指导工作和活动。其次,应用型高校可针对青年学生的共性问题,采取有效的手段激励学生自行找到解决问题的方法;针对学生遇到的特殊问题,通过专项辅导、科学引导帮助学生答疑解惑。此外,应用型高校教师可以利用自身优势和经历,成为学生的良师益友,使学生们更加积极地投入到学习、生活和工作中。

3. 应用型高校教育工作与德育育人的有效结合

"十四五"时期建设教育强国的伟大工程,是有效促进教育公平、科学提升现代化教育质量的重要方式,是完善现代化职业教育体系、加快职业教育现代化的内在要求。应用型高校教学工作与德育育人的有效融合是青年学生健康成长成才的重要体现,这是一项具有挑战性、创新性的工作。应用型高校要统筹德育育人工作,强化德育育人工作的管理,将党的十九大系列文件精神作为德育育人的重要指导,加深学生对习近平新时代中国特色社会主义思想的理解和认识,提高德育育人工作实效,实现把方向、抓落实、提品质的目的和任务。将应用型高校教学工作与德育育人统一于"十四五"时期建设教育强国的伟大工程中，发挥德育育人优势，增强德育实效。

（二）新时代应用型高校德育育人存在的问题

作为培养技术技能人才的应用型高校，德育工作要聚焦"为谁培养人"的根本问题，"怎样培养人"的关键问题，"培养什么人"的核心问题。而要解决这些问题，首先要关注目前应用型高校德育育人工作中存在的现实问题。

1. 德育育人工作缺少目标

德育育人工作的目标是培养适应时代发展的高素质技能人才。从应用型高校学生实际就业的情况来看，存在最多的问题是学生技能、知识过于单一，学生整体素养不能完全适应快速发展的社会。甚至有些学生在就业后，产生强烈的职业挫败感，没有明确的职业方向。这些问题的出现，体现了应用型高校德育育人工作存在的不足。应用型高校要树立清晰的目标，找准德育育人工作的立足点和落脚点，这样才能科学有效地开展德育育人工作。德育育人工作不是单纯的思想政治教育工作，目前应用型高校德育育人工作缺少清晰的育人定位和目标，没有充分体现学生的主体地位和学生参与的积极性和有效性。

2. 德育育人工作不能与时俱进

目前，应用型高校德育育人工作还是沿用传统的育人模式。很多应用型高校以理论讲解为主，对课外教学、实践教学不够重视，导致德育育人工作很难做到与时俱进、彰显时代特色。没有特色、缺乏亮点不仅仅是"三全育人"过程中出现的问题，也是应用型高校德育育人工作中存在的问题。造成这一困境的主要原因在于应用型高校对德育育人工作的内涵把握不到位，创新性思维不强，教师在德育育人工作中的教学方式、教学内容没有跟上时代步伐，使学生在学习过程中难以有深刻的认识和行动感悟。新时代应用型高校育人工作理应与时俱进，创新育人模式和内容，将德育育人工作内涵落到实处。

3. 德育育人工作亟待标准化、规范化

应用型高校德育育人工作是一项庞大冗杂的系统工程，每个环节、每个制度、每项机制都有至关重要的作用。只有实现德育育人工作的标准化、规范化，将德育育人工作的每个环节都有效地联系起来，才能保证德育育人工作的有效开展。但很多应用型高校并没有实现德育育人工作的标准化、规范化建设，没有明确德育育人工作的要求与目标，甚至部分应用型高校对德育育人规律、学生成长成才规律缺乏全面、系统、理性的认识。由于德育育人工作不是标准化、规范化的，很多应用型高校德育育人工作仅仅停留在文件层面，没有具体的实施措施。

4. 德育育人工作缺乏专业性、联动性

应用型高校学生不仅需要理论学习，更需要专业技能的学习、实践能力的提升。一是在实际教学中，因为学生的发散性思维和多元化的行为表现，传统的教学方式并不能做到面面俱到。传统教学方式存在着时间与空间上的限制，课程的专业性、有效性也很难在每个学生身上体现。二是由于应用型高校招生规模扩大，在校学生人数大幅增多，教师很难与每个学生进行全面而深刻的思想沟通，这样也会使德育育人工作进展缓慢，发挥不出应有的育人实效。应用型高校如何更好地实现德育与教学资源共享，多元联动，打破僵化的育人模式，建立一个有效联动的德育育人平台，是德育育人工作需要重点思考的问题，也是应用型高校落实立德树人任务的关键举措。

（三）在深化应用型高校育人使命中推进德育育人的实践路径

应用型高校的育人使命与德育育人工作具有内在的逻辑关联，应用型高校育人使命为德育育人指明了方向，而德育育人工作为深化应用型高校育人使命提供了实践路径。二者的有效融合将为实现职业教育现代化、建设社会主义现代化教育强国发挥积极的作用。

1. 顶层设计，明确主体方向，完善德育育人运转机制

应用型高校德育育人工作要做好顶层设计，树立育人意识，发挥育人作用，为青年学生健康成长做出规划。应用型高校要做好资源共享，动员各方力量，努力开创德育育人工作新局面。

第一，应用型高校要明确德育育人主体责任和工作内容，完善德育育人运行机制，确保德育育人工作能够有效实施。应用型高校德育育人的责任主体多为党委，其主要任务是制定德育育人工作方案，保障全过程、全方位、全员育人机制的顺利运行，以职业教育高质量发展为目标，处理好管理部门和教学主体之间的关系，切实提升学生综合素养，引领广大青年学生全面发展、成长成才。

第二，具体实施过程中，应用型高校党委应定期听取有关德育育人工作的汇报，研究德育育人一体化机制；定期与教师开展育人工作交流和研讨，保证德育工作始终充满生机和活力；借助校级、系级和教师三级校企合作平台优势，成立由企业推荐的省市劳模、技能大师组成的敬业讲师团，为青年学子宣讲职业道德、"工匠精神"，在校内弘扬劳模精神、大师精神，培育红色基因和工匠品质；建立大师工作室，将工匠大师引进校园给学生传授技艺。同时，由工匠大师带领学生走进企业，帮助学生在实践中提高技能。

2. 因地制宜，彰显时代特色，贯穿"三全育人"全过程

部分应用型高校学生理论基础比较弱、自控能力不强、自信心不足，这些因素都给应用型高校教学带来挑战。对此，应用型高校应充分发挥实训基地在教育教学改革、人才培养方面的独特作用。第一，应用型高校可以通过实践基地对学生加强优秀传统教育、革命传统教育，开展"四史"教育。邀请优秀教师走进学生，走进企业，走进基地，在教学相长中守正创新。在校内开展结对帮扶、爱心活动，让学生感到温暖，增强职业自信。成立党建辅导、理论宣传、教学督导、心理咨询、帮困助学、校企合作与就业指导、社团活动等多个专门工作小组，根据学生个性进行分类，做好"一对一""一对二"结对帮扶，并有针对性地予以指导和服务，促进青年学生德智体美劳全面发展。第二，积极发挥思政教师、劳动模范在德育育人工作中的作用。让思政教师、劳动模范与学生结对帮扶、开展谈心、交心活动，对学生的学习、择业、就业进行全程指导、帮助。教师要深入研究新时期青少年的需求特点，探索青年学生成长成才过程中心理活动规律，适时提供相应的服务和必要的工作条件支持，做到与青年共情，与青年同行。

3. 品牌建设，创新引领带动，实现德育育人标准化、规范化

应用型高校德育育人品牌建设是创新新时代德育育人方式、发挥育人作用、激发育人活力的有效路径。德育育人品牌创建作为应用型高校育人的一种新形式、新媒介，应在实践中进行更加积极有效的探索，得到更加广泛的应用。新形势下创建德育育人品牌有利于强化党对教育事业的全面领导，加强党对职业教育的统筹布局，能够积极有效地面对新形势、新挑战，进一步凸显德育育人特色和亮点，激发广大师生干事创业、奋发有为的积极性、主动性和创造性。

第一，应用型高校党委应把德育育人品牌建设作为党委工作的重要内容，增强德育育人与党建工作的协同效应，使教师满腔热情地开展关心青年学生健康成长的活动，真正做到以学生为本。一是应用型高校应成立专门工作小组，由学校制定人才培养活动方案，形成"一院一品牌，一系一特色"活动品牌，努力彰显德育育人品牌建设的特色，扩大辐射力和影响力。二是德育育人工作品牌建设要突出德育育人主题，为职业教育赋予新的时代内涵，这也是应用型高校德育育人品牌建设的重要目标。三是应用型高校德育育人品牌建设应根据区域特色、学校学情和教学特色，建设创新型、合作型、服务型等德育育人品牌，满足学生个性化、多元化的需求。

第二，德育育人要加强党建统筹引领。一是应用型高校党委每年应定期组织学生到各地区开展"走基地、看变化"的活动，切身感受党领导下的城乡区域发生的巨大变化。二是建立健全党委定期研究党建带群建制度、应用型高校督导教学制度、党支部活动与应用型高校活动联动制度、德育育人工作者年终考核表彰制度等，推动德育育人工作常态化实施、规范化建设、制度化提升。三是应用型高校通过组织小组活动，各部门定期交流、开展活动，形成两级联动的德育育人体制和机制。借助团委、工会、妇联等群团组织与青年学生联系密切的优势，应用型高校联合学工、团委、工会、妇联等部门和学生党支部共同组织开展以时政、社会公德、职业道德等为主题的活动，使德育育人工作更有活力，育人内容更有创新力，育人覆盖面更广。四是应用型高校要建立健全德育育人工作考核评价机制，对积极投身德育育人、求真务实、勤于学习、勇于实践、成绩突出、在学生中具有威望和影响的单位和个人进行表彰奖励。

4. 资源共享，多方互动联合，建立健全德育育人平台载体

应用型高校是德育育人工作的核心力量，但由于自身资源的不足和条件的限制，仅仅依靠应用型高校很难做好德育育人工作。资源共享、多方合力是建立健全德育育人平台载体的重要途径。应用型高校要协调好有关单位、部门之间的关系，整合社会现有的理论和实践资源，建立资源共享的德育育人平台，群策群力做好德育工作。

第一，应用型高校在资源共享、多方互动联合中要发挥主观能动性，积极拓展合作渠道，夯实合作基础，注重与各学校合作，加强与青年学生交流较多的机构合作，这既是实际教学所需，也是应用型高校德育育人的职责所在。应用型高校要依托相关资源，打造德育育人的主战场，为学生营造出积极向上、健康成长的良好学习环境。

创建德育育人平台是做好应用型高校德育工作的重要一环。应用型高校德育育人平台既是教师教学的平台，也是学生实践训练的载体，更是学校与学生沟通的桥梁和纽带。德育育人工作平台的构建要面向未来、面对现实，坚持"立德树人、产教融合"的育人理念，彰显区域特色，立足产业发展和人才需求，秉承"服务学生、服务就业、服务社会"的育人宗旨，大力推进学校、企业、社会、家庭等多元融合的育人模式，积极推进"岗、课、证、教、研"五位一体的育人载体，为学生个性展示和综合素养的培育提供平台，重科学、讲实效、全方位、系统化地打造好培育新时代青年的平台，提高人才培养的质量，推动应用型高校德育育人工作有效开展。

第二，应用型高校要创新德育育人的活动形式。德育育人的对象是学生，使学生自觉参加应用型高校组织的理论和实践活动，是应用型高校德育育人的主要任务之一。应用型高校德育育人必须搭建好与学生紧密联系的平台，认真研究和分析学生的成长规律和特点，创新德育育人平台载体，激发学生的积极性。

第二节　基于核心素养的德育发展路径及突破

一、德育教育对未成年人核心素养形成的重要性

未成年人的核心素养涵盖面较广，包含生活、学习、身心健康、审美能力等方面。因此，教师需要从多元角度对未成年人开展德育教育工作，纠正未成年人不正确的思想理念，让未成年人通过德育学习，有效提高自身的核心素养，为其今后步入社会获得更好的发展夯实基础。

（一）开展德育活动对提高社会责任素养的重要性

在对未成年人开展德育教育工作的过程中，教师可以贴合生活，对未成年人开展德育教育活动，让其在生活中体悟提高德育素养的重要性。教师可以鼓励未成年人联系生活实际，感受生活实践与德育素养的内在关联，并逐步引导未成年人感受到自身参与到社会实践中会为社会产生何种正向影响，从而调动未成年人参与德育学习的积极性，提高未成年人的自主意识。社会责任感的涵盖面较广，涉及未成年人个体如何处理与自然、社会、集体、家庭及他人的关系。比如，应具有担当意识，能够与人合作、自律自尊、友善诚信、待人宽和；敬畏法律，具有明辨是非的能力，能够依法行事、遵章守纪；有一定的生态环保意识，尊重自然、热爱自然，以绿色的方式进行生活等。上述德育素养，都可以在生活中进行培养，教师可以鼓励学生按照上述原则进行生活，并积极思考如何能够更加深入、系统地将德育理念融入家庭生活中。教师还可以开展德育生活实践活动，并进行记录，然后在班级内进行展示，以此进行对比，从而达到提高未成年人的德育实践能力的目的。

（二）结合信息技术对提高国家认同素养的重要性

随着信息技术的不断发展，为更加高效地提升学生的德育素养，教师可将知识与信息技术有机融合，利用信息技术为学生展示德育教育内容，以此确保学生在更加真实、形象的氛围中理解德育内涵。对国家的认同素养是提高未成年人核心素养的关键内容，它主要体现在应具有家国情怀，对国家的政治形势认同，具有民族文化自信心和自豪感等。首先，教师可以利用多媒体为学生播放关于中国历史以及民族大团结的视频，以此确保他们对国民身份强烈的认同感，从而能自发自觉地捍卫国家利益和尊严，对国家有强烈的归属感。再次，教师还可以通过信息技术对学生展示具有中国传统文化特色的内容，以此使学生更加深刻了解华夏民族的发展历程，确保他们尊重华夏的文明成果，并从自身层面弘扬优秀的传统文化，以此促进社会进步。最后，教师还可以鼓励学生搜集一些有关家国情怀的视频资料，并在班级共享，以此确保班级全体学生的国家认同素养。

（三）教师以身作则对提高人文底蕴素养的重要性

教师是对未成年人开展德育教育工作的主要掌舵人，尤其在课堂教学环节，教师的言行举止对学生会产生影响，甚至教师一个不经意的举动，都会在学生内心掀起波澜。所以，提高未成年人的德育素养，首要因素就是需要提高教师自身的德育教育能力。"亲其师，信其道"，只有教师拥有较强的德育能力，才能有效提高学生的人文底蕴素养。人文底蕴素养主要体现在学习过程中对知识内容的理解能力以及对人文领域方面知识技能的运用，还有过程中表现出的价值取向及情感态度。

此外，人物素养还包括未成年人的人文情怀意识，未成年人应学会秉承人本理念的原则与人相处，懂得维护人的基本尊严，并对人的生存、发展问题以及幸福问题进行关注。教师应在教学过程中，对学生的学习、生活进行关注，发现学生在学习、生活中遇到的实际问题，并善于分析问题，及时合理地为他们解决问题，这可以让学生感受到教师的道德素养，从而在潜移默化中逐步提升自身素养。同时，学生自身也可以观察班级内的同学，在力所能及的范围内，主动帮助他们解决实际困难，将人文素养在实践层面进行实践，以此达到提高自身人文底蕴素养的目的。

（四）营造德育氛围对提高审美情趣素养的重要性

在对未成年人进行德育教育的过程中，教师可以为其营造良好的德育教育氛围，确保未成年人能够在学习文化知识的过程中，受到德育教育的熏陶。教师可以鼓励未成年人在班级内部设计并完成黑板报，学校也可以要求未成年人在校园内部设计完成校园的德育宣传栏及宣传园地等，通过学生亲自参与的模式提高学生的审美素养。审美素养又被称为审美情趣，它主要在艺术领域及表达方面能够得到充分体现，同时，也包括感悟鉴赏能力、创意表达能力两个层面。因此，在引导学生进行德育主题黑板报、校园宣传栏等设计的过程中，要确保设计者更加深入地思考应如何进行创意表达，以此有效提高设计者的审美情趣，并且，在欣赏者对黑板报等内容进行欣赏的过程中，也可以感受到美。同时，教师也可以鼓励学生对黑板报的内容进行鉴赏感悟，从而能够深度学习领会德育文化的内在美，进而提高欣赏者的审美素养。此外，教师也可以采取轮值的方式让每名学生都接受锻炼，确保每个学生都可以自行设计黑板报等内容，以此在班级整体层面提高学生的审美素养。

（五）关心爱护学生对提高学习能力素养的重要性

在提高未成年人德育素养的过程中，教师需要构建平等的师生关系，并对学生在生活学习中遇到的困难加以关注，以此拉近与学生的距离，真正成为学生学习生活中的良师益友。这样不仅能够让学生感受到关爱，温暖学生的内心，也能够让他们学会学习方法，对提高学生的学习能力素养具有重要作用。学习能力不仅体现在学习态度方面，也体现在学习习惯、学习自主调控能力等方面，因此教师可以关注学生在学习方面存在的不足，以此进行有针对性的引导，鼓励学生以适合自身的方式进行自主学习。同时，教师也应注意观察学生，调动学生学习的积极性，这才是学生善学乐学的基础。教师还应鼓励学生善于总结自身在学习过程中存在的不足，并根据自身的实际情况进行调整，以此逐步完善自身的学习方式，从而逐步培养学生终身学习的能力。此外，教师还应提高学生的数字学习意识，保证他们更加适应当今社会的快节奏发展，从而达到有效提高未成年人综合学习能力的目的，真正提高未成年人的德育素养。

（六）组建学生社团对提高身心健康素养的重要性

未来的社会是一个合作的社会，未成年人应掌握较强的社会合作交往能力，这对提高未成年人的身心健康素养具有较强的促进作用。教师可以通过组建学生社团的方式，为未成年人创设合作学习的机会。未成年人在学生社团中可以通过对学生的管理，提高自身责任意识，树立自身道德楷模意识，为其他学生起到模范带头作用。教师可以通过民主的方式，确定学生社团的管理团队，并鼓励社团带头人带领整个学生社团为学校和班级建设献计献策。

教师也可以为学生社团设置任务，比如帮扶学困生、帮扶家庭困难学生等，学生社团可以帮助其解决心理问题，确保这部分学生能够健康成长。学生的身心健康素养包括珍爱生命、健全人格、适性发展，因此学生社团可以对需要帮扶的学生进行分类，确定帮扶主题，以此保证更加高效、完善地对学生开展帮扶引导工作。对于家庭生活困难的学生，应注意保护这部分学生的自尊心，并主动与他们交朋友，从侧面了解其家庭生活现状，并根据这部分学生的实际难处，与其进行有效互动，以此逐步培养他们自爱自信的能力。社团则应找出这部分学生学习不佳的原因，对症下药，进行帮助，还应在此基础上，培养学困生的自主管理和自我调节能力，做到在社团学生的帮助下，形成自我突破。教师通过开展这种具有较强针对性的帮扶工作，可以确保不同层面的学生都能够得到有效提升，这样不仅能够提高社团学生的管理领导能力，也可以在整体层面提高所有学生的综合能力，以此提高学生的身心健康素养，而这不仅是确保学生能够健康成长的前提，同时也是提高学生德育能力的重要环节。

总而言之，未成年人是祖国的未来，是国家的希望。教师应通过多元化的教育手段提高未成年人的德育素养，使其在成年后能够更好地适应社会、服务社会。

二、核心素养条件下德育课程建设

新时代下，对于人才的培养不仅要关注技能水平的掌握程度，人的核心素养也应受到重视。良好的教育使人能够逐渐具备符合社会发展需求、适应自身成长进步的能力和品格。人的核心素养包含思想品质、发展能力、知识水平、生活态度、心理状态等，在核心素养条件下进行德育课程建设必须突出这些内容要求，更加关注人的综合能力培养。我国正处于快速发展阶段，为社会提供源源不断的优秀人才是教育界必须肩负的责任，教学过程中需要为这些人才奠定坚实的思想道德政治基础，使学生能够接受正确的道德和政治引导，逐渐形成正确的世界观、人生观和价值观，真正成长为能够促进祖国发展建设的优质人才。

（一）核心素养条件下德育课程建设的意义

1. 有利于贯彻落实党和国家的政策方针

我国已经明确指出，开展教育教学活动时必须顺应学生身心发展特点，按照客观规律加强思想道德品质教育，构建完善的德育课程体系，深入挖掘德育课在教育中的内在价值，真正培养学生的核心素养。教师必须提高对学生核心素养的重视程度，积极关注时代发展脉络和外界环境的干扰影响，深化德育课程内容，突出思想教育和人才培养特点，使学生能够按照国家政策方针、时代发展趋势保持良好的成长状态，积极迎接成长过程中的挑战与机遇，实现自身发展的同时也能够为国家发展建设做出贡献。

2. 有利于实现德育课程建设教学目的

按照核心素养的条件要求进行德育课程建设，将是真正践行我国课程改革的重要途径，将极大地提高德育课程建设的质量，也能够使德育教学的教学目的得以充分实现。在当前形势下，改革创新德育课程建设标准、教学策略以及评价制度等能够促使学生提高对德育的认知，深刻了解我国社会发展特点以及国家文化特点，并且逐渐内化成学生的个人思想品格以及综合素质。德育课程建设将更加关注学生核心素养，其影响贯穿学生一生。与此同时，由于德育课程建设关注学生核心素养，进而就会促进学生核心素养的形成，使学生在学习实践过程中获得潜移默化的引导。

3. 有利于促进学生的健康成长

以核心素养为条件，进行德育课程建设，最终的落脚点是将学生培养成什么样的人，而这也将直接影响德育课程建设的质量。学生的思想道德政治品格不是单一的内容，而应具备良好的拓展性和包容性，这会直接关系到学生成长的全过程。良好的德育课程建设由于突出了对核心素养的培养，将逐渐成为学生的精神财富。而在核心素养条件下进行德育课程建设，无论是按照国家对新课改工作的要求，还是教师教学方法的创新，都将逐渐实现学生全面发展，使学生能够真正意识到社会参与的重要意义，提高公民责任感。

（二）核心素养条件下德育课程建设的挑战

首先，需要尽快解决课程建设思想落后问题。许多学校仍然习惯于关注学生技能培养，对德育教学建设工作的重视程度远不如其他技能型学科建设，在开展教学过程中缺乏对学生思维的关注，只要求完成教学任务，却不追求教学效果的提升。其次，需要尽快解决课程建设认知错误问题。现在教师、家长和学生缺乏对教育工作的正确认知，大多数人认为在学校接受教育的最终目的是获得未来就业的技能，没有认识到在学校接受教育也需要对价值观念、思想品格和人文素质等核心素养进行培养，缺乏对核心素养的正确认知，进而也会认为德育教育工作是形式化的、没有实际意义的。最后，需要尽快解决课程建设评价体系落后问题。德育教育建设过程中仍然存在着受限于应试教育思维影响，课程评价只注重考试成绩，不注重实际效果，评价方法落后、单一、片面，并没有发挥出真正的指导意义等问题。

(三) 核心素养条件下德育课程建设的策略

1. 拓宽学生思维,加强德育教育

以核心素养为条件,提高德育课程建设质量,必须坚持思想政治道德教育的本质,充分激发学生学习积极主动性,使学生能够产生认同感,实现情感上的匹配;必须使学生与教师共同发力,教师需要将教学重点放在学生课堂的情感变化上,调动学生参与学习的积极性、主动性,使学生能够按照教师指引主动地开展学习。这一过程就要求教师必须利用多种途径提升学生思维理解能力,使学生能够充分认识到德育课程建设的本质内涵,理解每一堂课程的内容和内在价值,进而才能够积极主动地配合学习。学生在这一基础之上,也会提高对德育课程建设的重视,在情感上产生共鸣,激发学习兴趣。比如,教师可以将课堂内容与和学生日常生活息息相关的热点话题相结合,学生可以通过参与话题讨论,提高课堂学习的参与度,促进思维锻炼,也能够加强学生与教师之间的交流互动。教师也可以根据学生的思想动态,进行正确价值观的引导,使学生能够在理解的基础上认同教师所传授的思想观念,进而提高教学效果。

2. 提升学习兴趣,完善学生品质

在德育课程建设过程中,教师应深刻认识到课程内容并不是独立的,它往往与其他学科有着密切的联系,所以在进行课程教学实践时,教师可以深入挖掘德育课程建设与其他学科之间的相互促进作用,共同提高学生核心素养培养效果,开拓全新的德育课程教学阵地,更好地发挥德育的作用,使核心素养教育能够发挥最大价值。比如,教师可以在语文课堂上融入德育思想,通过学习语文文化知识,让学生了解更多的中国传统文化,进而接受到更为直接的爱国主义教育,既能够保持良好的语文教学效果,又能够实现德育教育目的,进而全面提升学生的核心素养。

3. 完善评价体系,促进学生发展

在德育课程建设过程中,基于核心素养这一教学条件,必须深入挖掘核心素养本质内涵,利用多元化教学模式对评价体系进行多渠道完善,充分体现学生的主体地位，使学生能够接受更为客观合理的评价考核。首先，需要对学生学习过程、学习行为进行考核。考核时不能只由教师单一地给出评价成绩，而是应该运用描述性方式对学生的整体学习情况进行综合评价，根据达标程度、标准满足、学习预期等制定出不同的尺度，使学生能够全方位地了解自身学习情况。其次，不仅要对学生学习到的知识进行考核评价，更要对学生的心理状况、道德水平进行综合检测，可以从心理测验、社会活动参与、个人性格特点、日常道德品质等方面进行全方位考察，利用综合评价机制对学生评价工作进行进一步完善。最后，在评价学生的学习过程中也应该建立起多个视角、多个维度的考核方式。这种方式可以综合利用教师评价、学生互评、学生自评多种方式对考核结果进行整合，发挥出学生与学生之间的积极互动作用，使他们更深入地了解自我、激励自我，进而进一步提高德育课程建设的教学质量。

当下，我国经济快速发展，时代发生着巨大变化，来自社会各界的各类思想价值观念都会对学生的道德观念造成影响，只有提高德育课程建设质量，才能够使学生在面对这些思想冲击时保持正确的价值观。在新课改持续推进的趋势下，我国德育课程建设需要进行与时俱进地改革，教师不仅要提高学生相关的理论知识水平，更要深入挖掘新时代中国特色社会主义政治思想和法治观念，努力培养学生的健全人格。

三、以培养核心素养为目标的中职德育

（一）培养德育的好习惯，让习惯渗透

好的习惯能够让学生受用一生。德育的突出特征是合理、有逻辑。因此，初中德育教育可以很好地利用这一德育特性，加强学生的德育。例如，学习一些较为抽象的知识时，教师应根据本校教学实际情况，让问题与生活实践相结合，让学生明白任何知识都应该得到实践的验证。另外，因为德育问题有一定难度，教师要引导学生明白很多问题的最终答案都是需要通过一些细节去求得的，以此培养学生在生活中注重细节的习惯。

（二）运用多元的德育教育方法

德育教育方法是影响德育管理质量和学生德育学习的积极性的关键，如果教育方法存在不适用的问题，那么学生的德育水平会难以有效地得到提高，德育效果的持续性也难以得到保证。例如，一些德育教师在进行德育时，仅仅是在偶尔想起来的时候才对学生进行德育教育，也没有明确地制订计划，这显然不能保证德育效果的持久性。基于此，德育教师在进行德育工作时应制订明确的德育计划，将德育工作融入于德育教学工作中，定期、持续、长久地对学生进行德育理念的灌输，让学生能够得到长久、持续的德育教学。

（三）践行家校合作的德育教育

家庭德育教育包括父母的示范、学校的亲子活动、家庭与学校的合作等。家庭德育需要学校的统一规划和教育目标的统一，德育教师可在课后布置一些需要在家庭中完成的德育实践活动。例如，指导学生对父母一天的工作进行观察与记录，并对其中蕴含的德育知识进行统计，这样不仅能够让学生对德育在生活中的实践有更深入的了解，加深学生对德育的兴趣，也能够让学生对父母工作、生活的辛苦有深入的了解，从而生出感激之情，激发学生的孝心。而家长和学校的联合活动，也能够让教师全面、正确地关注学生的实际情况，以安排更好的家庭德育教育。

（四）践行社会化德育

践行社会化德育能够让学生离开学校和家庭，去开阔自己的视野，通过各种社会实践活动培养自己的社会责任感。德育教师应根据中职生的成长心理和道德水平，有组织地引导他们开展社会活动，借助社会的力量，让学生关心社会生活和培养社会能力。例如，教师在课后可安排学生对本地菜市场的菜价、肉价进行观察记录，制作相关函数图表，并简单分析影响菜价变动的可能原因，这能够让学生明白食物的来之不易，培养学生勤俭节约的思想。

（五）运用设问法加强师生之间的交流

师生间的有效互动可以较好地消除学生的恐惧心理，获得心灵的沟通。中职德育教师在运用设问法时，可以将教材与学生所追求的教学目标结合起来，通过鼓励学生主动提问的方式，让其产生问题意识，从而形成思维模式。同时，德育教师在教学中不应与学生争夺主体地位，而是应立足于教学的多样化，根据学生的学习特点，灵活地选用适合的教学方法，以真正促进学生的全面发展。

（六）创设生活环境，营造独特的教育氛围

生活化教学是一种非常有效的教学方式，它能够很快地引导学生通过进入情境更深入地理解所学知识，并在生活化习惯的指引下对学习内容进行牢固记忆。这样一来，学生不仅能更快地融入课堂，课堂教学也不会显得生硬，毕竟灵活开展教学任务是多元化教学应实现的重要目标。例如，在学习平均值和柱形图知识时，考虑到教学的优化效果，教师可以创设生活环境，创造独特的教学氛围。上课前，让学生把家庭每月的日常用电量制作成表，中专生通常已经掌握了柱形图的基本知识，所以在上课的时候，他们可以通过画自己家用电量的月度柱形图直观地分析数据；随后，教师可引导学生算出家庭用电的平均电量，通过比较得到每个月的超额电量数据。由此，教师可以进一步指导学生从数据中有效地分析各家庭的用电量，提出家庭节电建议，提升学生环保意识，采用这种贴近生活的教学方法才能激发学生的学习热情。

（七）德育教师要起主导作用

对中学生来说，其心灵和身体相对于小学生已经有了很大的发展，但个人思想仍在发展中，依然处于容易受到各方面影响的阶段。因此，教师应该发挥自身在德育教学中的主导作用，成为德育教育方面的模范，发挥为人师表的影响力，让学生从言行举止中得到正向的熏陶。

（八）重视心理健康教育理论的教育引导

教师要针对中学生成长和发展过程中出现的情况和问题，合理运用心理咨询的手段，对学生进行针对性的指导，完成心理教育课程的教育目标。在道德教育中，教师从中学生中选择少数人，进行几乎相同的心理咨询，进行相同的教育活动，可以最大限度地减少学生的心理障碍。另外，教师应基于学生的心理特点和道德观念，对其进行针对性的指导。在面对一些叛逆心理较为强烈的学生时，教师应以其行为特性为中心，运用合理的教育方法，顺利推进课程，达到教育效果。德育的最终目的是使学生具有良好的道德习惯和行为规范。企业文化的内容多、范围广，可以让很多学生主动参与，满足学生的实践需要，培养学生的道德情操。在中职的德育教育中引入企业文化，能使学生更了解企业文化的实践并更好地融入企业文化中，这有助于学生良好的职业道德素养和优秀的职业品格的形成。

基本的道德教育是认知教育，正确认知能力的培养是德育教育中应该重视的问题。在传统教育中，教师一般以"灌输"的形式对学生进行德育。与道德实践相比，其局限是显而易见的。企业文化表面上是一些比较具体的形式和活动，但内在却包含着职业伦理观和各种良好的精神，让中职生了解优秀的企业文化，对于提高学生的道德认知，特别是职业道德认知有很大的帮助。

参考文献

[1] 耿丽,张译文.高校校园书店:高校德育工作新阵地[J].才智,2022(34):175-178.

[2] 杨凯,吕文虎.青少年网络德育管理方法探究[J].品位·经典,2022(19):142-144.

[3] 何兴安,王霞."互联网+"时代高校德育工作的探索[J].淮南职业技术学院学报,2022,22(5):61-63.

[4] 胡卫军.立德树人理念下高职英语教学中的德育渗透[J].黑龙江教师发展学院学报,2023,42(2):75-77.

[5] 魏丹丹.大学生德育工作渗透传统文化的路径[J].中学政治教学参考,2022(37):86-87.

[6] 张园园.新时代高职院校立德树人实现路径探赜[J].成才之路,2022(28):137-140.

[7] 郭云东,龚小兵,陈志军,等.人工智能与高校德育的融合研究[J].攀枝花学院学报,2022,39(5):40-47.

[8] 刘兆俊.新时代下高校德育与心理健康共融性的研究[J].黑龙江教师发展学院学报,2022,41(9):122-124.

[9] 玉素萍.论双减背景下学科德育与课程思政的一体化建设[J].才智,2022(35):25-28.

[10] 李艳秋,王楠.高校微信公众号在研究生德育工作中的应用研究[J].新闻研究导刊,2022,13(17):47-49.

[11] 张玉荣.新时代高校德育意识形态功能面临的挑战及反思[J].高教学刊,2022,8(25):69-72.

[12] 薛涵月,徐永健.德育精神融入高校思想政治教育的路径研究[J].佳木斯职业学院学报,2022,38(9):25-27.

[13] 陈金环.高校思政视域下提高心理健康教育实效性研究[J].太原城市职业技术学院学报,2022(8):147-151.

[14] 刘成铭.产教融合背景下高校德育教育创新研究[J].产业科技创新,2022,4(4):97-100.

[15] 迟成勇.论抗疫精神融入高校思政课教学的德育意义[J].马克思主义文化研究,2021(2):154-167.

[16] 张红云,王泽旭.党组织领导下学校德育课程体系构建的实践研究[J].中国教育学刊,2021(A2):252-255,268.

[17] 杨玉松.疫情时代信息技术视角下的德育再思考[J].中小学信息技术教育,2021(A1):25-26.

[18] 尹航,陈佳园,黄帅.网络环境下提升高职德育质量的策略[J].现代交际,2021(24):139-141.

[19] 许凤霞.孟子德育思想及其对当代道德教育的启示[J].现代交际,2021(24):214-216.

[20] 王宇.案例教学法在中职德育课堂教学中的实践[J].知识窗(教师版),2022(10):111-113.

[21] 武昭阳,陈阳,贾红达.大数据时代思想政治教育管理模式创新研究[J].教育教学论坛,2021(52):13-16.

[22] 崔昊.高职院校大德育格局构建与实践[J].山东电力高等专科学校学报,2021,24(6):82-85.

[23] 欧志鹏,陈磊,刘夏.立德树人:中华优秀传统文化融入高校德育建设之思考[J].太原城市职业技术学院学报,2021(12):62-64.

[24] 渠佳敏.中华优秀传统文化在高职教育中的思政意义和德育运用[J].江西电力职业技术学院学报,2021,34(12):111-112,114.

[25] 王小珍,胡雅雯.高校德育生命化研究[J].河南教育学院学报(哲学社会科

学版),2021,40(6):58-60.

[26] 杨山林.总体国家安全观视域下高校文化安全风险治理[J].河南教育(高等教育),2021(12):40-42.

[27] 霍莉娜.思政模式下高校德育管理问题探究[J].未来与发展,2021(12):90-94.

[28] 岳嵩.微时代高校德育方法创新研究[J].南方论刊,2021(12):104-105.

[29] 高文苗.高校德育高质量发展的意义与方向[J].中国高等教育,2021(23):41-43.

[30] 林福春.立德树人视角下高校学生德育教育的有效路径探索[J].湖北开放职业学院学报,2021,34(21):90-91.

[31] 李清薇.高校公共空间的隐性德育功能[J].公关世界,2022(19):98-99.

[32] 贺纪云.从课程思政中实现大学生德育培养的措施[J].就业与保障,2021(20):133-134.

[33] 张海生.高校德育教育与心理教育融合研究[J].湖北开放职业学院学报,2021,34(20):64-65.

[34] 田爱香,石彩虹."三全育人"视域下大学生心理健康教育体系建构研究[J].菏泽学院学报,2020,42(6):51-54.

[35] 周敏锐,石佶.对当代大学生德育教育的反思:困境、根源与路径[J].江苏经贸职业技术学院学报,2020(6):29-31.

[36] 聂翔雁,田馨婷.中华优秀传统文化融入高校德育的价值意蕴[J].白城师范学院学报,2020,34(6):60-63.

[37] 邵焕举.浅谈新时代高校辅导员在生态德育中的价值引领[J].才智,2020(34):48-49.

[38] 刘峰.现代教育治理视域下的新时代高校德育工作[J].太原城市职业技术学院学报,2020(11):148-150.

[39] 张二丽.新媒体下高校社会实践德育功能实现探析[J].中国报业,2020(22):92-93.

[40] 杨帆.新时代高校德育工作的问题与对策[J].大众标准化,2020(22):84-85,88.

[41] 陈国丽.新媒体时代高校德育协同育人模式的实施[J].公关世界,2022(20):134-135.

[42] 李东冉.浅析高校微信公众平台的德育成效[J].现代交际,2020(20):170-172.

[43] 李家圆,杨永国.德育与"四育"融合的意义与路径[J].中学政治教学参考,2022(39):30-32.

[44] 阮攀月.先秦儒家德育思想的现代价值[J].现代商贸工业,2022,43(21):241-242.

[45] 郭丽娟,李柳维娜."三全育人"视域下应用型高校德育评价改革探索[J].林区教学,2022(10):5-8.

[46] 丁玉龙,苗瑀格."四史"教育融入大学生思想政治教育意义探析[J].锦州医科大学学报(社会科学版),2022,20(5):6-8.

[47] 戴玲.体验式教学下的中职德育教育课的价值探讨[J].学周刊,2022(32):9-11.

[48] 徐丽媛.美育视域下新时代高校德育研究[J].高教学刊,2022,8(26):9-12.